山东省社会科学普及应用研究项目

情商发展与心理养育

0~6岁儿童情商培养

邹 玲 史海亮 著

中国轻工业出版社

图书在版编目（CIP）数据

情商发展与心理养育：0~6岁儿童情商培养/邹玲，史海亮著．—北京：中国轻工业出版社，2022.11

ISBN 978-7-5184-4169-3

Ⅰ.①情… Ⅱ.①邹…②史… Ⅲ.①情商—能力培养—学前教育—教学参考资料　Ⅳ.①G613

中国版本图书馆CIP数据核字（2022）第197606号

责任编辑：崔丽娜　　　责任终审：劳国强
整体设计：锋尚设计　　责任校对：宋绿叶　　责任监印：张　可

出版发行：中国轻工业出版社（北京东长安街6号，邮编：100740）

印　　刷：三河市国英印务有限公司

经　　销：各地新华书店

版　　次：2022年11月第1版第1次印刷

开　　本：720×1000　1/16　印张：13.5

字　　数：280千字

书　　号：ISBN 978-7-5184-4169-3　定价：39.80元

邮购电话：010-65241695

发行电话：010-85119835　传真：85113293

网　　址：http://www.chlip.com.cn

Email：club@chlip.com.cn

如发现图书残缺请与我社邮购联系调换

211416Y3X101ZBW

序　言

情绪发展在整个学前儿童心理发展过程中有着至关重要的作用，它对学前儿童的其他心理都有着重要的影响。我们通过对关联概念的回溯和理解、对内容聚焦的审视来窥见邹玲老师撰写的这本《情商发展与心理养育：0~6岁儿童情商培养》的意义之所在。

回溯"情感智商"概念渊源

美国的两位心理学家梅耶（Mayer）和萨洛维（Salovey）于1990年在阅读1500篇学术论文的基础上，首次提出"情绪智力"（Emotional Quotient）的概念。当我们"上穷其源"追溯"情商"一词的历史渊源时发现，"情商"乃脱胎于"社会智力"的概念。美国心理学家桑代克（Thorndike）于1920年首次提出"社会智商（Social intelligence）"一词，并将其与具体智力和抽象智力共同作为组成人类智力的三大要素，他认为社会智商包含两个层面：一是理解他人的能力；二是与人相处的能力。由此可见，社会智商是"情商"概念的重要来源。

"高情商"儿童的特质

"高情商"儿童虽尚没确切定义，但"完整性"和"合作性"应视为其重要特质。

德国哲学家席勒在其距今229年前撰写的《审美书简》一书中明确地将"完整学前儿童"定义为：成长在一个具有包容度的环境中，不仅对知识、艺术有所兴趣，也应当对情感体验与表达、人际关系等充满好奇。

我国"幼儿教育之父"陈鹤琴先生也在90年前明确指出，应该把儿童培养成具有合作能力和服务精神的"现代中国人"。

"情商教育"的关键聚焦

为便于家长把自己的孩子培养成具有"高情商"特质的儿童，"情商教育"的抓手应着重于良好的情绪理解、表达和调节等方面。

美国心理学家丹尼尔·西格尔在其《全脑教养法》一书中提到"开放式大脑"的概念，他认为大脑中有一个特别的神经回路，它能让孩子拥有四大关键特质：稳定情绪的平衡力、应对挑战的复原力、审视自己的洞察力和理解他人的共情力，而这四大关键特质应纳入0～6岁儿童情绪能力发展的要点。与此同时，我们还会关注0～6岁儿童理解自己和他人的情绪以及适当表达情绪、调节控制情绪等能力。

本书的特点和意义

我们欣慰地看到邹玲老师撰写的这本《情商发展与心理养育：0～6岁情商儿童培养》，概念上蕴含了历史和现代的两个层面之含义；目标是锁定0～6岁儿童，力图使其成为具有"高情商"特质的儿童，内容上紧扣"情商"的核心概念，为家长们"烹制"情商教育的一道"大餐"。

具体而言，本书具备以下两大特点。

1. 力图让家长能做到"知行合一"

开篇的"0～6岁儿童情商认知"，从0～6岁儿童情商发展模型、脑科学基础、心理学基础以及培养原则四个维度入手，全方位地增强家长对培养孩子情商的认知意识；而在第五章中，则以实践为核心，翔实地说明了提升0～6岁儿童的沟通能力、自信心和情绪管理能力的方式方法。"知者行之始，行者知之成"，相信家长们在阅读本书后当能"知行合一致大成"。

2. 根据儿童发展阶段确定培养重点

根据0～1岁婴儿身心发展日新月异的特点，本书将每3个月设为一个时间单位，让家长随着孩子月龄的增长而逐步形成其"安全感"；根据1～3岁幼儿的人生发展课题，本书将每6个月设为一个时间单位，让家长随着孩子月龄的增长注重培养他们的"自主感"；根据3～6岁幼儿开始进入机构、进行集体生活的特点，本书将每一年设为一个时间单位，让家长随着孩子年龄的增长逐步培养其"独立感"。这样的顺序排列和重点的突出，有利于不同年龄段儿童的家长准确做出相应的努力。

本书虽薄，心意深厚，是以欣为之作序。

华东师范大学周念丽
2022年7月14日于瀛丽小居

前 言

随着脑科学和认知科学的发展,早期教育的理念已经深入人心,人们普遍认识到儿童早期经验和学习的重要性。但由于受知识本位和应试教育的影响,人们重智商轻情商,过于关注儿童学习成绩,忽略儿童人格、情绪和心理健康的倾向并未得到有效改善。深入了解和剖析当代儿童、青少年群体中日益突出的心理问题、校园霸凌、激情犯罪等现象,无不发现当事人个体成长过程中尤其是幼时情绪、情感教育的缺失。如果家庭和社会能够从小关注到儿童的情商发展,有效提供支持性策略,将大大减少儿童青少年恶性事件和犯罪的出现,从这一点上来说,儿童早期情商教育刻不容缓。

撰写本书的初衷是源于作为一个学前教育工作者的责任感和使命感,接受儿童心理教育的理论和实践熏陶20余年,经历过孕育子女、教导孩童、心理蜕变、自身成长的辗转迂回,环顾四周,却每每发现身边有很多年轻的父母懵懵懂懂地走在育儿路上,在遍满荆棘的路上磕磕绊绊,有很多孩子还像当初童年的自己一样经常被大人呵斥威胁,战战兢兢,不敢迈出自己的探索之路。于是生出感慨:作为父母者不仅需要专业的育儿知识,还需要不断地成长自身,否则明明是在伤害孩子,却以为是在"教育"孩子。

2020年疫情隔离在家的那段时间,我开始筹备这个项目,很幸运的是同年的8月得到了"山东省社会科学普及应用研究项目"的支持和资助,坚定了我完成这本书的信念。我将主题拟定为"情商养育",这里的情商不是学术中严格意义上的情绪智慧,而是包含了智商之外的其他心理素质,比如专业人士谈及的社商、逆商等,统统和情商打包在一起。之所以有这样的设定,是因为对6岁之前的宝宝来说,这些心理内容的发展是不可分割的,在表现上也是相互关联在一起的。对于普通的大众读者来说,这样的设定更符合他们的常识和理解。

0~6岁是儿童身心发育的关键时期。开展儿童情商养育,对于帮助儿童青少年构建健全的人格、形成自信自强的精神品质、树立理想信念和生活目标都至关重要。如果一个人在0~6岁时的情商教育是缺失的,哪怕他在长大之后获得再多的认知、体验、技巧和方法,他都首先需要耗费很多的心力去与自己早已形成的惯有的情绪和互动模式对抗。每一个改变都要耗费比小时候多几倍甚至十几倍的时间和精力。所以,本书从0岁开始讲述,聚焦一个人前六年的心理发展和情商启蒙,力争能为儿童一生的成长打下坚实的心理基础。

在撰写本书前,我在山东省范围内做了一项调查,调查中有2000多名0~6岁孩子的父母参与了网上互动,大家对于情商这个主题表现出了浓厚的兴趣,纷纷通过问卷提出各种各样的问题。我也就儿童成长过程中几个关键问题进行了求证:①关于情绪和情绪处理。发现儿童成长过程中近半数的父母不仅不能做好孩子的情绪榜样,也不知道该怎样教给孩子处理情绪的方法。②关于养育孩子的一些细节处理。发现有接近半数以上的家长,在育儿中存在恐吓、批评、贴标签的行为。③在陪伴孩子方面。发现父母在给予孩子安全感和高质量陪伴上还有很大的提升空间。从很多父母提出来的一些具体问题中,我意识到家长当前在育儿中面临很多亟待解决的问题。

我希望本书能够给到儿童家长尤其是新手父母一些实际的启发和帮助,这本书共五章内容,第一章是基础理论的介绍,方便父母和读者从多个视角看到儿童早期情商养育的重要性,弄清儿童情商发展的生理和心理机制。第二章到第四章,分为0~1岁、1~3岁、3~6岁三章来分别讲心理发展的年龄轨迹和情商养育事项。从理论呈现、生活教养、游戏练习、问题解决四个模块设计儿童情商养育方案,内容上将聚焦家长日常养育的细节和生活事件,深度挖掘儿童情商发展过程中的关键养育节点。最后一章是情商提升篇,从沟通能力、自信心培养和情绪管理三个方面介绍了培养儿童情商的一些技巧和方法,帮助家长对情商养育有更加系统的认识。本书中表达和渗透的核心观点主要有:①情商要从儿童一出生就开始培养,儿童的吃、喝、拉、撒、睡中都蕴含着丰富的情商教育要素;②0~6岁是儿童情商发展的关键期;③儿童情商的发展是有规律的,各要素随着儿童年龄的增长而变化;④日常生活和游戏是0~6岁儿童情商发展的主要途径。这些观点蕴含在本书的字里行间,尽力突出内容的系统化、精细化和可操作性。

养育一个孩子涉及方方面面的事情,是一个复杂而系统、多元而琐碎的工程。父母不可能做到完美,这世间也不存在完美的父母,但父母可以通过自己的努力无限接近于父母和孩子之间最佳的拟合优度模型。正如蒙台梭利博士所说:"我们对儿童所做的一切,都会开花结果。不但影响他的一生,也决定他的一生。"既然上天给予我们为人父母的机会,就让我们潜下心来,通过阅读一本书,了解孩子,认知生命,做最有利于孩子成长的事吧。

邹玲

2022年夏于鸢都

目 录

情商认知篇

第一章　0~6岁儿童情商认知 / 002

第一节　儿童情商发展模型 / 002

第二节　儿童情商发展的脑科学基础 / 006

第三节　儿童情商养成的心理学基础 / 011

第四节　高情商儿童养育的原则 / 020

情商养育篇

第二章　0~1岁给足孩子安全感 / 028

第一节　0~3个月 / 028

第二节　3~6个月 / 041

第三节　6~9个月 / 053

第四节　9~12个月 / 065

第三章　1~3岁发展宝宝的自主感 / 078

第一节　1~1.5岁 / 078

第二节　1.5~2岁 / 092

第三节　2~2.5岁 / 107

第四节　2.5~3岁 / 120

第四章　3～6岁助力宝宝走向独立 / 134

第一节　3～4岁 / 134

第二节　4～5岁 / 151

第三节　5～6岁 / 166

情商提升篇

第五章　0～6岁儿童情商提升技巧 / 182

第一节　锻炼儿童的沟通能力 / 182

第二节　提升儿童的自信心 / 190

第三节　提高儿童的情绪管理能力 / 196

致谢 / 205

参考文献 / 207

情商认知篇

第一章   0~6岁儿童情商认知

0~6岁是儿童情商培养的基础期和关键期。在这一时期儿童情绪系统的发展和人格塑造，将极大地影响其一生的情商趋向。

> 人的一生中最重要的时期并不是在大学，而是在我们的生命之初，也就是从出生到六岁的这个阶段。
>
> ——玛利亚·蒙台梭利

第一节 儿童情商发展模型

情商（Emotional Quotient，EQ）即情绪智慧，是一个人在感受、理解、控制和表达自己情绪情感方面的能力，也包括理解并共情他人的情绪情感、处理人际关系等方面的内容。被誉为"情商之父"的哈佛大学教授丹尼尔·戈尔曼曾说："情商是人类最重要的生存能力，一个人的成功，智商的作用只占20%，其余80%是情商的因素。"事实的确如此，一个人如果缺乏自知，没有管理自己情感的能力，不能处理悲伤和愤怒，不能同理他人，那他就无法和别人和谐相处，即使智商再高，再聪明，也不会有大的发展。

当前我们面临一个科技发展日新月异的时代，知识更新的速度不断加快，大数据、云服务、人工智能……各种新生事物不断出现，未来孩子们面临的环境

和竞争会远远超出我们这一代人的经验可以理解的范畴。教育要为未来培养人才，当我们的孩子30岁、40岁的时候，社会将是什么样子？他们将凭借什么在这个世界获得幸福？显然，无论在认知、记忆还是复杂运算上，人类的大脑都无法和高科技下的人工智能竞争，因此，早有未来学家预言：人真正的优势在于情绪和情感，在于爱和人文关怀，而这些品质恰恰是情商的核心。

情商虽然与遗传素质有关，比如先天的神经类型、脑部结构会影响到儿童情商的表现，但和智商相比，后天的环境和教育的影响更大。情商并非一蹴而就，其形成于婴幼儿，成型于儿童青少年时期，在青年期成熟。其中0~6岁婴幼儿期是培养情商最基础也是最为关键的时期，这个阶段儿童的大脑快速发育，神经网络高速联结运转，使得儿童对外部的影响和成人的教化有敏锐的感受性。意大利著名儿童教育家蒙台梭利把这种敏感性称为"吸收性心智"，她认为儿童具有潜意识吸收学习的能力，儿童会把周围看到的、听到的、闻到的、所有感受到的都无条件地吸收为自己人格的一部分，并从与自己亲密的人的互动中发展出个人的情绪和行为模式。这些信息也促成了儿童大脑的神经网络化、髓鞘化，形成了儿童最初的情商进阶模型。当然，幼年期的情商发展不会完全左右一个人的情商水准，但是人类大脑发育带有强烈的"惯性"模式，幼年时形成的情绪反应、互动模式在大脑中留下痕迹，一旦发生类似情形，大脑会自动循着已有的通道进行反应，就像一张纸对折会留下痕迹，以后要折叠这张纸的时候，以往的痕迹会显示出来，引导人们按照旧有的路径再次对折一样。儿童大脑负责情绪反应联结的神经网络也是如此，所以儿童早期的情绪系统塑造将极大程度上影响他一生的情商趋向。如果把情商比作一个高楼大厦，那大厦的地基就是0~6岁的情商培育，后期大厦的造型设计、主体建构，都离不开坚实的地基作为基础。如果一个人0~6岁的情商塑造是缺失的、不足的，哪怕他在长大之后获得再多的认知、体验、技巧和方法，都需要首先耗费大量的心力去与自己早已形成的惯有的情绪和互动模式进行对抗，每一个改变都要耗费比小时候多几倍甚至十几倍的时间和精力。

如何去理解儿童的情商要素呢？我们先来看丹尼尔·戈尔曼在其著作中对情商的描述。他认为情商包括五个部分的内容（见图1-1）：①情绪的自我认知，即对自己情绪的觉知，能够觉察某种情绪的出现，能时刻审视自己的内心体验，监督情绪的变化，它是情商的核心；②情绪的自我管理，即能控制自己的情绪，使之适时适度地表现出来。比如，面对焦虑、沮丧、愤怒、烦恼等消极情绪时，可以通过转移、宣泄、认知等方式及时控制，维持较好的社会功能；③自我激励的能力，即能够调动智慧和情绪，为了实现某一既定目标集中注意力、发挥创造性的能力；④社会认识，即识别、理解他人的能力，指能够设身处地地站在他人立场，理解和体会他人情绪和需求，也就是"知他人之所知，感他人之所感"；⑤社会技巧，即处理人际关系的能力，指能够与人沟通交流、和睦相处、化解冲突的能力。本书基于对这五个发展维度的理解，结合儿童发展心理学理论中对情绪发生发展和儿童社会性形成中的关键期理论，将儿童的情商发展界定为以下内容：情绪识别能力、情绪理解能力、情绪调节能力、延迟满足能力、抗挫折能力、自信心、责任心、同理心、问题解决能力、合作能力、分享能力、感恩心、独立性、主动性共14个要素。这14个要素并非孤立的，而是相互联系、相互促进，协同发展的，为了便于梳理，分别可以归属到情商的五大维度里，如树状图1-2所示。

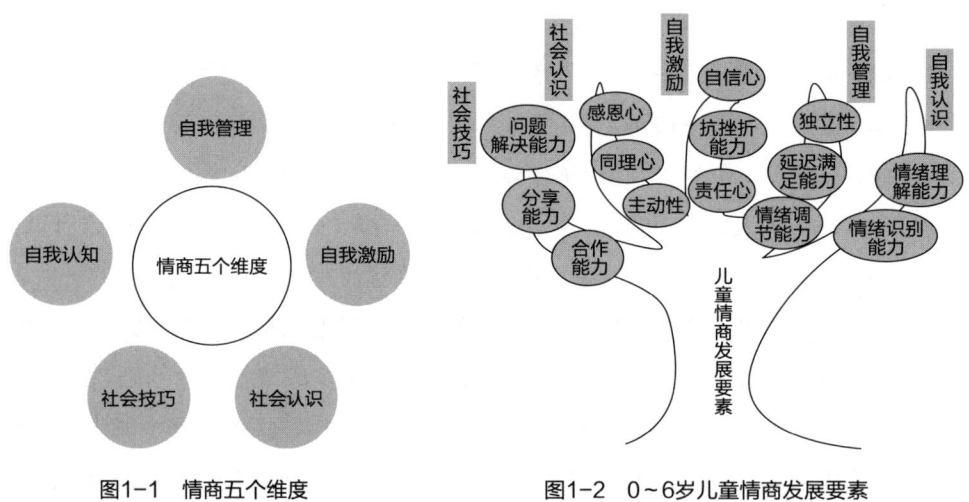

图1-1　情商五个维度　　　　图1-2　0~6岁儿童情商发展要素

儿童这些情商要素的发展，不是一蹴而就的过程，也不是一个一个顺序发展的过程，而是有些要素出现得早，有些要素出现得晚，有些要素的出现要以先前两个或三个要素的发展为前提，但又不完全受先前要素的影响，包含着更多更复杂的成分，比如儿童自信心的培养，虽然把它放到情绪认知这个维度，但儿童的自信，不仅来自对情绪的认知层面，也会受到情绪调控后的掌控感、处理人际关系后的自豪感、同理他人后的满足感所影响。比如儿童情绪识别和情绪调控能力的发展，婴儿并不是先有了情绪的识别认知再进行调控，而是在情绪识别的过程中情绪调控也在同时发展。因此，各个部分之间是一个相互交织，不可分割的整体，但所有要素均在儿童早期的养育中逐渐孕育并发展，都要以父母早期给予的恰当、适切的照料和爱的呵护为前提。所谓恰当、适切的照料和爱的呵护，就是本书后面要重点强调的父母的养育方式。儿童从一出生开始，就进入了一个关系的世界，家庭对他的情商影响就开始了，小到给婴儿换尿布、喂饭、洗澡，大到带婴儿去做客、交际、玩游戏，所有日常的吃、喝、拉、撒、睡等生活细节中都蕴含了情商要素培养的契机。此外，家庭的氛围、父母的关系、父母的为人处世、父母的情绪状态都会对这个养育场域中的婴儿产生影响。所以高情商宝宝的培养，是一个多元而琐碎、复杂而系统的工程，绝对不能把情商培养和日常生活照料割裂开，也不能把情商培养和认知、语言、动作、思维的发展割裂开，因为儿童是一个完整的、全面的、各方面共同发展的个体，我们不能忽略这个整体性。

儿童情商各要素的发展是有规律的，每个要素的萌芽和发展必须遵循儿童情绪、社会性等心理各方面发展的规律，循序渐进。比如儿童情绪表达能力的发展，刚出生的儿童先天就有原始的情绪等各方面反应，能够表现出对事物的喜欢与厌恶；3～4个月时，他们已懂得表达愤怒；5～7个月时，他们开始能够表露出悲伤、恐惧，随后是焦虑、厌恶；发展到1.5岁以后，随着自我意识的发展，他们开始能够表达羞愧、自豪、骄傲、内疚等复杂的情绪了。当儿童发展出语言，我们就要引导他们学习用语言命名和表达自己的情绪。只有当儿童能够识别并命名情绪时，才意味着孩子具有了情绪的觉察能力，这个时间段大约要在两岁以后。儿童只有在能够觉察和识别自己的情绪以后，才可能慢慢地去"同理"他人，这个过程不能逆转，也不可以被强行干预，过早地加入太多超越儿童年龄的训练只会给儿童带去压力，影响他内在的自我发展动力。因此，在这个过程中，教育者要了解儿童心理发展的规律，有意识地观察和了解儿童的行为反应，捕捉发展的关键期，抓住每个教育的瞬间，给予恰当和适切的环境和引导。

第二节　儿童情商发展的脑科学基础

近十年来，脑科学的深入研究，为人们了解儿童情商的发展打开了新的视野。情商与大脑的关系，并不亚于智商与脑的关系。神经科学家在大脑怎样形成情感，以及与情感有关的神经回路是如何影响沟通、智力、决策以及身心健康等各个方面有了很大突破，基于他们的研究，我们得以揭开婴儿情感世界的面纱，了解大脑发育和工作的基础知识，有利于更好地引导和促成儿童情商潜能的发展，发挥后天教育的最大效果。本节内容基于情商发展的视角，主要从以下三个方面来认知儿童的大脑。

一、神经元的连接

人的大脑大约由1000亿个神经元（也就是神经细胞）组成的，每个神经元的形状都像一棵树，由细胞体和突起组成。突起分为树突和轴突两种，树突一般短而粗，分支多，用于接收其他神经元传入的信息。轴突则只有一个，可以延伸得很长，在神经回路中起到向下一个神经元传递信息的作用。一个婴儿在刚出生的时候已经拥有了大约1000亿个神经元，和成年人所拥有的神经元数量相差无几，但却都只是一棵小树苗，只有一条细小的轴突，几个短短的树突，几乎没有形成突触的联系，也就没有任何功能（见图1-3）。

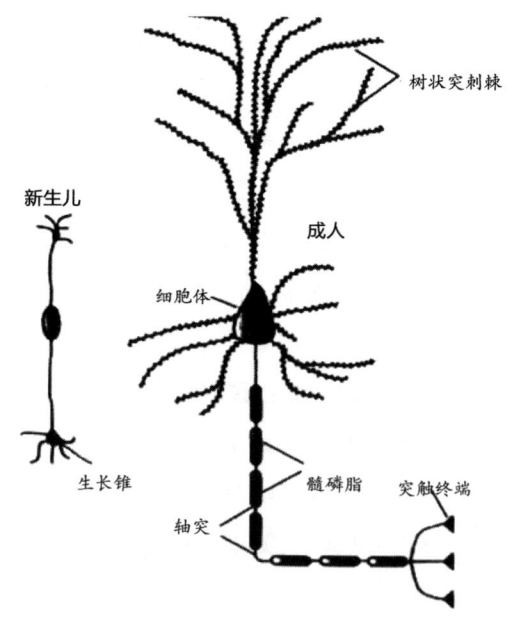

图1-3　新生儿和成年人的神经元结构（个别脑细胞在婴幼儿期会有极细密复杂的发展）

（该图引自丽丝·艾略特著《小脑袋里的秘密——探索0~5岁大脑发展的黄金期》）

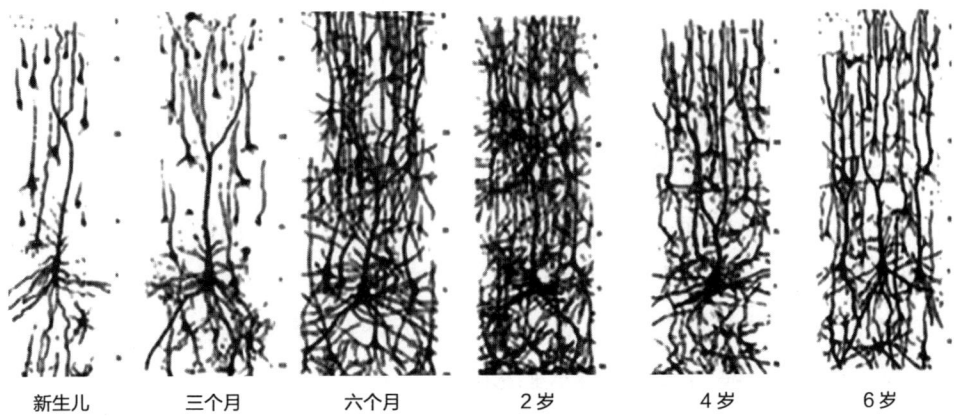

| 新生儿 | 三个月 | 六个月 | 2岁 | 4岁 | 6岁 |

图1-4 不同年龄大脑皮层神经元细胞的生长
（该图引自J.L.考涅尔《人类大脑皮层出生后发育》，有改动）

而大脑发育最主要的任务就是形成突触（即神经元之间联系的纽带）。在突触快速生长的巅峰期，每个皮层神经元可以形成约15000个突触，这意味着从胎儿2个月到出生后两年，大脑大约保持着每秒钟产生180万个突触的速度。大脑的发育就像是新生的森林，小树苗们竞相生长，一开始，光滑的树突之间直接就能形成突触，但不久以后，这些突触接触会诱导树突产生一些名为树突棘的小突起（见图1-3）。树突棘像一个个小点遍布于成熟的树突上，对于突触后神经元信号处理影响极大。将近83%的树状突是在婴儿出生以后生长的，就像树冠一样，变得越来越茂密，婴儿的大脑皮层在第一年里厚度就能达到之前的三倍。神经元以700~1000个的惊人速度不断建立新连接，组建神经系统。每个神经元大约与10000个其他神经元相连接，每个神经元每秒能向相邻的细胞发送11亿个信息。图1-4显示了不同年龄的神经元的连接。

神经元的连接，预示了大脑的可塑性，即每条神经元连接都可以对应一项婴儿大脑已经习得的技能。当婴儿伸手去拿自己手边的玩具时，他手指的动作、力度、方向会体现在神经元之间不同的连接上。当孩子全神贯注于眼前的物体时所表现出来的专注感也反映了神经元的连接。当父母与孩子交谈，当父母亲密地抚摸孩子，或者仅仅是和孩子微笑时，孩子大脑内部的神经元就会建立连接。也就是说，孩子看到、摸到、听到、感觉到、尝到、想到或通过其他方式感受到的一切都会转化成为神经元的连接，并渐渐形成他们未来的行为和情感反应偏好。

所以婴儿早期丰富的环境和人际交往，能够改变和塑造儿童大脑的网络结构。与此同时，神经元的连接也遵循"用进废退"的工作原则，随着基因的野蛮生长和"后天经验和环境"的影响，那些不被反复强化使用且不和其他神经细胞发生联系的突触（很少感受过的爱，较少体验过的亲密爱抚，很少听过的语言，较少接触过的运动）将逐渐面临萎缩或消亡，即突触的精简。清除弱势突触，强化幸存突触的过程使儿童的思维更加协调高效，方便信息的传导。突触精简的过程和神经轴突的髓鞘化[1]贯穿整个儿童期，可见，后天环境的教育和影响对儿童大脑的结构和最终功能会产生直接和永久的影响。

二 大脑的三位一体

人的大脑大体可以分为三个相互联系的部分，最里层是脑干和小脑，操控着人类的生存本能，是最原始、最古老的部分，和身体生长过程、器官新陈代谢有关，主要负责呼吸、心率、吞咽、消化、睡眠、觉醒等生理功能。这个部位受本能驱使，不具有思考或学习能力，类似预先设定的调节器，控制一些固定的反应和运动，有人把它称为"本能脑"（见图1-5）。

中间环绕脑干的部分是边缘系统，它是我们丰富多变的情绪生活和长久记忆能力的源泉，也被称为"情感脑"。边缘系统所包含的大脑部位相当广泛，如海马体、杏仁核、下丘脑、扣带回等都属于边缘系统（见图1-6）。

从功能上来分，边缘系统可以分为低级和高级两个层级。

低级边缘系统位于大脑皮层之外，是原始自发情绪的源头，如人在激动、害怕、兴高采烈或恐惧时的肾上腺素升高、心跳加快、双膝发软等身体反应，这些反应是本能的，是神经系统的固有功能，具有普遍性，所以不论哪种文化背景下的人用来表达情绪的面部表情基本都是一样的，比如打招呼时的微笑、不满意时的撇嘴等。我们在婴幼儿身上甚至一些哺乳类动物（如狗、猴子等）身上也能看到类似的表情。

---

1 神经元发育过程中，轴突会被一种名为髓磷脂的脂质包裹，这种物质相当于绝缘层，能够保障两条神经纤维之间不会发生信号干扰和交叉。

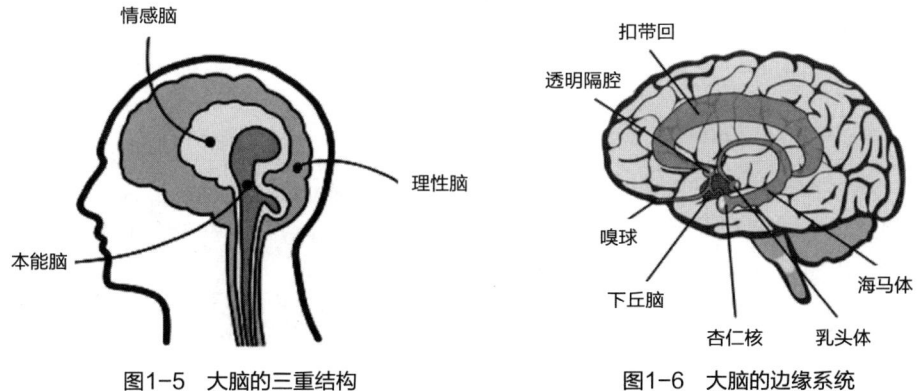

图1-5 大脑的三重结构　　　　图1-6 大脑的边缘系统

高级边缘系统包括额叶、顶叶和颞叶中心部分的一圈脑回，也称边缘皮层。它掌管着有意识情感表现，无论是琐碎的还是崇高的，因为这部分大脑皮层的参与，让我们意识到自己的感觉，也让我们对自己的情绪有一定的控制力。

杏仁核是情感脑中最重要的部分，它就像一个警报器，每当大脑发现危险情况时，这一部分结构就会被激活，它与低级和高级的边缘系统均有广泛的联系，从而产生相应的情绪和情感反应。

大脑最外面的部分是大脑皮质，占据了整个脑容量的三分之二，分为左、右两个半球，也称为"理性脑"，正是这一部分大脑结构把人与其他动物区分开，使我们拥有了自我意识，能够进行判断、推理、思考，能够换位思考，基于更合理的考虑做出决定。

情感脑和理性脑一般都以独立的方式工作，当孩子经历一种非常强烈的情绪时，理性脑几乎不可能控制住情感脑。这时，孩子的情绪就像脱缰的野马，老师、父母都没办法安抚，更不要说孩子自己了。但是如果能够激活大脑内部的特定区域，搭起理性脑和情感脑之间沟通的桥梁，那么情感脑就能和理性脑协调一致了。这个特定的区域位于情感脑和理性脑之间，隐藏在只能通过分割颞叶、顶叶和额叶才能进入的深层褶皱中（见图1-7）。我们把这块独立的区域称为"脑岛"，而刺激脑岛最好的方式是同理和共情。

对于孩子来说，幼儿时期其主导作用的大脑结构是"本能脑"和"情感脑"。理智脑的发展要到青春期之后才能慢慢成熟起来。父母要学会根据儿童的年龄和主导脑区结构进行对话。对于刚出生的婴儿，父母主要是在与孩子的"本能脑"进行互动，面对一个饥饿或不安的婴儿，父母唯一能做的不是讲道理，而是在孩子醒来或感到不安、饥饿、充满睡意的时候满足他的需求。随着孩子的成长，6~8个月左右，高级边缘系统开始发挥作用，情感脑和本能脑开始协同工作，父母就需要掌握不同的技巧以便

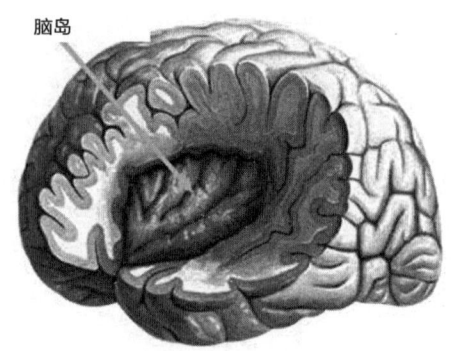

图1-7　脑岛皮质

和孩子最原始的本能互动，比如满足孩子对爱和安全感的需要。当孩子受挫时表达同理心，当孩子越界时适度地设限、提醒和爱的表达变得非常重要。大约到3岁时，理性脑开始在孩子的生活中扮演角色，父母就要引导孩子慢慢控制自己的本能，帮助孩子思考、集中注意力或记忆，通过语言、故事等形式，以理性、意志为行为指导，和孩子的大脑进行对话，帮助孩子在理性脑和情感脑之间建立连接。

三　左右大脑发育不对称

人的大脑在结构上分为左右两个半球（见图1-8），左半球负责管理右边身体的感觉和动作，在大多数人中占主导地位。左半球的功能包括语言、阅读、书写、逻辑、数学、分析、判断等，这个半球所具有的特点是理性、逻辑性、积极性。右半球负责管理左边身体的感觉和动作，代表和诠释的是非口头语言，可以使我们对事物产生快速全面的印象，具有整体视野，右半球的功能包括绘画、音乐、空间、想象、综合判断能力等，这个半球更看重直觉、感性和艺术性。

左右两个大脑半球的情感处理是不对称的。一般来说，右半球负责情绪处理的任务要比左半球多。例如，我们理解与表达语言是左半球完成的，而掌握语言中情绪内涵的能力在右半球。所以，右半球大脑受伤的患者即便仍然会说话，可能却没有任何语调和情感，也不能理解他人的面部表情或者无法欣赏一首动听的音乐。由于右半球大脑还控制着左边肢体的感觉和运动技能，我们的左耳比右耳更能听出语言中的情绪，左半边脸的表情比右半边脸更丰富。

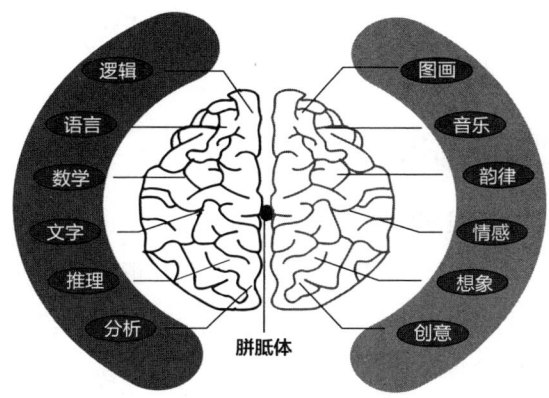

图1-8　左右两个半球的功能

大脑额叶中也存在这种不对称，左内侧额叶皮层是感受快乐的部位，而右侧是感受痛苦的部位，通常情况下，两边会相互制约，一旦失衡，一边占据上风，我们就会感到无比的痛苦或无比的快乐。因此，左额叶受伤的人可能陷入沮丧和忧虑中，右额叶受伤的人会莫名其妙的高兴。在健康的人中，因为左右脑额叶活动量的不同也会有一些性情上的差异，左脑占优势的人会拘谨而内向，而右脑占优势的人相对更开朗而积极。在慢慢深入了解婴儿的性格后，我们会发现这种差异可能很早就会显现出来，且很大程度上是由于基因的影响，但后天的生活经验会帮助我们平衡这种差异。

整个童年期，大脑左右两边的发育是不同步的，也是互相制约、互相补充的。有时候左半球的发展领先，有时候右半球的发展超前，两侧大脑的发展交替进行，有的交替周期很长，有的交替周期又很短，表现在婴儿身上我们会发现孩子可能一段时间内非常乖巧可爱，而过一段时间又会表现得非常嚣张，难以理喻，这可能和大脑两个半球的交替发展有关。

第三节　儿童情商养成的心理学基础

情商本质上属于发展心理学的范畴，是一个心理学名词，情商的养成必须遵循儿童的情绪、社会性、人格等心理因素的形成发展规律，本节内容主要介绍几个与这些内容密切相关的经典的心理学理论，以帮助读者、父母和老师更好地理解一些育儿常见的心理学名词，管窥儿童成长的秘密，同时融会贯通地理解后面章节中的一些内容和做法。

一、精神分析心理学

1. 弗洛伊德"心理发展阶段"理论

弗洛伊德作为精神分析学派的开山鼻祖，对儿童早期心理发展的论述影响极大，尽管人们从未停止过对他的理论的争议和探讨，但是他对人格结构和儿童心理阶段的划分，对后继精神分析产生着重大影响。弗洛伊德根据性驱力（"力比多"）集中投放身体部位的不同，把儿童心理发展划分为五个阶段：口欲期（0~1岁）；肛欲期（1~3岁）；前生殖期（3~6岁）；潜伏期（6~11岁）；青春期（11~13岁）。儿童在每个阶段所具有的体验在很大程度上决定了他成年后的人格，为此，弗洛伊德相信，成人人格的基础在儿童5岁时就奠定了。

2. 埃里克森"心理社会发展阶段"理论

埃里克森发展了弗洛伊德的理论，重视社会因素在人格发展中的作用，根据不同时期自我与社会环境冲突的不同，提出了人格发展八阶段理论。其中6岁前包含三个阶段：

婴儿期（0~1岁）：主要任务是发展信任感。这个阶段儿童最为软弱，需要成人的照料。对儿童有重要影响的人是母亲。母亲给予照料和婴儿接受照料的相互作用中形成了本阶段的发展危机。如果母亲给予持续稳定的关爱和呵护，满足婴儿的需要，让婴儿体验到舒适和安全，婴儿就会对周围环境产生基本的信任感，形成"希望"品质，对后继儿童敢于冒险、不怕挫折奠定良好的基础。反之就会产生不信任感，形成"恐惧"品质，对未来基本不怀有希望。

儿童早期（1~3岁）：主要任务是发展自主性。这个阶段儿童开始寻求自主活动，自己吃饭，自己大小便，自己穿衣服，对儿童有重要影响的人是父母。父母能够鼓励儿童的独立活动，耐心、宽容地指导儿童，让儿童感到自己能够控制自己，儿童就会发展出自主感和自控感，并在完成各种任务中体验自豪感，并为以后的生活中倾向于支持社会秩序和法制生活奠定基础，形成"意志"品质，坚定自由决策和自我约束。反之，则不可避免地产生自我控制丧失的羞怯感和自我疑虑倾向，导致自我感觉渺小、偏执，形成不良的人格特质。

学前期（3～6岁）：主要任务是发展主动性。 儿童开始与家庭以外的人有更多接触，主动探索和侵入更广泛的领域，并对性别和年龄差异产生强烈的好奇心，家庭对这个阶段儿童的发展影响力最大，父母这个阶段如果能够理解孩子的行为，并合理地将他们的动机和愿望转移到社会所认可的活动中去，儿童就会获得主动性，儿童通过努力能够完成任务，形成"目的"的品质，有追求价值的进取心和勇气。反之，则容易因为父母经常的"否定"和不可避免的失败，导致他们有内疚感，形成"无价值感"的体验。

埃里克森认为，各个阶段的发展都有自己的任务，每个阶段儿童都面临着不同的冲突和危机，并将解决发展任务视为一种两极分化的对立面的争斗过程，每个阶段发展任务的成败直接影响到个体未来人格的整体面貌。

3. 马勒"分离-个体化"理论

玛格丽特·马勒是自我发展心理学的重要人物，也是一个儿科医生，她曾经长期跟踪研究了从出生到3岁儿童的成长过程，提出了著名的"分离-个体化"理论。

马勒首先把儿童心理发展划分为正常的自闭期、正常的共生期和分离-个体化时期三个阶段，其中，前两个阶段均是作为分离-个体化过程的准备期。图1-9清晰地说明了马勒心理发展的三个阶段。

第一阶段：正常自闭期（0～1个月）

婴儿没有自我和外界的观念，无法区分自我和非我，紧紧封闭在自己的世界里，认为世界上所有的一切和自己都是一体的，所有的能量都指向身体的感受。

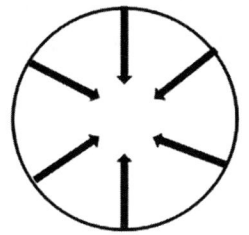 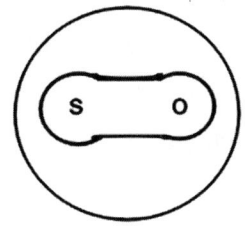 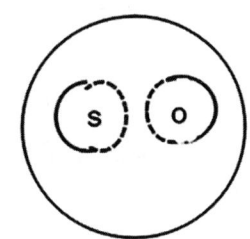

图1-9 马勒关于心理发展的三个阶段

（s代表自体，o代表客体）

第二阶段：正常共生期（1~4、5个月）

正常共生期即母子共生期，婴儿具有和母亲融合在一起的体验，在心理上两人是合一的，婴儿的"我"与"非我"还没有分离，但逐渐感觉到内部与外部的区别。

第三阶段：分离-个体化时期（4、5~36个月）

分离指的是儿童达到一种和母亲分离开来的内部心理意识，儿童了解到自己和母亲之间的界限和区别，而个体化涉及心理的内在自主性的演化，借此儿童成为其独特的存在。这个阶段又分成四个亚阶段来完成，即分化、实践、调节和恒常客体形成。

第一亚阶段：分化期（4、5~10个月）

该阶段也是母子共生的"孵化期"，婴儿感知觉系统逐渐发展，能够识别母亲，对陌生人认生。他们开始分离-个体化的尝试活动，通过拉母亲的头发，触摸母亲的脸庞、眼镜，识别母亲和其他事物，把母亲和其他人区别开。马勒认为，分离分化是否顺利取决于共生期的成果。共生关系发展良好，有利于婴儿的分化和独立。

第二亚阶段：实践期（10~15、16个月）

婴儿为能够以爬行、走路等方式自主自己的身体而感到兴奋，和母亲形成身体上的分离。同时将对母亲的兴趣转移到外界客体事物的探索上，常常会忘了母亲的存在，但需要时不时地回到母亲身边，以求情绪上的"再充电"，即孩子需要确定母亲的存在才能放心。

第三亚阶段：调节期（15、16~24个月）

儿童的自主意识和母亲的控制之间发生了冲突，儿童意识到自己和母亲并非一体，内心无法将给予自己爱的"好妈妈"和让自己受挫的"坏妈妈"统合起来，分离的母亲给孩子带来了焦虑，儿童渴望独立，但情感上又表现为不满足、发脾气，不断地推开母亲又不断地拥抱母亲。

第四亚阶段：恒常客体形成期（24~30个月）

孩子将"好妈妈"和"坏妈妈"表征合二为一，"好妈妈"的表征在孩子心里内化，产生了恒常客体。孩子会在必要时动员内化的母亲以获取安慰和力量。比如母亲不在时，能以心里的母亲代替现实的母亲。因此，孩子在这个快速分离期能够接受分离，能够忍受延迟满足，最终形成独立自我。

马勒的"分离–个体化"理论对情商培养的启示：3岁前儿童需要从共生走向独立，母婴关系是个体心理诞生的基础，父母在不同的时期内，应该作为缓冲者帮助婴儿对抗内部和外部的刺激，满足婴儿的需求，防止婴儿遭受过度的挫折，有利于培养儿童的独立和自我感。

4. 温尼科特的"足够好的母亲"

温尼科特是客体关系学派的主要代表人物，和马勒一样，温尼科特也把新生儿5个月以前和母亲的共生阶段称为"绝对依赖期"。在这个阶段，"足够好的母亲"会把自己的身心需求全部抛诸脑后，用自己极为敏感的直觉力不断地去知觉、猜测、体会自己宝宝的所有需求，给予宝宝恰到好处的回应，温尼科特把母亲的这种状态叫作"原初母爱贯注"，在这种状态下，婴儿产生了主观全能感，让婴儿觉得自己仿佛是这个世界的中心，一切都是自己创造出来的。

随着母子共生的逐渐消退，大部分母亲在"原初母爱"逐渐消耗以后，就会回归自我，找回自己的生活和工作，所以对婴儿愿望和姿势的反应越来越缓慢，母亲这种缓慢、不再帮助婴儿产生主观全能感的做法让婴儿产生了一些痛苦，但却是建设性的影响，婴儿慢慢开始意识到，他不是全能的，是母亲的反应创造了满足，这种逐渐开始的意识，让他感觉到母亲的依赖，从而创造出"过渡客体"和"过渡空间"。所谓过渡客体是走出母子共生期的婴儿，自己为自己选择的一个具有特殊安抚意义的现实物件，通常是小毯子、小杯子、安抚巾等。而儿童的游戏场就是一个过渡空间，儿童以此作为中介，从幻想和无所不能到参与现实，儿童由此发展出人际交往能力。

在温尼科特看来，足够好的母亲，不光是能在新生儿的"绝对依赖期"努力感知并满足孩子需要的100分母亲，也是在婴儿的能力逐渐增长后，能够允许自己逐渐"错过"孩子发出的信号，适时退出，相信孩子自我调节能力的60分母亲。这样的母亲是可靠的、稳定的、可预见的，能够为儿童提供一个自由的、可在其中自由发展的心理空间，尊重他的边界、了解他的创造性，依据儿童需要的变化而进行适应和改变。

二 行为主义学习心理学

行为主义理论基本认定新生儿的心智是空白的，他们是通过后天环境中的刺激引发的应答性行为（华生的行为主义），刺激反应所造成的不同后果的影响（斯金纳的操作性行为主义），以及观察并模仿环境中榜样的行为（社会学习理论）来获得自己的行为。

1. 华生的"行为主义"

该理论的贡献主要在于强调家庭环境和后天教育的影响。华生认为习惯是在适应外部环境和内部环境的过程中学会更快地采取行动的结果，而年龄是影响行为习惯形成的重要因素，他通过动物实验，推论出应该从小培养儿童良好的行为习惯，并形成习惯系统。他认为可以通过改善儿童所处的的环境，形成良好的行为习惯，为其健康人格打好基础。

2. 斯金纳的"操作性行为主义"

斯金纳认为儿童的行为可以通过强化和惩罚来进行塑造。所谓强化就是当儿童做出恰当的行为时，成人给以拥抱、微笑、食物、玩具等强化物，这样能够增加恰当行为出现的概率，反之则可以通过批评、没收玩具、取消奖励等方式来减少哪些不恰当行为出现的概率。所以，斯金纳认为应该从学习的角度探讨儿童人格形成的过程，了解儿童是如何从环境中学习各种行为的，哪些行为得到了强化，哪些行为没有得到，从而形成儿童适应其社会文化的生存技能。

3. 班杜拉的"社会学习理论"

班杜拉对于社会行为的获得提出了"观察学习"，即"替代学习"的概念。他认为社会行为的获得不需要学习者直接反应和亲自体验强化，只要通过观察他人在一定环境中的行为，观察该行为结束后产生的后果就能完成学习。他认为在婴幼儿时期，儿童的很多行为都是通过观察周围环境中成人或者其他儿童的行为来获得的。比如，看到别的孩子做了某事被表扬，他们也会来尝试做某事；看到电视上的攻击行为没有被处罚，他们也会产生攻击性为。班杜拉对儿童的攻击性行为、性别行为、亲社会行为都有研究，他认为成人尤其是双亲的行为对儿童的社会性行为影响具有长久效应。这为我们指明了家庭教育的重要性。

另外，班杜拉还提到了"自我效能感"，即人们对自身能否利用所拥有的技能去完成某项工作行为的自信程度。班杜拉认为，自我效能感有两个来源：一个是个体努力所取得的成就；另一个是对他人活动效能的观察。如果儿童独立做事情，就会关注自己的行为和效果，因此父母的过分保护会损害儿童的自我效能感，使儿童无法获得成功的体验；儿童同伴间的比较对儿童的自我效能感发展也会产生影响，儿童通过对同伴所完成的活动的观察，可以对自我评价提供参照。

三　认知发展心理学

著名儿童心理学家皮亚杰是这一理论的集大成者，他认为，儿童从一出生就是其自身发展的积极的动因，积极地从环境中寻找、选择适宜自己的刺激，主动与环境发生交互作用，儿童在这种交互作用中不断建构着自己的经验系统，形成和改变自己的知识体系。在对儿童道德发展的研究上，皮亚杰的道德认知理论对于我们理解6岁前儿童的规则意识和对规则遵守的情况提供了"钥匙"。

皮亚杰认为，0~3岁儿童处于无律阶段，这一阶段的儿童由于认识的局限，不能理解也不重视成人或周围环境对他们的要求，在游戏时，规则或成人的要求对他们还没有约束力，只能按照自己的意愿去游戏，行动易冲动，感情泛化，行为直接受行动的结果所支配。在亲子关系、同伴关系、价值判断等方面均表现出自我中心倾向。

3~7岁儿童进入他律阶段，儿童会认为规则是万能的、绝对的、不变的，不理解规则是人自己创造的。因为他们认为规则是必须遵守不能违背的。在进行行为评判时，总是遵循绝对化的原则，要么都是好的，要么都是坏的。行为的好坏往往根据后果的大小而不是依据主观动机来判断。常常把道德法则与自然规律相混淆，认为不端的行为会受到自然力量的惩罚。皮亚杰指出，此阶段成人的约束和滥用权威对儿童的道德发展是极其有害的，家长应该改变传统的所谓权威的地位，与儿童平等相处，才能成为促进儿童社会性发展的积极力量。

四 习性学的发展理论

习性学的发展理论是指借用习性学的基本观点和方法来研究儿童的发展。其中对儿童发展最有影响力的几个理论是：关键期理论、依恋理论和同伴的相互作用理论。

1. 关键期理论

关键期的概念源于奥地利习性学家康拉德·洛伦兹对有关鸟类"印刻"现象的观察，他发现新孵出的雏鸟会在出生后的很短时间内记住自己母亲的特征并追随它，之后将无法再学习这种行为，洛伦兹认为这种"印刻"现象是不可逆的。在人类身上人们也观察到了关键期。意大利教育家玛利亚·蒙台梭利指出，"关键期与特定的年龄相适应……正是这种敏感性使得儿童以一种特有的强烈程度接触外界环境，在这个时期，儿童很容易学会特定的事情"。蒙台梭利采用"敏感期"代替关键期，并详细论述了儿童特有的九大敏感期，包括秩序敏感期（0~4岁）、语言敏感期（0~6岁）、动作敏感期（0~6岁）、感官敏感期（0~6岁）、细小事物敏感期（2~4岁）、社会规范敏感期（2.5~6岁）、书写敏感期（3.5~4.5岁）、阅读敏感期（4.5~5.5岁）、文化敏感期（6~9岁）。这些敏感期大部分是在6岁之前。蒙台梭利认为，当环境与儿童的内在协调一致时，儿童就会顺其自然地得到发展，反之，在敏感期内，如果需求没有得到满足，他们就会发脾气，这是他们自身对某种危险的警觉，成人应该深入儿童内心，了解他们的秘密，解读行为背后的原因，才能更好地促进儿童的成长。

2. 依恋理论

依恋理论的创始人是英国心理学家鲍尔比，他认为，婴儿的微笑、喃喃细语、哭泣、身体接近、依偎都是与生俱来的社会信号，用这些信号要求养育者接近、照顾、与孩子互动。这种婴儿与照料者之间形成的积极持久的、深厚的情感联结，就是依恋。鲍尔比认为，这种纽带影响着孩子一生的人际关系。

儿童的依恋发展主要经过四个阶段：

前依恋期（0~3个月）：也称无差别的社会反应阶段，婴儿对人的反应几乎都是一样的，喜欢所有的人，所有的声音，注视所有人的脸。

依恋关系建立期（3~6、7个月）：也称有差别的社会反应阶段，婴儿对熟悉的人的反应与对陌生人的反应有了区别，对母亲和熟悉的人表现出更多微笑、亲近、依偎和咿呀学语。

依恋关系确立期（6、7个月~2岁）：也称婴儿积极寻求与专门的照顾者接近的阶段，特别愿意和专门照顾者在一起，对依恋对象的存在表示深切的关注。见到陌生人不再微笑而表现为怯生。

目标调整的伙伴关系期（2岁以上）：婴儿获得了自我的观念，语言和认知的发展使得婴儿能够在交往时调整自己的目标，理解母亲的来去，以及预测她的返回，分离抗拒下降。儿童认识到母亲的离开是暂时的，母亲是爱他的，并与之建立起双边的人际关系。

依恋是基于儿童对安全、保障和保护的要求，在婴儿期和儿童期至关重要。当儿童依恋母亲或其他经常性照看者时，儿童能够以此人作为安全基地，并从这个基地出发进行对环境的探索。每个人都会形成对早年依恋体验的心理表征，它的基本成分是母亲的关爱和认可，这是儿童信任和自信的基础。和母亲之间的互动模式形成了"依恋的内部模式"，这个心理模式是儿童未来建立、维持并信赖亲密关系的基础。

依恋模式不同，其安全感的获得程度也会不同。美国心理学家艾斯沃斯和她的同事对此进行了研究，他们通过创设陌生情境观察儿童的依恋行为，将依恋的类型分为安全型依恋和不安全型依恋，不安全型依恋又分为回避型、矛盾型和混乱型三种类型。

不同类型的儿童在陌生环境中的行为及依恋类型体现见表1-1。

表1-1 不同类型的儿童在陌生环境中的行为及依恋类型

类型		儿童在陌生环境中的行为
安全依恋		寻求接近母亲；母亲离开后不安，母亲回来时积极迎接母亲
不安全依恋	回避型	母亲离开，和陌生人在一起不会觉得不安，重聚时躲避母亲
	矛盾型	母亲离开会很不安，母亲回来不容易安抚，既想要安慰又抵制安慰
	混乱型	表现出杂乱无章和缺乏组织的行为，对陌生环境表现出恐惧又过分任性，对母亲的态度也比较矛盾

安全型依恋的孩子由于早期的积极经历，形成了一个自信的自我形象，这能帮助他较好地进行人际互动，和他人保持良好的关系。相比之下，非安全依恋型的孩子，如果在以后的生活中不能完善依恋关系，他们就会遇到人际互动挫折，不能正确看待自己，对人生抱有消极态度。正如一位哲人所说："一个不受欢迎的孩子不只觉得自己不受父母欢迎，而且相信自己基本上不被任何人欢迎。相反，一个得到爱的孩子长大后不仅相信父母爱他，而且相信别人也觉得他可爱。"

3. 同伴相互作用理论

从习性学观点来看，儿童的同伴关系和儿童获得资源的目的有关。为了增强获得资源的力量，儿童需要与同伴合作，而合作中又有竞争。两个儿童之间经常产生的社会冲突有三类，包括身体攻击、威胁、争夺物品或位置。对这些冲突的反应，包括忍受、寻求帮助、反击、放弃物品或位置，甚至不做出反应。研究表明，学前儿童的交往群体形成稳固的社会组织关系，群体中的社会冲突就会减少，而刚刚形成群体的儿童之间的冲突的发生率较高。许多依恋研究也发现，同伴关系与依恋相关。比如，与不安全型依恋的儿童相比，安全型依恋儿童往往能从陌生的同伴那里获得更多友好的表示，更有可能受到同伴的喜爱。

第四节　高情商儿童养育的原则

养育高情商的儿童，没有固定配套的模式和方法，因为每个儿童都不一样。但父母可以通过自己的努力学习，掌握和了解儿童的发展规律，无限接近于父母和儿童之间最佳的拟合优度模型[1]，能根据孩子的需要和能力随时调整自己给予和帮助的尺度，以利于孩子情商的最优化成长。以下养育原则不是亦步亦趋、需要循规蹈矩去执行和遵循的刻板教条，而是提供了一个方向，帮助父母和孩子建立基本的信任和尊重关系，让父母面对孩子时不会慌乱，可以自信地应对一些育儿中的挑战，营造和谐平静的家庭养育环境。

---

[1] 由美国儿童心理学家托马斯和切斯提出，拟合优度指的是父母的教养方式、期望与儿童特点相吻合。

1. 相信儿童自有的天赋能力，相信每个儿童都是独特的个体

这里的两个"相信"是想让为人父母者树立一种儿童观，知道自己应该怎样看待孩子，人们对儿童的看法无形中影响着他们的教育观念和养育行为。过去有人把儿童比作"小大人"，即"成人的缩小版"，认为儿童和成人只是体重、身高的不同，其他是一样的，造就了教育上不考虑儿童特点的成人化要求，不求甚解的灌输、背诵大行其道。也有人把儿童比作一张白纸，任由成人去涂写，这种一味强调后天环境和影响，而忽略孩子先天禀赋的做法，也曾一度遭到批判。这里我们强调父母应该把儿童看作一颗带有天赋品质的种子，它自有遗传给予的"发展时间表格"和天赋才能，只要后天有适宜生长的环境，供给它氧气、阳光、水和肥料，它就会努力地发芽、开花、结果，完成自我人格的建构，并获得各种能力。每个儿童都是这样一颗有能量的种子。所以很多人把教育比作农业生产，父母和教育者应该像农民种庄稼一样，按照时令播种、浇水、施肥、除虫，不能早也不能晚，一切要按照种子的生长规律来。种子不同，侍弄的方法就会有所不同。为人父母者要了解自己的孩子是一颗怎样的种子，它有什么样的生长规律，就需要学会敏锐地观察孩子，了解他的需要，看到并欣赏孩子的探索和行为，因材施教。意大利教育家蒙台梭利曾经说过："在探索儿童心灵世界这件事上，成人绝对不要从自己的角度，或以自我为中心来观察与儿童心灵有关的因素，否则，只会增加对儿童的误解。"成人应该尊重儿童，发现儿童生命的独特性和独立性，不任意把自己的意志强加在儿童身上，损害儿童的人格品质。

2. 相信每个儿童都是天生的学习者，会主动地学习、发展和建构自己

人类的婴儿是天生的学习者，掌握环境和征服世界是他们与生俱来的本能和驱力。从出生开始，他们就在积极地适应环境，用自己的方式认识和理解周围的世界，他们努力地学习坐和爬，努力地与外界互动，尝试用嘴巴和手弄懂他们所遭遇的每一个物件，运用自己的经验去理解它们，建构自己关于周围世界的看法和理论。他们天生就有好奇心和求知欲，他们认真地观察、感受，全身心地投入，把所有看到的、听到的、感受到的都纳入他人格和智能的构建中。蒙台梭利把这种强大的学习力称为"吸收性心智"，她认为0~6岁的儿童都具有这种心智，可以像"海绵吸水"一样，将周围的信息全部毫无保留地吸收进来。这种主动的、

自发的学习能力让儿童可以学习和吸纳任何东西，包括语言、文化、人际互动模式、习惯甚至偏见。当父母相信儿童是一个学习者的时候，可能就会放下自己想要教授的焦虑和迫切，就可能越少干预他自然学习的过程，就能观察到更多儿童的学习和成长。给他独自发现和探索尝试的机会，给他主动建构自我留出按照他自身发展步调所需要的时间。这样将更有利于我们了解孩子的需求和暗示，发现他的兴趣和喜好，促进他的个性和情绪发展。

3. 要建立一个有准备的、安全的、能提升认知且滋养情感的环境

"儿童只有在一个自由的环境中，即在一个与他的年龄相适合的环境中，他的心理生活才会自然地发展并展现出内心的秘密。"蒙台梭利在她的《童年的秘密》一书中提到。她认为，儿童是通过环境中的事物形成自我，发展能力的，构建适当的环境是对儿童进行教育的基础。一个有准备的环境能够让儿童在其中轻松而愉悦地自由成长，这个环境是干净、整洁、有序、漂亮的。里面有一些能够让儿童探索成长的"活动材料"，它们吸引孩子主动去触摸，让他们自由地玩耍并从中快乐地学习。

美国婴幼儿育养中心（RIE）创始人玛格达·伯格也认为，安全的环境能够让养育者完全放松，不必为了确保孩子的安全而时刻保持警惕，同时孩子在这样的环境中能够获得全面探索的自由，而不必听到大人说"不要碰这个，这里不能爬，那里不安全"等警告。

每个儿童出生后接触的环境实际上都是成人为了自己生活便利而创造的，所有的家具、儿童房间布置、审美都比较符合成人的品位和需求。其实儿童的需要和成人截然不同。儿童的处境类似于来到"巨人国"里的小矮人，所以一个适宜的环境，能够让婴儿感觉安全。我们为孩子提供一个没有潜在危险的空间，比如一个相对封闭的区域，一个单独的房间，孩子可四处爬一爬，到处摸一摸，不用担心角落里的热水瓶，手工架上的剪刀，在这个空间里，父母是放松的，孩子也是自由的，因为没有人会对他的好奇探索说"不"。同时，挑选一些适合儿童年龄段的玩具和材料，比如一个球，一个可以拧开的塑料罐子，对于处在爬行和学步阶段的孩子都是有吸引力的。

情感的滋养在于这样的环境父母和孩子都是放松的，宝宝可以尽情享受探

索的乐趣,父母则可以在儿童需要的时候给予情感上的支持,双方均可以发起愉快的互动,并享受互动的乐趣,不被外物所干扰。

4. 要建立规律的生活和可预测性

与成年人喜欢变化和挑战不同,年龄越小的婴儿越喜欢一致性、有规律和可预测的生活。根据蒙台梭利敏感期理论,4岁之前的婴儿都处于秩序敏感期,这种秩序性体现在有序的环境、生活习惯和所有物的要求上,如果成年人不能给儿童提供一个有序的、可预测的环境,儿童会无所适从、害怕、哭泣,甚至发脾气,缺乏安全感。相反,如果儿童一直处于一个有规律的、有序的环境里,他会表现得平静而自信,可以有选择地进行专注的活动,在情感和心理上得到满足。因为对婴幼儿来说,熟悉的、可预测的活动能够让他获得掌控感和参与感,他们喜欢重复自己熟悉的动作和活动,在熟悉的重复中,他们得以发展能力,获得自我效能感。作为教育者,要注意尊重儿童对秩序和可预测性的要求,维护儿童的情绪感受,面对不可避免的变化和挑战,成人要尽可能地采用提前告知的方式帮助儿童做好应对,比如"家里一会儿要来很多的客人,他们都很喜欢你,都会来找你玩儿","我们要到姥姥家里做客,一会儿要去坐车"等。如果已经发生了打破儿童平衡、引发儿童恐慌的事情,成年人则要尽最大努力在事件发生后告知孩子缘由,安抚孩子的情绪,帮助他平静下来。比如:"刚才是吸尘器的声音,吸尘器工作的时候会发出很大的声音。""这是一只小狗,它汪汪地和你说话呢!"

5. 要多描述、多交流和多倾听

1岁之前的婴儿虽然不会说话,却已经进入了语言的准备期。即使他还听不懂成人的语言,父母也要有意识地告诉他正在发生的或者他正在经历的事情,这是尊重孩子的表现,也是帮助孩子理解他自己和周边世界的必要过程。当父母和孩子交流时,即使孩子听不懂语言所传达的信息,但是父母说话时的语气、表情、眼神、动作、手势等非言语的信息却能够被孩子捕捉到,并加以识别。很多研究表明:四五个月的婴儿已经能够听懂语言中所表达的情绪和社会意义,能够理解并习得一些人际互动模式。语言是人们交流情感、进行人际交往的重要手段,获得语言是儿童社会化进程中的一个里程碑。语言帮助孩子接触社会、融入社会，获得社会适应力，也能促使孩子很好地表达自己，获得外界认同，增强自信，培养积极情感，发展独立和自主。实践也证明，语言表达能力不足或语言发展障碍会给学前儿童带来一系列情绪行为问题，所以父母不要吝啬语言，并努力为他们提供丰富简练的词汇，用语言帮助婴幼儿认知情绪，体验感受，理解已经发生的事情。比如，当婴幼儿难过的时候，要描述所观察到的婴儿的状态，不做假设和评判，将孩子的情绪状态像镜子一样反射给他，让他被看见、被理解。比如，"妈妈知道你也想要那个球，可是没拿到，你很难过。""妈妈知道你现在很生气，你搭的小桥被破坏了"等。这样的交谈有助于孩子直面自己的情绪，学会命名和描述它。

父母也可以坚持把自己的感受说出来，这样既能释放自己的紧张和压力，也能为以后的良好沟通打下基础。比如，"妈妈现在很累，也有些困，你看起来不开心，可是我不知道你需要什么。""你这样一直哭，我帮不了你，我也很难过"等。在儿童早期，孩子和父母之间这种对话频率的增加，有助于孩子准确地表达自己的情绪，与他人分享情绪经历，也有利于其洞察人际关系的实质和背景，更好地理解他人。

当孩子能够说出语言，尝试去表达自己的时候，大人要耐心地倾听，并尽最大可能去回应孩子，鼓励他的主动表达。对于咿呀学语期的婴儿，也许父母听不懂他在说什么，但可以尝试模仿性回应，让孩子感受到尊重和关注，激发起内在情感的互动。

6. 要给予高品质的陪伴时间

儿童的健康成长离不开父母的陪伴。父母拿出一部分时间全身心地关注儿童，比无时无刻地陪伴儿童但却三心二意要好得多。在当下这个人们追求速度和效率，恨不得同一时间做好几件事情的高速发展时代，父母需要记住，儿童能够从成人全神贯注的关注中获益，哪怕成人什么都不做，只是全身心地关注儿童，父母的关注也能够为儿童提供"情感加油"的机会，让他在之后可以心满意足地一个人休息或不受干扰地玩耍很长时间。当父母对自己的关注总是被打断或分散时，儿童会觉得自己在父母那里不重要，情感需求就好像永远都得不到完全的满足，最终会认识到自己无法获得父母的关注而伤心、自卑。

父母对儿童的高品质的陪伴和100%的关注时间可以分为两种：无目的时间和有目的时间。无目的时间，即父母和孩子在一起没有计划要做的事情，只是全身心地和孩子在一起，把手机、工作、忧虑和担心统统抛在脑后，完全享受和宝宝两个人在一起的快乐，完全由孩子来主导所有的互动。孩子需要父母参与和帮助，父母就参与；孩子不需要父母的加入，父母就只是坐在那里，以玩伴的方式和孩子一起共同关注游戏的内容，随时准备着被孩子召唤。有目的时间，即父母确实需要和孩子做一些事情，比如要给他换尿布，要给他穿衣服、洗澡，或者要和幼儿园的宝宝一起读绘本，这个时间里有目标、有要做的事情，父母要和善而坚定地让他知道需要做什么事情，同时要认可宝宝的观点，邀请他参与，让他成为一个积极的参与者，而不是被动的接受者。即要把"照料儿童"的日常活动也看作对双方来说都很特别的"加油"时间。照料儿童的生活起居，是父母和孩子一起去做的事情，而不是父母单向的服务行为，更不是孩子的被动接受行为，从宝宝刚出生开始就要形成这样的意识。父母照料儿童时，可以温柔地对他说："现在我们需要洗澡了，先把衣服脱下来，你能伸一下胳膊吗？"随着父母的动作和话语，他就会慢慢地理解这些话的意思，并且到了一定的时间就会主动参与进来，这种引导为以后的合作和快乐提供了可能。总之，在这些有目的时间里，要保持平静，并坚定果断地达到目标，对一些非原则性的问题没必要死板地不让步，最重要的是得到孩子的参与和支持。

7. 要给孩子明确的设限，并一以贯之地执行

在早期教育中，要不要给孩子设定限制，什么时候给孩子设定限制，一直是一个有争议的问题。许多成人和教育者在给孩子设定限制的时候会感到困难，并且觉得规矩难以生效。有些父母心疼孩子，看到孩子不适应或生气，自己就会内疚，从而不再给孩子设定限制，这样的结果往往在幼儿园和学龄期就遭到反噬，对孩子有害无益。当代脑科学、心理学的研究已经证明：设定限制对儿童的大脑发育和心理健康都是非常必要的。在人类大脑内部有一个专门的区域，用来设定限制条件、确保规矩被有效执行，帮助人来适应那些在遵守规矩时所产生的不适感，这块区域就是前额叶皮质。这是数百万年来大脑结构进化的结果，它增加了人类在社会中生存的机会和能力。所以，设定限制不仅可以减少孩子的不当

行为，有助于提高孩子的自我控制能力，还能促使孩子更具灵活性和适应性。

事实证明，一个人能否为自己设定限制条件以及是否具备自控能力决定了他学业和事业上能否成功。而这和父母的养育方式紧密地联系在一起。父母要学会为孩子设限。父母要以一种直接、尊重并且富有同情心的方式为孩子设立限制，要在认可孩子的同时让他知道那些不可逾越的界限。明确的界限会帮助孩子形成安全感，了解大人对他的期待，并将限制内化，从而形成可接受的习惯和恰当的行为。明确的界限，就像是孙悟空用金箍棒为唐僧画的圈，它为孩子提供了一个安全区域，在这个区域里他无需担忧，可以自由地做他自己。

设定限制后要一以贯之地执行，而不能因为孩子的哭闹而放弃，父母要知道，当自己因为孩子的哭闹而屈服时，设限就失败了，同时也剥夺了孩子学习自律、自我发现的机会。当然，执行规定的方法有很多，方法不得当，会造成孩子歇斯底里地哭闹，与父母的关系恶化。父母要注意，执行规则时态度要坚定，语气却要温和，并能够理解孩子的不快，可以采用提供另外的选择代替限制的行为，让孩子的情感得以补偿。比如，孩子要在桌子上乱画，父母告诉他不可以，但可以在墙上为他提供一张大纸，建议他在纸上尽情地涂鸦。另外，还可以加入游戏的成分，引导他用好玩的方式按照父母的规定方式行事。比如，孩子不想穿袜子就想出去玩，爸爸可以扮演成袜子国王，捉拿没穿袜子就要走的小孩，把孩子拽回来给他穿袜子，这样的游戏方式会让孩子轻松接受这样的安排。当然，很多时候父母不得不一遍一遍地重复限制，直到孩子将限制内化，并变成自律。在这个过程中需要耐心，需要父母笃定的态度。

这七条原则，包括两个"相信"，五个"要"，既包含了父母育儿中应该秉持的教育理念，也指出了具体做事的原理和方向，后面的养育章节里，我们也会继续把这些方法运用到与儿童的互动中。

情商养育篇

若成人用尊重、关切的方式对待儿童，儿童自然而然也会对他人充满关心，也会安慰、帮助那些心情难过的人。儿童可以从成人身上学会怎样爱和对待别人。

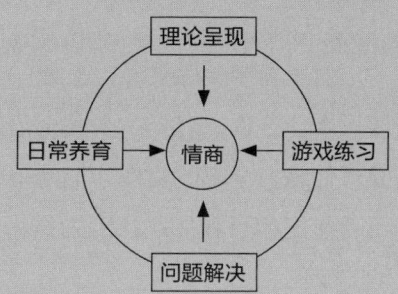

第二章 0~1岁给足孩子安全感

对于出生第一年的宝宝来说，学会面对周围陌生的人、事、物，能够适应并喜欢这个新世界，就是他最大的发展任务。成人一定要无条件地满足宝宝的需要，让宝宝感受到爱和关怀，才能建立起宝宝的安全感和信任感。

> 婴儿时期，儿童与父母的关系是他们未来与成人关系的基础。如果他们在婴儿时期学会信任成人，那么，未来他们的人际关系就会倾向于正面发展。

第一节　0~3个月

对于新手父母来说，照顾一个新生命的压力很大，因为这个小家伙不是随便一个什么人，而是一个完全依赖自己、和自己有着血缘关系的小可爱。父母要对他承担全部的责任，把他抱在怀里，会被强烈的喜悦和柔情淹没，也会伴随着焦虑和自我怀疑，因为作为父母，自己的生活将因为他的到来发生翻天覆地的变化。

一、特点概述

1. 新生儿的自闭

人类刚出生的婴儿与其他动物的幼崽相比，是软弱无助的。新生儿（出生28天以内的婴儿）似乎对于子宫外的生活还完全没有做好准备，所以，最初的4~6周更像是子宫内外两种不同生存方式之间的一个过渡时期。刚出生的几周里，婴儿需要大量的睡眠，一天24小时，新生儿可能20多个小时都在睡觉，清醒和睡眠的交替大多是因为饥饿或者不舒服。白天平均1小时只有2~3分钟的清醒状态。所以这个阶段的婴儿是以其生理需要的满足为基础的，一切活动都出自本能。肚子饿了就哭闹，吃饱了就安静下来，尿布湿了会感到不舒服，换了尿布变得清爽舒适之后就心情愉悦。同时，任何刺激的突然变化都会引起惊吓和啼哭，附近尖锐的噪声、突然改变的姿势、强烈刺眼的光线，都会让他们不安。他们对谁在照顾自己这一问题不感兴趣，也难以感知，马勒将之称为"正常自闭阶段"。但是这一时期其身体上的舒适和安定将对其自我的形成产生重要影响，构成自我形成的核心。蒙台梭利说过，如果这个阶段宝宝的需要没有得到很好的照顾，感受不到外界的爱，他们的正常成长和发展就会受到阻碍，出现一些无意识的"回归症状"，即会因为无法适应新环境而迫切想要回到母亲的子宫里去，形成自闭倾向。

2. 社会性微笑

大概从第5周开始，婴儿对人脸表现出极大的兴趣，吃奶的时候会盯着母亲看，对人的声音有反应，过了第6周，父母就会发现婴儿每天清醒的时间比以前长了，2个月大的婴儿可以增加到白天每小时有15~20分钟的清醒时间。宝宝开始对身边的事情产生兴趣，社会性反应和需求开始显现出来。8~10周的婴儿会频繁展现出一种社会性微笑，这种微笑和几周前他吃饱了，喝足了，身体感到舒服后的自发的微笑不同，这个微笑是宝宝对人脸、人说话的声音的反应，尽管这个微笑还不能区分人（这与宝宝的视觉发展还不完善有关），但对父母来说是非常美妙的礼物，是儿童社会性发展的一个重要里程碑。这是过去一个月里亲子交往中父母对婴儿细心呵护，在婴儿体验中累积起来的心理映像，人脸唤起了宝宝需要被满足的温暖愉悦的体验。

3. 婴儿的哭泣

哭泣是婴儿生来就有的一种情绪表达方式，具有重要的适应功能，通过哭泣，婴儿加强了和照顾者之间的联系。心理学家沃尔夫曾经把婴儿的哭泣分为三种：基本的哭、愤怒的哭、痛苦的哭。他把婴儿因为痛、饥饿、生气而发出的哭声录下来，放给他们不知情的母亲听，当这些母亲听到自己的孩子因痛而发出的哭声时，都会冲进房间看看孩子是否发生了意外，而听到另外两种哭声时的反应不明显。这说明婴儿已经能够用不同的哭声来传达情绪了。一般来说，新生儿的哭泣大多是生理性的，主要是由饥饿、身体不舒服或腹痛等引起的。慢慢地，婴儿的哭泣开始发生分化，如会出现由于惊吓、震动、环境的突然刺激引发的应答性哭泣。1个月以后随着孩子清醒的时间变长，还会出现一种低频的、无节奏的、没有眼泪的哭泣，这种哭泣通常意味着婴儿感到无聊了，需要被注意和照看。慢慢地，接近3个月的婴儿还会出现有区别的哭，即不同的人可以激活或终止婴儿的哭泣，如母亲的出现能够对哭泣的婴儿具有安慰性，此时哭泣已经是一种社会性行为了。

4. 母婴一体

这个阶段的婴儿是完全依赖性的，温尼科特曾说："孤立的婴儿是不存在的"，当你看到一个宝宝的时候，一定会同时看到一个照料他的母亲。从婴儿的角度讲，母亲和他是融合在一起的。这是因为，宝宝出生后的头几周并不是完全生活在黑暗和混沌之中。围绕着孩子和母亲会织成一张无形的膜，这张膜从母亲开始扩散，虽然婴儿不了解母亲，也不能认出她，但通过与母亲身体上的接触，尤其是母亲对其需要的满足，让他留下许多愉悦、舒适、保护的印象，所以当婴儿烦躁时，母亲的出现会产生一种奇妙的安定效果。母亲对婴儿身体和心理的支持，才能支持婴儿内在充满信心地走向外部世界。

总之，0~3个月的婴儿整体上是一个被动的适应者，以身体的生理感受为中心，温尼科特早就断言：孩子的内心通过与母亲的身体接触而形成。所以这个时期妈妈是孩子的重要他人，妈妈在生完孩子后会分泌一种本体胺的物质，促使妈妈会甘心情愿地为孩子提供一切，在妈妈眼里没有什么事情比婴儿更重要。这样无条件的接纳和爱，最有利于宝宝的发展。

二 日常养育

玛格达·伯格曾说："你照料你的宝宝的方式，就是他感受你的爱的方式。"照料的时间也是父母和婴儿建立关系的时机。所以千万不要把洗澡、喂食、换尿布等日常照料婴儿的事务看作是"恼人的琐事"，急匆匆地做完了事，或者把这些事全部抛给保姆或育婴师，别忘了，父母才应该是孩子最亲爱的人。当然，刚分娩完的母亲或疾病期的母亲应该适当被关照替代。母亲始终要相信：你对宝宝的照料中孕育着最初的亲子关系。

1. 抱起你的宝宝

婴儿的信任感始于身体，皮肤的触觉是儿童与世界对话的途径，婴儿通过自己的皮肤所接触的感觉去感知世界。当婴儿被拥抱时，皮肤的接触能够让其每一个神经末梢都感受到信息和压力，这样有利于宝宝形成自己的身体感觉。同时，身体触觉也是最早让人类感受到关怀、被爱及安全感的一种感觉。

> **知识窗**
>
> 早产儿因为一出生就被送到保温箱，缺少与母亲的身体亲密接触，因此缺少早期的感觉刺激，在日后的行为上可能表现出怕生、胆怯、退缩等现象。在美国，对于早产儿的治疗除了施以饮食和医护照顾外，会鼓励父母每日抽出固定时间抱抱孩子，即著名的"袋鼠式护理"。将婴儿直立抱起贴在父母裸露的胸前，让宝宝贴近父母的肌肤，这种肌肤的接触，可以让宝宝获得安全感，同时刺激感觉的发展。

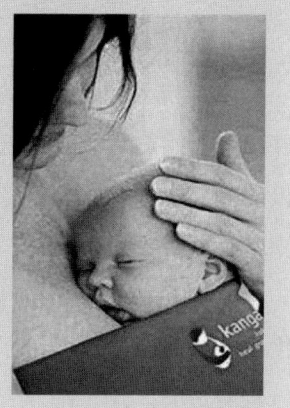

无论是洗澡、换尿布还是喂奶，父母都要先把婴儿抱在怀里，3个月之前的婴儿父母一定要以水平的姿势抱着，让其头部、颈部和脊椎完全被托住。具体的做法如下：

慢慢地走到婴儿身边,把身体降低到他所处的位置,并温柔地对他说话,让他知道妈妈已经来到了他的身边。

和婴儿做眼神的交流,温柔地给他等候的时间,抚摸他的胸部,告诉他妈妈要把他抱起来。

暂停一下,给他一段时间领会妈妈说的话,寻找他准备好被抱起来的迹象,比如他的胸部或背部放松了,他身体因为期待而开始扭动等。

轻轻地抱起婴儿,如果宝宝是平躺着,头部位于妈妈的左侧,那一定要让他的头部枕在妈妈的左臂臂弯里,左手托住颈部和脊椎,右手和右前臂伸到他的腿和屁股下面起到支撑,以便他可以舒服地躺在妈妈的怀里。同时他的胳膊和腿可以自由活动。从这个"摇篮"的姿势,孩子能够仰面看到妈妈的脸。

把宝宝放下来时,同样要告知宝宝,先将他的屁股放在床上,然后慢慢将其他部位放下来,先慢慢抽出放在他腿部的胳膊,并用这只手托住他的头再去抽出另一只手,用双手捧着他的头慢慢放下。这样的动作要流畅而缓慢,让婴儿觉得舒适、安全。

切记不要毛手毛脚,突然地抱起宝宝,又突然地放下,这种毫无预期性的身体姿势变换,会使宝宝受到惊吓,造成宝宝安全感的缺失。

2. 换尿布

曾经有人统计过,照顾一个小婴儿至少要换5000多次尿布,可见换尿布这件事情,如果父母仅仅把它看作是一件卫生工作,就无形中浪费了很多和婴儿相处的机会;如果能够把它看作一个给"情感加油"的陪伴过程,那么换尿布这件事就有了重要的意义。

父母看待这件事的不同会给孩子带来不同的体验和认知。如果父母仅仅把换尿布作为一件烦人的琐事、不得不完成的脏活儿,那么父母就会迅速而且高效地完成它。这个时候父母精力集中在尿布的处理上,几乎不会与宝宝有目光的接触。如果宝宝不配合或反抗,父母可能还会加快动作,并数落宝宝:"看看你弄得,臭臭的,换完才能玩儿!"。这样的处理方式会给宝宝传递什么样的信息呢? 父母快速而略带不满的处理方式会给宝宝带去一个负面体验——照顾身体和处理大小便这件事是令父母不愉快的。多次的重复,这个想法就会得到强化，孩子就会养成以大小便为耻，不关注自己身体的习惯，甚至对自己感到自卑。

如果父母将换尿布看作是一件自己和孩子亲密接触、深入交流的机会呢？那父母就不会很草率地处理它，而会在换尿布前做一些必要的准备，做法如下：

干净的尿布、尿垫或尿不湿、婴儿湿纸巾、润肤霜、净手盆、脏尿布收纳盒、尿布台等，所有换尿布要用的东西准备好，放在触手可及的位置。

洗干净手，手指的指甲修剪到不会让婴儿觉得不舒服。

慢慢靠近婴儿，看着他的眼睛，告诉他要给他换上新尿布，给宝宝看看新尿布，让他准备好。依然给他点时间，让他领会自己的话，看看他是否有反应。如果家里有专门的尿布台，则直接把宝宝带到准备好的尿布台上，告诉他"我们要换尿布啦"。

告诉宝宝要打开他的尿布了，邀请他抬起他的小屁屁，把手和前臂伸到宝宝的腿弯里，轻轻帮助他抬起屁股，而不要用手将两只脚握在一起把宝宝的腿提起来，这样会造成宝宝背部反射性地拱起而绷紧屁股，使清洗变得困难，还会给宝宝带来不适感。

告诉宝宝要换尿布了，把脏尿布轻轻拿走，并用准备好的湿纸巾给宝宝轻柔地擦拭，如果湿巾凉，要提前告诉宝宝。把新尿布给宝宝铺在下面，说："哇，干干净净，换好了，你现在可以把腿放下了。"然后帮宝宝放下腿，把尿布包好。

温柔拍拍宝宝的身体，肯定宝宝的配合和努力，然后抱起宝宝，和他一起感受清爽、亲密的一刻。

当然，也许随着时间的推移，父母会发现给孩子换尿布不会像一开始这么容易，孩子会想要玩玩具，还会想要自己尝试。父母只要记得，这是一件你们共同参与的事情，积极邀请他的配合，允许他的尝试和动作不得要领，但只要父母坚持和他眼神的对视，坚持重视这个时刻，孩子一定也会珍惜和爸爸妈妈温馨在一起的这个感觉。

在整个过程中，所有活动都是有告知的、体贴的、不急不慢的。换尿布不是一个单向的服务过程，而是一个双方共同投入情感的、在一起的亲密时刻。父母体贴的照料，温柔的声音、关照的眼神都能够通过父母的手传递给孩子，孩子会感受到被尊重、安全和舒适。同时，在这个过程里他也能学会专注于正在进行的事情并关注自己身体的习惯。

3. 喂奶

关于喂奶的时间，对于这个月龄段的宝宝来说，按需哺乳即可，只要宝宝饿了，就要及时哺乳，因为这个阶段如果孩子因为肚子饿而感到不快或痛苦，这种感觉会直接印在孩子心里，不利于宝宝"自我"的形成。如果想要慢慢形成喂奶的规律，那会需要父母慢慢地观察，了解宝宝胃消化的时间，慢慢地调整，找到规律再按时喂养，因为从长远看，规律的饮食有利于宝宝胃的健康。

关于喂奶的地点，建议妈妈找一个让自己和宝宝都舒服的地方，从而能够放松下来享受这段时光。对一个小婴儿来说，尽可能在同一个地方（同一把椅子、同一个房间）给他喂奶。把喂奶作为妈妈全身心陪伴宝宝的一段时间，要关掉电视、手机，以便双方都能专注地喂奶和吃奶。很多妈妈边看电视或手机边喂奶，这样的行为会让宝宝学会三心二意，不能专注地吃奶，甚至无形中延长吃奶的时间。

4. 读懂婴儿的哭

啼哭是婴儿的第一语言，他在用这种方式告诉成人他饿了、累了、困了或者不舒服了。哭是婴儿与成人交流的一种方式，有时候在入睡前他会通过大哭来释放一天的紧张，有时候太热了、太冷了他会大哭，有时候受到过多的刺激他适应不了也会哭。作为父母，有时候我们的任务不是不让宝宝哭，而是要理解宝宝哭的原因，以便对他做出准确的回应。

生活中有的妈妈听不了宝宝的哭声，宝宝一哭就会难受得不得了。其实宝宝的啼哭激起的可能是他们内心深处某种挥之不去的情绪和未被满足的需求，所以父母要给自己时间来了解宝宝，尽最大努力去放松、观察并学会理解宝宝试图在表达什么。不要想当然地认为没有让宝宝的哭声停止就是做错了或者自己没做好，宝宝也许需要哭一会儿来宣泄他一天的紧张。如果父母打算了解自己的宝宝，这是非常好的开始，当几个星期过去，父母就会很容易理解宝宝的各种哭声，并开始对照顾他感到更加自信。

对于宝宝的啼哭做出回应，是非常必要的，因为准确地回应宝宝的需要会给他一种安全感，让他知道自己被看到并被理解了。也许在生活中经常会有人跑过来说："哭哭开嗓，对宝宝有好处。""宝宝一哭就抱他会把他宠坏的。"听了这些话，父母或许会觉得有道理，更不知道该怎样对宝宝了。事实上，应对宝宝啼哭的关键在于对宝宝的观察和理解。

当婴儿哭的时候，父母没必要马上冲过去哄他，太快了反而会增加孩子的不安，要慢慢走过去，并平静地和他说话，语气里充满安慰，让他知道父母就在他的身边。如果发现他是尿了，就可以说："哦，你尿了，感到很不舒服，我们一起来换尿布吧。"尿布换好了，孩子也就不哭了。如果并不清楚原因，可以说："我听见了，我想知道你为什么哭。你刚刚喝了奶，也换了新尿布，也许你是想告诉我你累了，想休息了。"有时候，允许一个孩子哭与只是抱起孩子轻轻地拍他相比，需要更多的时间、知识和精力。让宝宝完全表达自己的感受，对他来说是最好的。不要试图通过把宝宝抱起来摇晃或唱一首愉快的歌来转移宝宝的注意力，让宝宝的哭声停下来，这样的干预在当时也许管用，但是宝宝真的会习惯这样并上瘾，而且在父母意识到之前，可能经常要在宝宝哭的时候轻摇他一个小时，不摇宝宝就会哭个不停。

父母要学会适应婴儿的啼哭，想办法帮助啼哭的宝宝平静下来，同时要注意自己的呼吸、情绪和举止。如果父母的情绪是焦虑、紧张和生气的，宝宝可能会意识到父母的心境，这会加剧他的不安。父母是宝宝的一面重要的镜子，父母的平静能够帮助他平静下来。知道婴儿有时候需要哭，并且需要哭很长时间，可以帮助自己放松下来，不要觉得作为父母必须平息宝宝的啼哭或者要解决什么问题，而是要练习给宝宝关注，体贴地回应他，有时候只需要坐下来静静地陪着他，让他哭到不哭为止，这就是一个婴儿需要的全部。

5. 观察、记录，形成节奏、惯例

观察是作为合格父母的关键要素，只有学会观察宝宝，父母才能更快地辨识到宝宝饥饿、困乏等需求，了解宝宝的特点，满足宝宝的需要。作为观察者，要注意观察一些必要的细节：宝宝饥饿时的表现是什么？宝宝醒来时的状态是什么？脸部表情会怎样？哪个表情和动作是宝宝第一次出现的？观察中父母难免会把自己的主观臆想附加到孩子身上，比如，孩子只是动了动嘴，父母就认为孩子可能饿了。这个时候，父母要通过做记录去检验自己的猜想。孩子动嘴和上次喂奶的时间间隔是多少？后面还有什么反应，这次喂奶孩子的吃奶量如何？下次再出现这情况，再记录下时间，反复对比几次，父母可能就能找到宝宝饥饿时的表现了。通过这些方法，父母也会从孩子发出的各种信号中找到他的生活节奏。比如，一般多长时间宝宝会饿，什么时间会大小便，清醒以后会玩多长时间。随着孩子的成长，相信父母就能摸索出一个双方都适应的一致节奏，惯例也就会形成。

喂奶、换尿布、拥抱、哄睡，甚至洗澡、抚触，这些和婴儿在一起共同参与的"情感加油"时刻，慢慢会成为父母和孩子的惯例，孩子也一天天适应父母和他的互动，越来越有默契，育儿的生活就会变得越来越愉快，很快父母就会在宝宝身上看到惊喜和变化。

三 情商游戏

随着这个月龄段婴儿白天清醒的时间越来越长，他们的社会性表现也越来越明显。比如，他们喜欢看人脸，喜欢被成人拥抱，被安抚时能够安静下来，甚至会以简单的行为（挥舞手臂或四肢乱晃）回应成人的逗引，父母就可以和宝宝来尝试一下亲子游戏了，游戏的目的在于让婴儿感受到来自外部世界对他的喜欢和接纳。通过游戏，观察宝宝对外部刺激和信号的敏感性，发展他的反应能力，同时帮助他适应并习惯所处的家庭环境，发展宝宝的积极情绪。

游戏1：亲子对视

游戏目标：

（1）练习对人脸的注视和追踪。

（2）发展对成人表情和动作的反应能力。

游戏准备： 安静的环境，宝宝清醒并愉悦的状态。

适合月龄： 5~12周。

游戏玩法：

（1）宝宝平躺在床上，父母俯身和宝宝对视，微笑着呼唤宝宝的名字，吸引宝宝的注意，当宝宝看向父母，父母就说："我看到你了，你也看到我了！"

（2）慢慢地移动自己的脸，引导宝宝追视，轻唤宝宝的名字，直到宝宝的眼睛看向自己。

（3）对着宝宝微笑："哦，你看到我了"，然后把自己的脸慢慢移向另一侧，继续引导宝宝的眼睛和自己对视，说："哦，我在这里，你又看到我了"。

（4）轻轻地抚摸宝宝的身体，看着宝宝的眼睛微笑，介绍自己"我是爸爸（妈妈）"。

游戏建议：

（1）父母与宝宝的眼睛保持20～30厘米的距离。

（2）动作要轻、要慢，叫宝宝的名字声音不要过大。

（3）重点观察宝宝能否对人脸感兴趣，是否对呼唤有反应，能否跟着父母转动视线。

游戏解读：这个游戏从宝宝对人脸的偏爱入手，一方面能够锻炼宝宝双眼聚焦和追视的能力，另一方面能够帮助父母更好地观察宝宝对外部的声音、人脸的反应，为宝宝提供最初的人际交流互动信号的刺激。

游戏2：逗宝宝笑

游戏目标：

（1）感知和体验愉悦的情绪。

（2）学习回应他人的情绪。

游戏准备：安静的房间，刚换好尿布或宝宝情绪状态良好。

适合月龄：6～12周。

游戏玩法：

（1）妈妈把宝宝抱在怀里，妈妈把脸凑到宝宝跟前，和宝宝对视。

（2）妈妈对宝宝说："哦，现在我们的心情不错，好像要笑一个！"

（3）观察宝宝脸上的表情和反应，如果宝宝很有兴趣，妈妈可以继续微笑着对宝宝说："来，宝贝，我们笑一个。"同时妈妈的脸由远到近，凑近宝宝。

（4）继续逗引宝宝，妈妈的脸可以不断重复，距离宝宝由远到近，加大身体晃动的幅度，调整语调和语速："宝宝给妈妈笑一笑，来，笑一个！""我看见你笑了，笑了！""宝宝真开心啊！"

（5）玩一会儿之后就要适可而止，结束游戏。

游戏建议：

（1）妈妈要掌握好逗笑的语调和节奏，不要动作过大。

（2）注意观察宝宝的反应，是否笑出声音，是否伴随有身体动作。

游戏解读： 妈妈和宝宝的微笑互动，能够激发宝宝的积极情绪，宝宝听不懂妈妈说了什么，但是他会从妈妈带给他的由远到近、不断变化的影像和声音的刺激中获得快乐，有利于促进他对外界反应的适应性。

游戏3：安抚宝宝

游戏目标：

（1）发展宝宝情绪表达和察觉的能力。

（2）学习自我安抚。

适合月龄： 0~3个月。

游戏玩法：

（1）当宝宝有些烦躁、不开心或哭闹的时候，爸爸妈妈尝试来到宝宝跟前，让宝宝看到自己的脸，同时仔细识别宝宝的情绪。

（2）尝试对宝宝的情绪加以描述："哦，宝宝饿了，不开心了，宝宝想吃奶了。""哦，宝宝哭了，好像尿尿了，有些不舒服，我们马上换尿布了，我来帮助你！""哦，宝宝不高兴了，没有人在身边，很无聊哦，我们来想想办法吧。"

（3）帮助宝宝消除引发不良情绪的外在刺激：喂奶、换尿布、抱抱、给宝宝一个安抚奶嘴。

（4）描述安抚手段所起的作用。比如，"好了，尿布换好了，干干净净，宝宝不哭了。""宝宝不孤单了，好开心啊！""这个安抚奶嘴很好玩啊，宝宝不哭了！"

游戏建议：

（1）描述时，语言要简洁，语气要温柔。

（2）父母要仔细识别宝宝的情绪和需求，可多次进行。

（3）爸爸妈妈要接纳宝宝的哭声，即使一次安抚没有作用也要多次尝试。

游戏解读： 这个游戏能够帮助父母学会对儿童的不良情绪进行识别、回应和安抚。游戏中父母的语言描述是一种练习，也是一种亲子交流，有助于婴儿和父母建立良好的互动关系，帮助婴儿熟悉这样的外部刺激，让反射性动作逐渐进化成有意义的情绪表达。

四 问题与对策

这个月龄段宝宝的家长们因为是新手,所遇皆是问题,下面将挑选几个具有普遍代表性且关系到宝宝情绪、个性发展的问题来进行详细解答。

问题1:之前听说过产后抑郁症,一直觉得这事和我没有关系,我家没有这类病的遗传,现在我的宝宝16天了,我感觉不太对劲。这段时间,我老想哭,就是觉得委屈。宝宝得了黄疸要检查,我哭;宝宝着急喝不到奶,我哭;宝宝呛奶,吐得满床都是,我也哭。我老觉得自己可能不适合当妈妈。晚上也睡不好觉,大脑一直紧绷着,宝宝翻个身我就醒了,有一点动静我就担心,这样的结果就是头疼,越想睡越睡不着。老公回家说我几句,我突然觉得好累好委屈,抱着他又哭了,……我觉着自己快抑郁了,很多人说3个月后就会好,真的是这样吗?

解答:以上这些表现的确是轻微的抑郁症状。不要害怕,只要好好休息和照顾自己,很快就会痊愈。产后抑郁的病程和伤风感冒相比要长一些,短的3个月,长的半年。只要了解足够多的心理知识,不过多害怕,允许自己休息,让自己做一些可以静下来的事情,3个月后自然就好了。

产后抑郁在很大程度上是身体内的激素惹的祸。妈妈产后身体的修复、情绪的管理、脑神经的运转都需要同一种激素,但是因为生产,妈妈的身体动用了大量的激素,这样原本用来情绪管理的激素就不够用了,容易出现情绪问题,所以那些在生产前就积累了大量情绪问题的人更容易在产后患上忧郁症。而且当情绪管理所需要的激素不够时,它还会去脑神经那里抢夺,所以脑神经的功能也会受到影响,出现专注力变差、学习能力降低、健忘等问题。

研究显示,50%~75%的女性都将随着孩子的出生经历一段情绪不稳定、心绪欠佳的状态,多数女性征兆不明显或转瞬即逝。10%~15%的新妈妈这种症状会很强烈,严重者甚至会引发母婴联结障碍,妈妈不能觉察宝宝的需求,不能照顾宝宝,甚至令宝宝发生损伤,妨碍其正常发育生长。所以一般中度和严重的产后抑郁需要专业的心理治疗。

轻度症状的妈妈要学会对自我情绪进行察觉,合理调节自己的情绪,虚心学习,寻求各种帮助,多和丈夫、家人沟通自己的各种担心和烦恼,有时累了不妨直接把一些事情交给家人,先把自己的情绪照顾好,甚至可以和家人坦白说:

"我觉得最近我处理不太好我的情绪，需要更多休息。希望你们能帮助我，我情绪差时，不要和我讲道理，也不要给我建议，就对我说，不要紧，一定会过去的，这样就会帮助到我。"把你的需要说出来，因为这个阶段的妈妈最需要的就是一点自己的空间，一句理解的话。

问题2：都说月子里的宝宝能睡觉，但我的宝宝从生下来开始就睡觉很少，非要抱着才能睡着，一放下就醒，白天睡得少，晚上也睡得晚。我特别担心他的发育受影响。他这样正常吗？通常是什么原因造成的？

解答：出现这种情况一般要考虑这样几个原因：一是你在孕期的情绪和睡眠状况。胎儿在母体内时，孕妈妈所经历的外界环境和作息状态会对胎儿产生先决性影响。如果你在孕期内情绪焦虑、睡眠不规律，这对孩子可能会有影响。二是孩子出生的过程是否困难，如果孩子早产、疾病或者出生时经历过剖宫产，住过小儿病房，和母亲分离过，这样的经历对那些天性敏感的孩子的影响会比较大，会带来如喜欢哭闹、入睡困难、一点声音就会惊醒的状况。三是家里的养育环境、噪声状况、人员的家庭氛围、妈妈的情绪状态等，如果家庭环境过于嘈杂，人员众多，打扰众多，妈妈的情绪过于焦虑等，这些对孩子也会有影响。

通常来说，孩子睡得太少的确会影响发育，因为孩子的身体在睡眠中会做最大的修复和成长。如果排除身体和以上原因，仅属于孩子睡眠少的情况也是有的，妈妈不要过度焦虑，慢慢接纳孩子，家人轮流多付出一些，慢慢地孩子的状况也就会得到改善。

问题3：宝宝42天了，这几天每天傍晚睡觉前宝宝都要哭一场，怎么哄都哄不好，非要哭上十来分钟哭累了才睡。孩子以前没有这样，生活也一直很规律，只是前几天我带宝宝回我妈家住了一个周，在我妈家的第一天就开始哭，原本以为可能换地方了，哭几天就好了，结果哭了一周。总算回家了，应该好了吧，结果回家了还是哭。孩子平时看着精神都很好，和平时没什么区别，也没生病。他到底是怎么了？

解答：这种情况可能和宝宝近期生活秩序和生活环境的变化有关。这个月龄段的婴儿需要一个有秩序的环境来帮助他认识事物、熟悉环境。在他居住的环境里，各种物品的摆放、物品的样式都会留存在孩子的记忆中，形成孩子内在的记忆模式。当环境模式改变时，孩子会感到痛苦和焦虑。固定的环境模式能为孩子建立起很好的安全感。宝宝回姥姥家一周的生活，无论周边环境，包括饮食和作息规律都会发生变化，这让孩子的安全感受到威胁，所以睡觉前需要一场大哭来缓解自己的焦虑和紧张。如今虽然回到了以前的环境，但是孩子对环境的适应和重新认识需要一段时间。在姥姥家刚刚积累的印象和秩序再次被打破，所以哭泣对宝宝来说是一种情绪的释放。妈妈要学会接纳孩子的哭，陪伴并理解孩子的情绪需求，等过一段时间，孩子适应了当下的环境，慢慢建立起安全感，这样的哭也就消失了。

问题4：我家宝宝快3个月了，胆子特别小，每次从外面回来都会哭。带她去游泳，她也一直哭，一点不像别人家的孩子那样乖。孩子脾气也不怎么好，喝奶只要第一口含不到就拼命哭。怎么会这样啊？

解答：这么小的孩子，他刚刚开始适应这个环境，因此所有东西都是跟着自己的感觉来的。爸爸妈妈要注意多观察，了解自己宝宝的个性和特点。宝宝每次外出回来都哭，可能是他对环境变化比较敏感。每个宝宝都是不一样的，有的宝宝根本不在乎变化，有的宝宝则一旦接收到太多光线、气味、声音的刺激，就反应激烈。越小的宝宝越是用感官感知世界，当他感觉到改变太过刺激，就会用哭声表达自己的"不适应"，你的宝宝应该就是这种情况，让她在相对安定、熟悉的环境中会更好。父母顺着孩子的个性去养育孩子才会最省力，也对宝宝最有利。

3个月的宝宝还比较小，他没有办法调节自己，每当有情绪时，唯一的表达方式就是哭，所以爸爸妈妈觉着孩子总是喜欢哭，其实这些都是正常的，爸爸妈妈要学会调节自己的生活节奏和习惯。如果可以，很多事情尽量在家里完成。

宝宝第一口吸不出奶就哭，是因为肚子饿了，其实大部分宝宝在刚开始吸奶的头几口，都是吸不出的，性急的孩子，就会急得哭出来。如果妈妈想避免这种情况，可以先用热毛巾热敷一下乳房，这样能让乳汁比较容易出来。总之，爸爸妈妈应该多多照顾这个阶段的宝宝的情绪，让宝宝感受到舒适和安全，更有利于宝宝的健康成长。

第二节　3~6个月

经过3个月和宝宝的相处，相信为人父母者已经适应了和宝宝在一起的生活，尽管每天的喂奶、换尿布、拍嗝、睡觉耗费了很多精力，但前期的观察和努力，渐渐会形成一定的惯例，后面相信父母也会感觉到育儿的生活变得越来越得心应手。进入3个月后，父母会发现孩子渐渐形成了固定的作息和睡眠习惯，每天的情绪状态越来越高涨，带来的惊喜和意外也会越来越多。

一 特点概述

1. 情绪高涨的探索者

3个月大的宝宝在很多方面都会显示出其好奇心和兴趣，随着宝宝对头部控制力的增强和双眼聚焦能力的发展，他会饶有兴趣地对父母的脸进行一番研究，也会研究一番自己的手，还喜欢触摸衣服和床单，并把物体放到嘴巴里。3～6个月的宝宝在白天差不多有一半时间是醒着的，他比以前更活跃了，经常发出声音，发出笑声，以及其他一些前所未有的声音。他的手-眼动作更加频繁，积极地对周围的东西进行探索，他会非常积极地观察和探索自己的手、脚所及范围内的任何东西，以及所能看到的所有东西，甚至会用手指、嘴和眼睛共同对物体进行探索，感知物体的质地、硬度和形状。通常在5个半月到6个月的时候，孩子就能够掌握伸手够东西的能力，即手眼协调，这代表了他某些行为系统已经相互协调，可以熟练运用自己的双手。同时对身体的控制力表现为能够翻身，从4个半月起宝宝的脖子和背部肌肉已经发育得足够有力，大部分5个半月的宝宝开始能够从仰卧变为俯卧，这些令宝宝兴趣盎然的运动和技能，使得他每天都有很多事情可以做，无论做什么都会显得很高兴，所以这个阶段的宝宝有着高涨的情绪，只有长牙或偶尔的消化不良或疾病才会影响到他的好心情。

2. 有区分的社会性微笑

英国塔维斯托克诊所的研究显示，到14周的时候，如果宝宝平时是由父母照顾的，相对于其他人而言，他们在看到父母时会以更快的速度露出微笑，并且微笑持续的时间也会更长。这表明从3个半月开始，婴儿已经能够区别熟悉的面孔和其他人的面孔，能够识别和辨认出自己的主要看护者，对不同的人有不同的微笑，这种有区分的社会性微笑，具有重要的社会化意义，能确保婴儿与看护者建立稳固的依赖关系，确保看护者对宝宝产生强烈的感情和责任感。尽管这个阶段的婴儿最喜欢的是平时照顾他的父母，但他会继续保持对所有人微笑，直到6个月，这样的反应似乎是一种保证，确保这几个月里任何一个花了时间陪伴宝宝的人都会爱上他。毕竟宝宝要想生存下去，至少要有一个大人与他建立起这样的关系。这个阶段的宝宝是一个快乐的、令人喜爱的小人儿，他迷人的微笑会加深父母和孩子之间的亲密感情。

3. 母婴共生

这个阶段的宝宝是在和母亲的共生中，逐渐发现自己的。所谓共生就是婴儿和母亲融合在一起的体验和意向。到3个月大的时候，婴儿开始逐渐增加对外界刺激的知觉和情感投注，能够意识到外界，但不能清晰地认知它源自何处，尤其开始关注到绝对依赖着的母亲，他朦朦胧胧地意识到自身以外的所有满足来源——母亲。通过对母亲身体和自己身体的接触，使他能够区别感觉，开始获得对自我的感知，有了"我"的感觉和"非我"的感觉，并慢慢能够辨别出来自内部和外部的刺激并做出不同的应答。也就是说，婴儿通过对母亲的发现，开始发现自己和自己以外的客观的世界。共生时期的母亲的照料和关爱是婴儿逐渐向外部发展的力量源泉，到6个月的时候，婴儿渐渐能够将母亲视为完整的个体，意识到自己和母亲是不同的个体，将自己与整个世界区分开来，这将是其人格发展上迈出的关键性的一步。

4. 故意啼哭的出现

大约从4个半月开始，宝宝能够靠着东西舒服地坐起来，用好奇的眼光打量整个房间，但却无法靠自己的行动去靠近那些吸引他的东西，他会把小玩具扔掉，但却没办法再去捡回来，这样他会感到遭受了挫折，而后感到厌倦，怎么办呢？啼哭就成了婴儿有事可做的唯一工具。这种啼哭是婴儿为了获得成人的关注和陪伴而开始的，并很快发展成为一种要求，当宝宝感到无聊或失落的时候就会很容易地会使用这个工具，所以这种啼哭具有持续性和需求性的特点。在接下来几个月里，这种需求性的故意啼哭会变得比其他任何行为都令人感到头疼。因此，从这个阶段开始，想办法对宝宝获得关注和安抚的方式加以引导，使其采取一种可被接受的方式行使自己的权力，变得非常重要。

5. 情绪的分化和辨别

最初儿童的情绪只表现为愉快和不愉快两级，后来在这两级的基础上慢慢分化出更为复杂的情绪，3个月时有了痛苦和快乐，6个月时分化出愤怒、恐惧、悲伤、厌恶等情绪。这些情绪婴儿会通过哭、笑、肢体表情动作表现出来，会丰富婴儿的社交体验，促进婴儿的社会交往。研究表明，4~6个月的宝宝已经能够区分哭和笑两种不同的表情，并且更偏爱微笑的表情。在与父母的互动中，已经能够观察并区分他人的表情变化了。

二 日常养育

1. 允许婴儿自由地活动

玛格达·伯格说："如果我们允许每个婴儿都按照他自己的时间并且以他自己的方式活动，而不是试图教他，那么每个婴儿都能更轻松而且高效地活动。"显然她认为，婴儿生来就知道如何活动，不需要别人教。是的，在进行细致的婴儿观察后发现，无论是精细动作（手和眼的动作）还是粗大动作（脖子、躯干、胳膊和腿上的大肌肉动作），他们的确不需要教，自然而然地就会了。人们常说："三翻六坐七滚八爬十扶站"，仿佛像预言一样，预告了大部分婴儿的动作规律和趋向。当婴儿准备好的时候，他就会抬头、翻身、爬、坐、走，他们从自己的活动和练习中得到快乐，获得自信，无需大人帮忙。

当然，如果有些婴儿到了一定的年龄还没有完成这些预告的里程碑式的事情，父母就会变得焦急，迫不及待地想要干预和帮助孩子。实际上父母要学会放松下来并欣赏一个婴儿正在做着的事情。一个正常发育的孩子会努力去做他能做的事情，不会有所保留。所以静下来欣赏孩子的努力，会看到他正在为努力完成下一个动作做各种准备，比如从仰卧到俯卧之前，他会不断练习在侧躺中保持平衡，在能够坐起来之前，他必须学会锻炼腰背的力量，在自己的上身直立过程中保持平衡，直至腰臀部能够支撑住上身。

每个婴儿都是根据自己内在的时间表来学习活动的，对于发育迟缓或者面临挑战的婴儿来说可能更是如此，有时候，父母好心的帮助和干预会妨碍婴儿形成他自己的一些应对策略的能力。所以父母要养育自信的宝宝首先要对孩子自己做事的方法抱有一种信任的态度，比如当宝宝第一次翻过身俯卧的时候，他的胳膊可能被压在胸部下面，而且他会努力把它抽出来，这个时候父母会不会想要去帮助他抽出胳膊？事实上帮助他抽出胳膊对于宝宝学会独立完成这个动作是没有益处的，因此父母要克制帮忙的冲动，看看宝宝能否自己设法做到。如果努力了一会儿，宝宝累了，变得不安，父母可以将他翻过来仰面躺着或者抱起来安慰他，而不是帮助他成功。相信过一段时间，他就能学会将胳膊从身子底下抽出来。

允许婴儿自由地活动意味着一种接纳和信任，允许孩子去尝试独立解决问题。相反，当一个大人总是介入到婴儿的活动中去解决每个或大或小的问题时，婴儿会迅速学会什么呢？当然是求助，而不是自己努力寻找一个解决办法。放弃自己的努力，依靠一个大人解决每一件小事会变成一种习惯，这样孩子不仅被剥夺了自我满足感和成就感，而且他的自信和自立意识也会受到侵蚀。因此，允许宝宝动作能力的自然呈现，允许他自由地活动，也是在支持他的身体和情感的发展，宝宝将能够放松下来，因为无论他怎样，都是被完全接纳的，他不会因为自己做得不够好而担心不被爱、不被关注，他可以充满安全感地发展自己。

2. 鼓励和保护婴儿的好奇心

这个阶段的婴儿开始对外界产生浓厚的兴趣，他们会长时间地观察自己的手，注意某个物品，并学会抓住它，把它拿到自己的嘴巴里进行探索。他们还会啃咬自己的脚丫、手指，好像科学家一样，想要弄清楚这些东西的质地、味道和性质。很多时候，父母并不知道他会对什么东西感兴趣，在什么样的时刻会研究什么，这个时候最重要的就是让婴儿遵从他自己的好奇心，并且看看这个好奇心会把他带到哪里。作为父母，想象一下：如果你正在对一个新奇的东西感兴趣，别人却打断你，跟你说一些无关紧要的事情，你会有什么感觉？所以，要想保护好孩子的好奇心，不打扰地陪伴孩子，有时候父母要注意让自己"显得不是那么重要"，退后一步，跟随着宝宝的兴趣，这也是一种保护和鼓励。如果宝宝无聊了，对于身边的东西没兴趣了，父母可以帮助宝宝换一个地方，新的墙壁、家具摆设，新的风景，会让宝宝产生新的兴趣。当然，这个阶段宝宝已经能够抓握和控制自己的双手了，父母也可以为宝宝提供玩耍的东西。

婴儿不需要玩那些复杂而昂贵的玩具，任何一个能够让宝宝安全地摆弄的东西都可以。这个东西可以让宝宝安全地啃咬、舔、嚼；这个东西不能太小，太

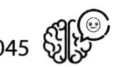

小了会让宝宝有吞咽窒息的危险；这个东西最好是被动的，不会发光，也不会动，除非宝宝让它们动；这个东西不会发出声音，除非宝宝用这个东西敲击。也就是说，婴儿是主动的，玩具是被动的，这样的玩具不会吓着孩子，会让孩子有掌控感。所以，棉质的或者硅胶类材质的东西最好，能够让宝宝摸起来柔软，能够抓住，也不会因为不小心敲到头和脸上伤到自己。宝宝把东西放到嘴边，不要去干涉他，他可以用各种方式去了解、探索和玩耍，对宝宝来说有时候一个玩具可以玩好几个星期而不会感到无聊。

3. 适时发起和积极回应亲子交际

大约2个月的宝宝就已经产生了交际的倾向，会对成人的逗弄报以微笑，能用"咿呀"的发音吸引抚养者的注意。到14周的时候，宝宝的社会交往意识发展更为明显，对成人的呵痒和表情变化更为敏感，4个月的时候甚至开始懂得了一些社会交往的规则，会认真地倾听和注视成人说话，会出现轮流"说"的倾向，即会在成人说一句后，他发几个音，成人再说一句，他再发几个音，一呼一应仿佛真正的聊天。这对于联结父母和婴儿之间的情感，发展婴儿的社会性，促进亲子依恋关系的形成具有重要的意义。

这个阶段，父母要注意观察婴儿，当婴儿无聊或无所事事时，可以主动发起亲子交际，可以通过表情、声音、动作，吸引宝宝的注意，陪伴儿童，防止出现婴儿因无聊产生的故意性啼哭。

当婴儿通过声音、动作主动吸引成人的注意，想要发起交际、得到关注时，父母要注意保持回应的敏感性，积极、亲切地回应婴儿的需求。这里的回应注意一定要采用婴儿可接受的、适合婴儿的方法。比如：不要把成人的想法和需要强加在婴儿身上；回应的方式要与婴儿的风格相适应，不要过于激烈，不要让婴儿感到害怕；在互动的过程中不要过于强势，要注意给婴儿机会来主动发起互动。适切的回应方法是：注视并模仿婴儿，通过对婴儿的表情、声音、动作等加以模仿，父母仿佛一面镜子，把婴儿的发音、声调反射给他，让他有机会继续"练习"。这样的互动不突兀，婴儿更容易接受和被激励。在情感上，父母要跟随婴儿，当婴儿的声调变得热情，父母也要随之变得热情；当婴儿的声调高亢，父母的回应也要保持同频，这样的交际才是有效且情感交融的。

作为父母,毕竟生活经验比较丰富,在必要的时候,有意识而适切地引导孩子扩展他的经验是有必要的。比如:当宝宝对某个东西好奇的时候,告知物品名称,和宝宝一起体验求知的乐趣;当宝宝不开心的时候,通过描述,引导他知道自己是怎么回事,通过互动让婴儿的情绪得到舒缓和调整。

4. 继续保持亲密的身体接触

3~6个月是母婴依恋关系的建立期,也是依恋行为发展的高度敏感阶段。这一时期父母对婴儿的照料、身体接触、拥抱、注视,更容易激发婴儿的依恋行为,对婴儿来说,与母亲的亲密接触代表着满足和保护,很大的声音和强烈的刺激会让婴儿产生惊吓反射并啼哭,而如果这时婴儿恰好在父母的怀里,则他只会对此产生轻微的反应。甚至还可以发现,如果婴儿和父母有身体的接触,即使身体不舒服或疼痛,他们也能够忍受。例如,打预防针时,那些被妈妈抱在怀里而不是躺在医务室的检查台上的婴儿,注射带给他的震惊反应要小很多。父母的身体仿佛就是婴儿的第二层皮肤,让婴儿能够免于强烈的刺激,获得安全感。喂奶的时候把宝宝抱在怀里,轻轻捏捏他的小手,时不时地抱抱他,给他洗澡,做抚触,亲亲他的小脸蛋,哄睡觉的时候帮他捋捋后背,拍拍他的小屁股,做游戏的时候和他碰碰小脑袋,捏捏他的小脚丫,这些亲密的皮肤接触,更能够让宝宝感受到爱和关怀,体会到自己是一个受人喜欢的小可爱,有利于宝宝良好情绪的养成。

知识窗

心理学家哈洛曾经将刚出生6~12小时的小猴子与母猴分开,同时提供小猴子两只"代理妈妈"。一只是身上具有奶瓶可以让它们喝奶的铁丝猴子;另一只则是没有喂食功能的绒布猴子。研究发现,当小猴子肚子饿的时候,它会去找铁丝妈妈喝奶,但是肚子不饿的时候,它多半依靠在绒布妈妈的怀抱里。当周围环境有些

哈洛的恒河猴实验

风吹草动的时候,小猴子一紧张就会立刻跑到绒布妈妈的怀里躲起来。哈洛的这个实验证实:亲密关系的需求不在于喂奶,而在于身体的接触经验。

5. 重复与一致的照顾方式

这个阶段的宝宝应该有了相对规律的作息时间和习惯，比如一般几点钟晨醒，一天吃几次奶，多长时间吃一次，每天睡几次觉，晚上几点睡。这些每天都要重复去做的事情会形成惯例。除此之外，具体到换尿布、洗澡、喂奶、哄睡这些日常照料，也应该慢慢形成固定的流程，成为惯例，这样父母每天重复而又一致的照料方式，能够让婴儿更加安心。婴儿不会因为每次都遵循同样简单的惯例而感到厌倦，他实际上喜欢这样有规律的生活。随着时间的推移，他会理解并期待越来越多地参与到照料中，所以父母应尽量每次在同一个地方给宝宝换尿布、洗澡、喂奶。这样能够满足宝宝秩序感的要求，提供可以依赖的一贯性，让宝宝有对环境的掌控感，不会感到无助。但某些时刻，家里来了客人，或是搬了新家，这时候惯例必须要改变，但某些惯例的存在会让宝宝有所依赖。正如蒙台梭利曾经谈到的一个案例：一个宝宝因为换了新保姆，每次洗澡都大哭不止，搞得家里人头疼不已，后来蒙台梭利了解到情况，对比了前后两个保姆的洗澡方式，发现问题出现在洗澡的先后顺序上，第一个保姆每次都是从上往下、从左到右洗，而后一个保姆的洗澡方式恰恰是相反的，这给宝宝带来极大的不适感，新保姆修正了自己的洗澡方式后，宝宝洗澡大哭的问题就解决了。

三 情商游戏

这个阶段的婴儿对照料者开始产生依恋，积极寻求与父母的接近，他们渴望亲人的关爱和拥抱。他们会通过哭泣、咿咿呀呀的声音或微笑主动与亲人互动。在大部分时间里，宝宝情绪高涨，对周围的事物和人有浓厚的兴趣。游戏的目的在于加强父母和宝宝之间的亲密联结和互动，满足宝宝情感、心理的需求，帮助宝宝认知自我，拥有更多感受和表达快乐的机会。

游戏1：照镜子

游戏目标：

（1）认知自我形象。

（2）发展互动能力。

游戏准备： 一面大镜子（高度适宜）。

游戏玩法：

（1）父母抱宝宝来到镜子跟前，告诉宝宝"我们要来照镜子了"。"哦，这里有个宝宝！"观察宝宝的反应。

（2）邀请宝宝用头去靠近镜子里的宝宝，"我们亲一亲，说你好，你好！"。

（3）引导宝宝注意镜中的父母，"哦，这里还有谁？是妈妈（爸爸），我们摸一摸，说你好，你好！"

（4）一起动一动，看看镜子中人的反应。

（5）父母握着宝宝的手和镜子里的宝宝再见。

游戏建议：

（1）观察宝宝对镜像的反应，进行引导。

（2）父母可以通过动作，示范与镜像的互动。

游戏解读：这个游戏中宝宝会盯着镜子里的人看，会对镜子里的父母好奇，但是他还不知道镜子里的人是谁，父母的互动和引导能够激发宝宝对外界的兴趣，满足宝宝的好奇心，有利于宝宝对自我的发现。

游戏2：藏猫猫

游戏目标：

（1）识别游戏信号。

（2）体验互动的快乐。

游戏准备：干净的手帕一条。

游戏玩法：

（1）宝宝坐在妈妈腿上面向爸爸，爸爸喊宝宝的名字。

（2）爸爸用手帕遮住自己的脸，再突然拿掉手帕露出自己的脸，冲宝宝笑。

（3）爸爸再次把手帕遮住自己的脸，再拿掉手帕，观察宝宝的反应。

（4）反复几次后，用手帕挡住宝宝的眼，再拿开手帕。

（5）爸爸开心地说："哦，找到宝宝了！"

（6）游戏结束时，和宝宝拥抱，亲亲。

游戏建议：

（1）观察宝宝会不会用手抓手帕，如果宝宝伸手，就给宝宝机会，让他拿到手帕。

（2）观察宝宝会不会大声笑，能不能被逗乐。

游戏解读： 这个游戏通过手帕→爸爸脸→笑→手帕→爸爸脸→笑，这种反复出现的有规律的视觉和声音的组合，带给宝宝视觉和听觉上的刺激，引发宝宝的愉悦情绪，同时有利于锻炼宝宝识别其中信号，并做出相应的互动反应，进而有利于其学会人际互动能力的习得。

游戏3：碰碰乐

游戏目标：

（1）发展积极情绪。

（2）体验互动快乐。

游戏玩法：

（1）让宝宝面对面坐在父母腿上，眼睛看着宝宝，对宝宝说："我们来玩游戏了！"

（2）边念儿歌边游戏，每句儿歌有三个"碰"字，前两次念到"碰"，父母随着节奏向宝宝点头，念到第三个"碰"时，父母的身体前倾，鼻子几乎要接近宝宝的鼻子。

（3）父母念到"咚"时，鼻子和宝宝的鼻子碰一起，可以故意大点声来带动宝宝的情绪。

（4）继续重复上面的儿歌和动作。

游戏建议：

（1）可以从慢节奏开始，等宝宝适应了，再加快节奏。

（2）可以不断变化儿歌的歌词，如碰额头、碰脸蛋等。

游戏解读： 这个游戏与上个游戏有异曲同工之妙，但这个游戏加入了有韵律的语言和更刺激的动作，能够带给孩子不一样的体验。尤其是游戏中的"咚"出现时，父母和宝宝的鼻子碰到一起，容易把婴儿的情绪带到高潮。多次的重复，有利于其发现并适应儿歌的节奏，体验可以预期的快乐。

四 问题与对策

问题1：宝宝4个半月，我马上就要上班了，孩子将由老人照顾。这会不会影响宝宝和我的依恋关系以及宝宝的安全感的形成呢？下班后，我应该怎样经常性地和宝宝互动？

解答：在这个月龄段宝宝进入依恋关系建立期，只要妈妈和家里的老人配合好，共同爱宝宝，成为宝宝的重要他人，妈妈不在，由另一个熟悉的人照顾，不会对宝宝的安全感造成威胁。但是妈妈也要做好心理准备，如果孩子跟老人在一起的时间比较长，他有可能慢慢地跟老人建立起更亲密的依恋关系，许多方面受老人的影响会比较大。但是这种现象是正常的，妈妈要学会接受这种情况。因为婴儿跟谁在一起时间长，谁为他付出的时间多，他就会跟谁亲。妈妈可以这样想，多一个人爱自己的孩子，多一个人成为孩子的重要他人，这个孩子就多一份祝福和幸福。如果妈妈也想继续保持和孩子的依恋关系，下班在家的时候，可以多抽出些时间陪伴孩子，同时增加高质量的陪伴，了解孩子的需求，而不是把孩子甩给老人就不管了，这样妈妈依然可以和孩子保持亲密的关系，依恋关系的形成并不完全和在一起时间的长短成正比，而是和照顾者对孩子的关注、回应的敏感性、照料方式等有关，这样妈妈对孩子的影响也依然存在。妈妈的一些观念、想法、习惯也会影响到孩子。

问题2：我家宝宝5个多月了，我的奶水不是很好，马上要面临上班的问题，我婆婆建议我把孩子送到她那里断奶，我觉得这样不好，现在有些犹豫，我该怎么办？

解答：5个多月的宝宝吞咽能力、消化能力都得到了发展，可以开始慢慢添加辅食，若要断奶的话，生理上是没问题的。至于是否一定要断奶，有没有可能克服困难，还是坚持让宝宝继续吃一段时间母乳，宝妈可以根据自己的实际情况来决定。宝妈提到的要把孩子送到奶奶那里去，这种断奶方式不可取。断奶对婴儿来说不仅是生理上食物的变化，更重要的是和母亲心理上的分离，5个多月的喂奶经历，使得宝宝一直把妈妈作为依赖对象，妈妈是他来到这个世界上的保护神，忽然断奶，宝宝要适应一直吃的食物换了味道，吃饭的方式换了模式，如果再没有妈妈在身边，他会非常受伤和失落，严重者宝宝会以为自己被抛弃了，造成极大的心理创伤，所以这个时候妈妈一定要在宝宝身边，让宝宝感觉到只是吃的东西变了，其他都没有变。这样某些方面的延续性会给宝宝一定的安全感和依赖感，能把对宝宝的影响降到最低。如果把宝宝送到新的环境里去断奶，那所有的东西对宝宝来说都是陌生的，会给宝宝带去严重的心理影响。所以，宝妈一定要明白这一点，确实要断奶的话，尽量保证能够陪在宝宝身边，找好代乳品，适应一段时间，建议先从断白天的奶开始，循序渐进，逐渐实现完全断乳。

问题3：我家宝宝刚刚3个多月，一直和我们睡在大床上，晚上我也方便喂奶。但是最近听一些闺蜜说最好让她自己在小床上单独睡，有利于她独立，也方便以后分床。这种说法对吗？

解答：关于是让孩子自己睡，还是和孩子一起睡，这个问题的选择权在父母手中，新生儿时期，和孩子一起睡，方便照看和给孩子喂奶，所以大部分父母都会图方便。等孩子稍大点，父母就会感觉到不便，但在孩子能够独立前，和父母在一起睡对孩子并无坏处。尤其从依恋理论的角度讲，孩子的健康发展离不开和父母的身体接触，对一些剖宫产和早产的孩子来说，和父母睡在一起，无形中增多了亲子相处的时间，有利于宝宝的身心发展，也不影响他的独立。

睡眠对于婴儿情绪和认知发展具有重要影响，这一时期是孩子身体适应能力、人体生物节律形成的时期，父母在身边的身体接触和安定感对孩子自我的发展起着重要的作用，孩子晚上的睡眠中要释放很多白天的压力和刺激，很多孩子晚上会夜惊、会哭泣，有父母的及时陪伴和安抚，可以让孩子的睡眠更加安心。现在很多年轻人将孩子的婴儿床放在自己的房间，这样睡觉的时候既能保证在一起又能有各自的空间，既能关注到孩子的状况又能保证双方睡眠的舒服，是一个一举两得的折中方案。

问题4：孩子还不到3个月，第一次当父母，很多有经验的老人和我说孩子不能抱，抱惯了就放不下了；还有些人说，小孩不能太宠，宠子如杀子。听着都很有道理，但我也看过一些书说应多抱抱孩子，无条件地对孩子好，这个分寸该怎么把握？

解答：中国上千年养儿育女的历史的确积累并流传了很多育儿俗语和经验，它们大多是数代母亲亲身实践的朴素总结，都有一定的道理，但却都是特定条件和历史背景条件下的产物。有些在当代某些情境下依然具有启发意义，比如说明孩子大动作成长规律的"三翻六坐七滚八爬"。有些则随着时代的变迁，早已成为现代育儿的绊脚石或糟粕。所以老人的话或过来人的经验，宝妈不是不能听，而是要在听的同时，加强自身的判断力，基于自己的孩子的实际情况，做出综合的评估，不断建构自己的育儿观。

正如有些人说的，孩子抱惯了放不下，这是可能的，但是孩子为什么放不下呢？因为抱着更让孩子感觉安全，感觉舒适，更容易满足孩子的需要。一方面孩子喜欢和父母肌肤的接触，被父母抱在怀里，感受父母的爱抚和关注，有助于孩子正向情绪的发展，建构亲子依恋。另一方面，孩子被抱起来，视野就会豁然开阔，与躺着看到的世界是完全不同的。绚丽多姿的外界信息会映入孩子的眼帘，满足孩子的好奇心和求知欲，有利于孩子的智力发育。所以从孩子发展的视角来看，多抱孩子利大于弊。以往那个年代的劳动父母因为生存原因没有更多时间陪伴孩子，也顾不上过多考虑孩子的需要，对他们当时的处境来说，最重要的是孩子乖巧、不闹腾，他们才有空干活维持开销。所以时代不同，育儿的理念和重心也发生了转化。

关于宠孩子，何为"宠"，每代人的观念不同，标准是不一样的。哪怕同一代人，不同的家庭标准也不一样。比如现代年轻父母育儿过程中对孩子的尊重、允许，也许在老一辈眼中就是"宠"，就是放纵。当然，没有原则地溺爱孩子的确会把孩子宠坏，我们也的确曾看到一些被宠坏的"熊孩子"，大闹公共场所，危害社会。但是值得强调的是，对于6个月以内的婴儿来说，父母无论多么宠爱都不会把他宠坏。他本来就认为这个世界都是为他服务的，让他的本我觉得舒服、安全就是他的最大需求，也是他成长的第一要义，父母只有不断地满足他，无条件地爱他、宠他，他才能对外部产生信任感，才能感受并意识到爱。

第三节　6~9个月

这个阶段的宝宝渐渐学会了掌控自己的身体，比如翻身、坐起、爬行，因为身体的反应性的提高，他们大部分时间都心情愉快，而且宝宝和家里的人建立起依恋关系，交流起来更主动、深入，所以父母和宝宝在一起玩耍会获得更多的乐趣。

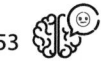

一 特点概述

1. 陌生人焦虑

大约在婴儿六七个月的时候，父母会看到他的社会性行为发生了一个重大的转变，他不再像以前一样看到任何人都露出甜蜜的微笑，有些宝宝开始对较为陌生的人表现出谨慎的态度。他可能会严肃地注视这些人，并持续几秒钟或几分钟，然后这种注视再以微笑结束，仿佛微笑前的时间是一段预热期，但如果陌生人突然接近他或发出较大的声音，他会有明显的害怕反应。在接下来的两个月里婴儿的预热期会变得越来越长，对陌生人的态度由严肃转为害怕和不安，这种情况在8~10个月的婴儿身上表现得最为严重。也有心理学家把这种陌生人焦虑称为"8个月的焦虑"。这种焦虑使婴儿对陌生环境和陌生人保持警觉，一定程度上削弱了孩子对探究新人物、新环境的兴趣，同时也反映了婴儿在认知能力和客体关系方面的进步，是智慧发展和不断社会化的结果，具有自我保护、避免伤害的价值。

2. 情绪的社会性参照

所谓情绪的社会性参照是指当婴儿处于陌生的、不能肯定的情境中的时候，他们会从成人的面孔上搜寻表情信息，判断当下的处境，决定自己的行动。这种情绪的社会性参照是婴儿发展的特定时期发生的一种人际情绪交流模式，简单来说就是婴儿对他人情绪信息的利用，婴儿利用对成人表情的分辨来指导自己的行为。婴儿的这种行为能力是建立在他对情绪的识别和理解的基础上的。6个月以后，婴儿识别和理解父母特定表情的能力开始明显发展，他们开始关注父母对不确定情境的情绪反应，并以此调整自己的行为。随着年龄的增长，尤其是七八个月以后，这种社会性参照越来越频繁，扩展到父母以外的人。

情绪的社会性参照对婴儿的发展具有非常重要的意义，尤其对于18个月之前、喜欢四处探索但语言能力尚未发展的婴儿，能够帮助他们超越被动回应他人信息的局限，主动参照成人的情绪信息，有效避免和摆脱许多危险情境和物体，对自己的行为做出调整和改变。同时，婴儿经常与成人共享同样的情感，有助于丰富婴幼儿的情感世界，增进母子和父子之间的感情。所以，情绪的社会性参照在很大程度上决定着婴幼儿的生活质量和发展机会。

婴儿身边积极的社会性参照会成为婴儿认知发展的有效媒介，能激励婴儿敢于探索新情境和新事物，有利于扩大婴儿的活动范围，发展其智慧能力。同样，消极的社会性参照则会给婴儿带来不良的情绪和行为反应，不利于婴儿对外界的探索和求知，容易限制其智力的发展，导致其形成消极、懦弱的性格。

3. 母婴依恋的确立

在婴儿期的各种情绪和社会化发展中，最重要的就是依恋的产生，婴儿对主要照料者——通常是母亲会产生强烈的依恋。因为照料者能够满足他身心的全部需求，被他视为最可靠的人。婴儿的依恋行为表现为：微笑、咿咿呀呀、依偎、注视、追随等，婴儿与父母的依恋关系是长期而稳定的，其他任何关系都难以替代。经研究发现，6~7个月的婴儿开始形成对他所熟悉的照料者的依恋，这种依恋会一直持续到1.5岁左右，在这期间婴幼儿会积极地寻求和照料者的接近机会，并因为与照料者在一起而获得满满的安全感和舒适感。同时，观察也发现，除了母亲外，婴儿也会对其他长时间的照料者如父亲、奶奶、保姆等产生依恋。

依恋是儿童一种最初的社会联结，健康的依恋关系会使婴儿感受到自己是被爱和被接纳的，有利于把父母作为其重要的安全基地，并成为婴儿建立安全感、自尊心、自制力、自信心，逐渐走向独立的开始。

4. 分离焦虑的出现

分离焦虑几乎是和陌生人焦虑一起出现的，很多心理学家认为，这两种焦虑的出现标志着婴幼儿依恋的形成。分离焦虑是指婴儿在与照料者建立情感联结后，竭力寻求与之身体上的接近，抗拒分离，当面临分离时，会表现出伤心、痛苦和哭闹的行为。尤其是8~9个月的婴儿会非常明显地表现出对分离的抗拒，当离开熟悉的照料者时会痛苦地哭喊。分离焦虑一般在婴儿14~18个月时达到高峰，并随着年龄的增长逐渐消失。分离焦虑的出现与婴儿的不安全感有关，对于婴儿来说具有特殊的适应意义，促使婴儿努力去寻找他所亲近的人来寻求安全感。但是长时间的分离焦虑不仅会造成婴儿抵抗力下降，产生生理上的应激反应，出现感冒、发烧、头痛等症状，也会给婴儿的心理带来严重的伤害，形成孤僻、冷淡、胆怯、恐惧的个性特点。

5. 母婴的分化

从马勒的"分离-个体化"理论来看，这个阶段的婴儿已经将自己和母亲区分开来，走上了发现自我、整合自我各种感觉、逐渐和母亲分离的过程，这是人格发展上的关键一步。在6个多月的宝宝身上会看到他们通过拉扯母亲的头发、鼻子，触摸母亲的脸等行为来感知母亲，从身体控制发展来看，七八个月的婴儿开始尝试爬行，挣脱母亲的怀抱，这是一个明确的信号，表明婴儿开始尝试和母亲分离。他们还会对母亲的眼镜、胸针、手镯等饰物产生兴趣，通过这些观察和比较，他们能够区分哪些部分是母亲的，哪些部分不是母亲的，并因此逐渐把母亲和不熟悉的人做区分。把陌生人的脸和母亲的脸即他内在的母亲形象做比较。由于陌生人不一定带来快乐体验，因此婴儿对陌生人表现出焦虑情绪。不过马勒也指出，婴儿对陌生人的态度不仅仅有焦虑，对于那些形成基本信任感的婴儿来说，他们对陌生人还会有一份好奇。

这个阶段母婴分化的顺利与否取决于共生期的母婴关系，如果上一个时期母婴关系发展不平衡，婴儿的人格就可能存在延迟，他会不愿意从母婴一体的"合一感"中走出来或者无法与母亲建立恰当的关系，导致无法与母亲先分化而获得独立。

二 日常照料

1. 为婴儿设置适宜的活动空间

父母如果在前一个阶段还没有在家里专门开辟一个育儿常驻的区域，那从这个阶段开始一定要为宝宝设立一个可以让他们自由探索的安全活动空间。这个空间里所有的东西都应该是安全的，里面所有的东西孩子都可以碰触，而不会出现磕到孩子的情况。放置的所有玩具，孩子都可以随意地拿来把玩，不会出现褪色、不卫生、被孩子吞咽的情况。即使父母要去卫生间，或者去另一个房间做点家务，也可以放心地把孩子放在活动空间里，而不会提心吊胆。这个阶段有的婴儿会爬了，有的能翻身滚动，所以这个活动空间可以放一个围栏来为宝宝提供更加安全的保障。有的妈妈说孩子大了，围栏拦不住，孩子不愿意在里面待着，这毕竟是一个过程，当孩子想要跨越围栏的时候，也证明这个地方的空间太小了，里面的物品已经不能满足孩子探索的需要了。总之，这个区域的存在，不仅仅有物理层面的价值，更重要的是对婴儿和父母心理上的意义。它能够让宝宝在有限的空间里享受舒适和自由，保证足够的、不被打扰的探索时间，也能够让父母的生活可以更轻松一些，不必因为确保孩子的安全而不断地去介入和转移孩子的注意力，全天候没有放松时间。父母相对轻松的育儿状态，以及对孩子比较少的限制，有利于这个阶段孩子的情绪发展。

2. 支持婴儿的独立探索

这个阶段的婴儿因为五指分化和手眼协调的发展，对外部世界有着浓厚的探索兴趣，并且随着翻滚、爬行技能的掌握，控制自己身体的能力更强了，通过不断地练习这些新技能，获得了良好的自我机制，这也使婴儿把对母亲的兴趣转移到外部客体上。父母支持儿童对周围环境的独立探索，能为儿童独立性的发展奠定基础。

首先，为儿童提供与他年龄适宜的玩具材料或物品，以及适应他粗大运动的装置，比如不同材质、颜色、大小的球可以提供给会爬的宝宝，橡胶或棉质的娃娃、填充玩具，不同形状的塑料瓶子、容器，金属的碗、盆，爬行垫等，满足这个阶段宝宝抓取、敲、捏、拿、扔、爬、滚的需要。

其次，提供平静而安宁的不被打扰的环境。婴儿的注意力很容易转移，父母的举动尽量不要打扰宝宝的注意力，在无目的陪伴的时间里，尽最大努力安静地关注宝宝，享受坐在他旁边陪伴的时间。一个安全的活动空间的价值也会在这里体现，父母面对孩子的任何探索，可以避免说"不"。

最后，当宝宝发出求助的信号时，父母要注意及时给予恰当的反馈。比如，有时候孩子是需要父母支持他玩耍，他把玩具扔掉，示意父母拿给他，他拿到后却又扔掉，父母给他捡回，他又扔，还看着父母笑。父母要注意这是游戏信号，宝宝通过这个方式获得父母的关注，同时他也在探索"扔"和玩具落地之间的联系。这时候的支持就是跟随孩子的探索，和他一起享受玩耍的乐趣。有时候宝宝是让父母帮他解决困难。他不愿意动，让父母帮他拿回他够不到的东西，这时候需要的是支持而不是包办代替，父母可以看看宝宝遇到的困难是不是在他能力范围之内，如果他可以，给他提供条件，鼓励他自己克服困难拿到自己想要的东西，这样的支持更容易增强宝宝的自信。

3. 应对陌生人的焦虑

当婴儿表现出对陌生人和陌生环境的焦虑时，父母要做到的是接纳宝宝的这种情绪，因为这是宝宝正常发展的表现。首先接纳意味着能够认可宝宝的不安，而不会一厢情愿地否定或试图引诱宝宝从自己的感受中转移出来。其次是尊重，尊重宝宝的感受和需求，帮助宝宝削弱陌生环境和陌生人带来的焦虑指数。最后是提供积极示范和循序渐进的良好环境，给足宝宝安全感。

现实生活中有很多妈妈不太能认同宝宝的陌生人焦虑，总是埋怨宝宝不争气、害羞，甚至为了所谓的"面子"，任由客人随意地亲近孩子，看到孩子哭得梨花带雨，还要和客人一起笑，仿佛这样显得自己更大气、更无私。殊不知这些做法都无形中挫伤了孩子自我的形成，使其感觉不被爱，加剧了孩子的焦虑，不利于孩子安全感和信任感的形成。

正确的做法是，当陌生人要靠近宝宝、亲近宝宝的时候，父母要体贴地接受宝宝的不安，"哦，你不认识阿姨，你有点紧张"。父母要尽可能把宝宝抱在怀里，并安抚宝宝。同时父母要尽可能地为宝宝辩护，让陌生人理解宝宝可能需要一些时间才能和陌生人熟悉起来，千万不要违背宝宝的意愿让陌生人抱宝宝。父母可以对客人说："宝宝对你还不熟，先不要抱他，给他些时间。"如果时间和环境允许，父母要给宝宝积极的情绪社会性参照，把宝宝的特点、喜好告诉客人，促进客人有机会和宝宝有良好的互动。也许玩一会儿之后，宝宝对陌生人的警觉就会大大削弱了。另外，宝宝半岁以后父母可以有意识地带宝宝走出家门，或者邀请客人来家里玩，给宝宝更多接触其他人的机会，丰富的见识也有利于缓和宝宝对陌生人的焦虑。

4. 构建安全型的亲子依恋关系

这个阶段到1岁前都是建立亲子依恋关系的关键期。在这一过程中，父母要注意对婴儿生理需求和情感信号保持积极的敏感性，无条件地照顾和爱护他，以此建立安全型的依恋关系。除了要多亲吻、拥抱婴儿，还要在他难过的时候安慰他。父母可以通过把宝宝举到肩头、晃动、温柔地抚摸以及轻声地抚慰来调节他的情绪。同时，父母还要帮助婴儿慢慢地理解害怕、恐惧、挫折和失望等经验，给予其一些支持性的干预，帮助宝宝慢慢地理解和认知自己的情绪，学会自我安抚。有些父母总是在婴儿遭遇情绪挫折时表现得不耐烦甚至愤怒，有的父母则对婴儿的情绪嗤之以鼻，我行我素，不能对婴儿的情绪产生共鸣，这些陷在自我感受中的父母的应对方式会强化婴儿的不良情绪反应，或使其更加烦恼，更难以安抚；或使其学会放置和压抑自己的情绪，屏蔽自己的情感，导致婴儿变得冷漠、孤僻，均不利于儿童情绪和亲子关系的发展。

> **知识窗**
>
> 艾斯沃斯梳理了有利于婴儿形成安全型依恋的母亲行为指标，主要有以下几种：
> （1）婴儿和母亲之间频繁而持久的身体接触，尤其是在婴儿出生后六个月内，以及母亲通过抱着婴儿来安抚他的能力。
> （2）母亲对婴儿信号的敏感度，尤其是根据婴儿的节律来选择干预时间的能力。
> （3）有规律的环境，婴儿可以感到自己的行为会引发特定的结果。
> （4）母亲和婴儿从彼此陪伴中获得的共同喜悦。

对于婴儿来说，一个温馨、有爱、和谐的家庭环境是极其重要的。婴儿具有极强的感受性，父母的和谐更能让他们有安全感，爸爸妈妈经常抚摸他们的小脑袋，牵牵他们的小手，拥抱他们，这不仅能安抚婴儿的情绪，也有助于他们形成良好的个性。照顾婴儿会很辛苦，一定要有足够的耐心和信心，家人对母亲的支持，尤其是父亲对母亲的支持，更有利于母亲育儿中的良好情绪。所以，有人说世界上最好的亲子教育是爸爸和妈妈相爱，因为婴儿在爱的环境里成长才能更有爱，更有利于安全型依恋的形成。

5. 提供积极的情绪社会性参照

积极的情绪社会性参照是婴幼儿认知发展的重要媒介，能够激起他们对新事物和新情境的兴趣，拓展探索的范围，提升认知。因此，对于处在情绪社会性参照敏感期的婴儿来说，父母正面、积极的榜样力量尤其重要，如果父母想要宝宝成为一个独立、积极、乐观、不害怕挫折的人，那父母就要先成为这样的人，为宝宝提供参照的榜样。在一个家庭中，感冒会传染，情绪会传染，独立、积极、乐观的个性也会传染，这就是社会性参照的力量。

当一个宝宝向父母身边爬过来时，发现路中间有障碍物阻挡，会产生畏难、惧怕的情绪。这个时候如果父母给予鼓励和支持的动作，示意宝宝可以越过障碍爬过来，那么宝宝就可以爬过去。如果父母做出不要爬过来、害怕的表情及姿态，宝宝肯定就会放弃了，并且可能在以后面临相同的情境时会选择退缩和逃避。因为这个阶段的宝宝还不具备独立判断的能力，他要从成人透露的信息中判断处境，决定自己的行为。对于这个阶段的孩子来说，面临困境是放弃还是努力，面对机会是挑战还是走开，很多时候都取决于父母无形中提供的情绪参照。因此，父母要关注宝宝在动作、认知等方面第一次的自我探索和尝试，给宝宝提供积极的情绪参照，鼓励他们不断去发现和超越自己。

三 情商游戏

这个月龄段的婴儿非常可爱，会通过动作、表情、眼神表达自己的需求，甚至能够配合成人的要求，完成简单的指令，所以情商游戏的设计可以围绕提升宝宝非语言的社交技能，满足其对父母的情感依恋，克服恐惧，增强幽默感入手。

游戏1：开心藏猫猫

游戏目标：

（1）能识别并回应情绪。

（2）能够自由表达情绪。

游戏准备： 温馨的家里或空旷的户外。

游戏玩法：

（1）爸爸抱着宝宝，妈妈喊"宝宝"，和宝宝面对面笑，逗宝宝。

（2）妈妈藏到爸爸身后，喊宝宝，不让宝宝看到妈妈。

（3）趁宝宝不注意，妈妈忽然从爸爸身后露出脸，说"我在这儿呢"。

（4）妈妈再次躲到爸爸身后，宝宝看不到妈妈。爸爸说："妈妈呢？"

（5）妈妈再次突然出现，说"我在这儿呢"，和宝宝一起笑。

游戏建议：

（1）观察宝宝看不到妈妈时是否寻找妈妈。

（2）观察宝宝看到妈妈后的反应。

（3）多次游戏后观察宝宝的情绪状态。

游戏解读：妈妈突然不见了，引发宝宝疑惑的情绪，随着妈妈声音的出现，妈妈又回来了，引发的是惊喜、开心。当这种刺激反复呈现，儿童会产生一种对下一刻可能发生的事情的预期，这极大地满足了孩子的掌控感和自信心，而躲猫猫本身物体消失→呈现→消失→呈现的状态，契合了儿童刚刚产生的分离焦虑，能有效刺激儿童的情绪表达，有利于亲情的互动和巩固。

游戏2：用动作说话

游戏目标：

（1）用动作表达意愿和情绪。

（2）学习与人交往。

游戏玩法：

（1）爸爸给宝宝玩玩具时，妈妈要在一旁引导宝宝表达感谢。双手拱起，上下活动，表示"谢谢"。

（2）家人上班时，妈妈要一边说"再见"，一边引导宝宝挥动小手，表示"再见"。

（3）客人来家里时，爸爸妈妈要引导宝宝拍手表示"欢迎"。

游戏建议：

（1）父母要用示范的方式教会宝宝做动作。

（2）要循序渐进，不要强迫宝宝。

（3）对宝宝有礼貌的动作及时肯定。

游戏解读：这个游戏在日常生活情境中可以随时随地地进行，一方面帮助孩子把动作和语言联系起来，促进宝宝的语言理解，另一方面有利于宝宝的社交能力的发展，促进宝宝更好地与人互动。

游戏3：礼貌待客

游戏目标：

（1）学习与人打招呼。

（2）乐于与人交往。

游戏玩法：

（1）家里来客人，妈妈抱着宝宝去迎接客人，热情欢迎客人，让宝宝有机会观察妈妈和客人的举止。

（2）宝宝适应一会儿以后，妈妈再抱宝宝接近客人，让客人偶尔看着宝宝笑笑，不接触宝宝。

（3）妈妈可以让客人拿个小玩具递给宝宝，如果宝宝高兴，客人可以靠近和宝宝玩一会儿。如果过程顺利，可以把手伸向宝宝，看宝宝是否愿意让客人抱。

（4）客人离开时，妈妈要摆手说再见，同时示意宝宝摇摇手表示"再见"。

游戏建议：

（1）如果宝宝不愿让客人抱，不要勉强。

（2）妈妈一定要待在宝宝身边，给宝宝安全感。

游戏解读： 这个游戏对日后孩子顺利地进行人际交往具有重要的意义。妈妈可以利用家里客人来访的机会，为宝宝提供社会性参照。同时妈妈要照顾到宝宝的心理状态，不勉强孩子，给足孩子安全感。同时让宝宝感受到自己作为家里重要的一员，得到了关注和重视。

四 问题与对策

问题1： 宝宝6个多月的时候我开始上班了，宝宝一直由奶奶带，宝宝也没有什么不适应。不知道为什么，这段时间宝宝开始不一样了，早上我一起床他就醒，醒来就大哭，怎么哄也哄不好，宝宝去上班他也不愿意，揪着我的衣服不让走。奶奶告诉我，我走了以后他也玩得很好。只是每天早上的哭闹实在让我烦躁，不知道这是怎么了，宝宝是有什么情绪吗？

解答： 根据上面的描述，说明宝宝开始产生了分离焦虑。分离焦虑一般指婴儿在和父母建立了依恋情感后，对于和依恋对象分开时表现出的抗拒反应。这在8~9个月的婴儿身上表现得非常明显。宝宝出现这样的情况是正常的，父母不要过分焦虑，要学会接纳宝宝的情绪，帮助宝宝适应这个过程。宝宝的大哭和抗拒，是宝宝情绪的自然表露，只要妈妈给予他恰当的支持，他就能慢慢地承受和适应。

面对宝宝的哭泣和难过，妈妈千万不要发脾气，更不能一味地转移孩子的注意力，想要偷偷溜掉。妈妈要像平时一样拍拍他、抱抱他，安抚他，让他感觉到自己的哭是被允许和接纳的，妈妈是爱他的。同时妈妈也要放松自己的情绪，并给孩子传递"我知道你很难过，但是妈妈必须去上班，下班就回来"的信息，坚定地和宝宝道别，坚定地去上班，不要因为宝宝的哭闹就犹豫不定，就哭哭啼啼，这样宝宝可能会因为妈妈的焦虑而延长适应期。

一般来说，宝宝的分离焦虑都会经历这样的过程，一开始是啼哭、呼唤妈妈、愤怒地抗议，第二阶段是希望破灭、接受失望，最后是无能为力，开始寻求身边可亲近的人，适应新环境。所以妈妈要相信宝宝的适应能力，给宝宝成长的机会，同时在下班后要多花时间陪伴宝宝，给足宝宝安全感。随着时间的推移，宝宝意识到妈妈离开还会回来，同时也和其他家人建立起新的依恋关系后，宝宝的这种哭闹现象就会慢慢减少甚至消失了。

问题2：儿子8个月了，感觉非常容易暴躁，一暴躁起来就乱打人，甚至抓大人的脸，有一点不由着他就大哭，这种情况应该怎么引导？

解答：宝宝刚刚8个月，如果他要抓脸或是乱打人，一定不要责骂孩子，也不要放任不管，妈妈只要抓住他的手让他不能抓就可以，要和声细语地告诉宝宝："不能抓脸""不能打人"。甚至有时候什么都不用说，平静地制止他的行为就可以，这样孩子慢慢地就知道不可以做这个动作了。

不知道家长的性情如何，日常和宝宝相处时对宝宝的反应是否及时、恰当。比如，家长遇事有没有经常很紧张、很激动地朝孩子大喊，有时候父母过于激烈的反应和情绪会影响到孩子，让孩子觉得可以这样；或者父母日常是否对孩子的情感过于忽视，孩子只有这样才可以引起父母的关注。因为孩子如果做出这些异于日常行为的事情，排除疾病的原因以外，一定是和养育方式有关，孩子周围环境中的不良情绪太多（比如父母管得太多，父母情绪非常焦虑，父母常常吵架等），所以家长需要做到的是调整好自己的情绪，耐心地跟孩子说话，允许孩子自由地玩耍，给予孩子独立探索的自由，好好地爱孩子，给足宝宝安全感。

问题3：女儿快7个月了，从4个月起就特别黏我，如果陌生人抱她或是在陌生的地方，她都会害怕，还会哭，我也经常带她和别的小朋友玩儿，带她到人多的地方去，可她和别的小朋友相比就是胆小。我还可以做什么来改善这个问题？

解答： 宝宝刚刚7个月，存在对陌生环境和陌生人的焦虑是正常的，这个阶段的宝宝正是黏着妈妈，把妈妈作为安全基地的时候，对宝宝来说更重要的是在家里能否和熟悉的人一起玩儿，和家人在一起是不是放松的、开朗的。如果孩子在家里也放不开，躲在角落里，不与妈妈以外的人接触，那就有问题了。如果不是这样，只是不愿意在陌生的地方和不熟悉的人在一起，那就没有问题。

只要孩子没有问题，妈妈就要学会接受孩子的情绪和状态，当孩子表现出害怕的时候，妈妈要给予安抚和陪伴，不要强迫他与陌生人相处。每个孩子都有自己的特点，不要拿别人家的孩子和自己的孩子比，看到别人家的孩子外向活泼，就希望自己家的孩子也要和别人一样。要知道每个孩子天生的气质类型不同，决定了他们对外界的敏感性和体验就会不一样。有些宝宝属于对外界比较敏感的，他们适应陌生环境可能要慢一些，不太善于交往，但他们的一些体验可能比别人要深刻，对事物的感受性更强，有可能这些特质未来会成为他们的强项。所以，这个阶段妈妈最重要的是和宝宝建立安全的依恋关系，让宝宝有充足的安全感，那么慢慢在妈妈的支持下，他就可以有勇气和力量去面对外界环境了。

问题4： 老师您好，我家孩子快8个月了，这几天喂饭他不像以前那么配合，总是和我抢碗、抢勺子，我有时候没办法，就给他一把勺子，他就会把食物戳得到处都是，这个时候我就会发火训他一顿，可下次他也没有好转，还是那样。我婆婆现在给孩子喂饭时会给他看动画片，转移他的注意力，他还能老实一点，但我觉得这样对他的眼睛不好，老师您有什么建议吗？

解答： 这么小的孩子一定不要边给他吃饭，边给他看电视，不光是对孩子的视力造成伤害，更重要的是会给孩子的自主饮食、消化吸收、自我发展等方面带来一系列不好的影响。父母要知道，吃饭是孩子的本能，学会自己吃饭是来自生命内在的本能呼唤。每个孩子天生就有要学会自己吃饭的驱动力。父母要帮助孩子形成这样的认知：吃饭是一个自主地去享受食物的美味的过程，所以从添加辅食开始，孩子就已经在为自主饮食做准备了。

七八个月的小朋友，手的动作越来越灵活，他们能拿起勺子，能够抓住眼前块状的食物，并准确地投放到自己的嘴巴，这是非常了不起的进步。父母要看到并允许孩子的练习，8个月的宝宝大多能够独立坐起来了，那意味着他就可以学着大人的样子吃东西了。当然，从不会到会，从不准确到准确需要一个过程，父母要注意给宝宝时间，让他在试错中成长。孩子要勺子就给他勺子，孩子要尝试自己吃就给他创造条件去练习，不要因为洒了一点汤，掉地上一块食物就剥夺孩子学习的机会。爸爸妈妈可以提前给宝宝准备好吃饭的围兜，地上铺上方便打扫的围布，提供的食物尽量选择方便宝宝拿取的，在使用勺子之前，宝宝用手抓着食物吃也不是大不了的事情，重要的是这样的支持能够帮助孩子在技能的获得中收获自信，收获自我满足感。

只要父母顺应孩子的自主发展需求，提供练习的环境，经过一段时间，父母就会看到宝宝的进步，他自己吃饭的能力增强了，撒掉食物的情况就会越来越少，而且孩子会对吃饭这件事情更加专注和有兴趣，如果父母在这个过程中也能够全然地陪伴和关注宝宝，适时地给以宝宝恰当的引导，宝宝就容易养成好好吃饭、不浪费食物的习惯。

另外，父母还要注意，吃饭这件小事中同样蕴含了对孩子社会行为和社会态度的教育契机。比如，对待食物的态度，是把食物仅仅看成饱腹的物品，还是看作帮助身体更好发展的营养品，不同的态度带给宝宝对食物和吃饭的态度是不一样的。再如，吃饭的仪式感，饭前的洗手、对食物的感恩，这些都是一个家庭对孩子从小的熏陶。所以，如果父母想要让自己的宝宝在能够自由走动的时候不被父母追着喂饭，不出现吃一会儿饭，玩一会儿玩具的情况，那么就从孩子8个月左右第一次能够独立坐在餐椅前时让他知道，吃饭是有规矩的，同时吃饭的时候要专心认真地享受食物，吃饱了才可以离开。如果没有吃完就离开，食物就不在了。当然，孩子这么小，不可能很快就能够做到，但是只要在家庭中父母给他树立这样一个榜样，给他这样一个环境，能够明确而一致地坚持，那么，和宝宝坐在一起愉快地、不慌不忙地吃顿饭绝对不是奢望。

第四节 9~12个月

从这个阶段开始，爸爸妈妈养育宝宝的方式可能要发生一些变化，因为对于9个月以后的宝宝来说，他开始有了对自己行动的认识，他能意识到自己的动作和结果的关系，他不再是那个什么都要依赖父母的小婴儿了，他已经是一个有着自己想法的小大人。

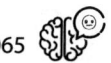

一 特点概述

1. 客体永久性的形成

根据皮亚杰的说法，婴儿最初完全是以转瞬即逝的感觉印象来看这个世界的，除了他能够直接感知到的事物以外，对其他事物是没有意识的。所以在五六个月宝宝的身上会看到，给他一个玩具他会拿，如果把这个玩具拿走藏起来，他也不会去寻找，好像玩具不存在一样。只有到出生9个月之后，婴儿才会继续他们的寻找，这种寻找就是婴儿获得客体永久性的开始。客体永久性的形成，意味着儿童认知、记忆的发展。

在这里笔者想尝试和大家一起从儿童的情感视角看待儿童的客体永久性。一个没有形成客体永久性的孩子，他会如何看待他身边的世界呢？不管是玩具还是父母，都会以一种鬼魅般的方式出现或者消失，就像梦中的人一样，是不稳定的。当宝宝所爱的父母和熟悉的事物不在身边的时候，宝宝就会出现不安的感觉。所以这个阶段的孩子是生活在幻想中的，他人格中的幻想机制会安慰他，让他相信他要的东西马上就会得到满足。但是这种幻想有时候并不能马上奏效，母亲并不总是在他需要的时候出现，这个时候婴儿或强或弱的焦虑就会出现。但是当孩子逐渐建构起一个客观的世界，在这个世界里的物体不会消失，只是产生了空间的位移，物体的来和往都遵循着一定的规律时，婴儿便在智力上获得了对环境的控制，这将有助于他克服与亲人分离时的焦虑，母亲或父亲是不会突然消失的人，而是会在离开后再出现，那婴儿对于所爱的人的暂时离开就不会不能应付了。因此，客体永久性的形成对儿童情感情绪的发展具有重要的意义。

知识窗：皮亚杰的客体永久性的实验

在测试婴儿是否具备客体永久性的实验中，实验者用屏风将婴儿的玩具遮住，此时婴儿不是去屏风后面寻找玩具，而是表现出茫然。据此，皮亚杰认为8个月以下的婴儿不具备客体永久性的能力。

2. 执迷于动作的好奇探究者

从9个月开始，儿童开始意识到自己的动作和主观感觉的关系，通过偶然性的动作逐渐意识到自己的动作和动作产生的结果的关系。比如，婴儿偶然将手里的东西掉到了地上，成人帮助他捡回来，他会继续松手让东西掉到地上，在这样反复的过程中，婴儿逐渐区分了自己的动作和东西掉在地上之间的关系。开始把自己的动作和动作的对象加以区分，这是婴儿自我意识的最初形态。发展到后来，他要自己拿勺子、自己吃饭、自己的事情自己做，都是儿童独立性的体现。在这个阶段的婴儿表现出强烈的动作的主动性和对世界的探索欲。他们会对一个电灯开关反复地研究，了解自己动作所产生的结果。他们会反复地开关橱柜的门，了解事物间的因果联系。甚至一个10个月大的宝宝通常会在不到10秒钟的时间内把一盆刚刚发芽的小花摧残致死。他们还会对地板上的碎屑感兴趣，反复把玩，还会妄图爬上一只矮脚凳，把手伸到墙壁的插座洞里，想知道里面都有什么……因此，这个阶段的宝宝几乎每天总会遇到各种各样的危险，让照料者应接不暇。

3. 开始喜欢模仿别人

宝宝从很小开始，模仿能力就萌芽了。很多研究发现，大约三四个月的时候，婴儿就能模仿大人的嘟嘴、吐舌头。到10个月左右，宝宝开始喜欢模仿别人，喜欢模仿大人的动作和表情，比如他会模仿大人"咳嗽"，还会模仿大人做鬼脸，甚至模仿爸爸喝水、妈妈梳头的样子。因为动作比较稚嫩、滑稽，常常让成人觉得非常好玩，宝宝也因此成为家庭的"开心果"。另外，这个阶段宝宝也进入了说话的萌芽期，更喜欢模仿大人说话，他们会学着叫"妈妈""爸爸"，并说出人生中第一个有意义的词汇。

模仿是儿童的天性，也是一种重要的学习方式。有研究者发现，它与大脑中的一种神经元回路"镜像神经元"有关，其主要目的是通过观察来学习。每当婴儿默默观察对面的人说话时，神经回路就开始想象自己的嘴唇和舌头位于相同的位置，并开始默默地重复和排练，在婴儿的大脑里编写程序，儿童就可以重复相应的行为了。总之，模仿是婴儿智慧发展的重要表现，父母应该有效的抓住时机，和宝宝互动交流，促成宝宝语言和社会性的发展。

4. 能主动表达情感和需求

这个阶段的宝宝能够使用面部表情、眼神、声音和姿势对周围的事物表达自己的情绪，尤其开始向监护人尤其是自己的母亲表达自己的情感，他们会主动地依偎、拥抱，甚至亲吻对方。当他们伤心难过的时候，也会主动寻求成人的安慰、拥抱和爱抚。他们能够表达出愤怒、害怕、嫉妒、同情等多种情绪情感。此外，这个阶段的宝宝已经能够听懂成人的简单指令和部分语言，也能够把语音中的情绪和面部表情匹配起来，所以他们能够判断成人的情绪，也能够理解成人对他们的鼓励（称赞）和否定（制止），并做出相应的反应。比如，受到成人的认可和鼓励后会重复讨好的行为，以此得到大人更多的关注，满足自己的内在需要。也就是说，这个时候的宝宝开始寻求别人对他的行为的称赞，这是宝宝最初的成就感的体现。

宝宝能用手势动作表达自己的需要，显示出他们内在的独立性要求，9~11个月的宝宝开始意识到大人能为他们提供帮助，只要有机会他们就会向大人寻求帮助，比如让大人帮忙拿玩具，给自己拿奶瓶，让成人帮自己拧开难以打开的盖子。而恰恰这些时候，是孩子非常重要的成长契机，宝宝会从妈妈和他一起完成的动作和工作中学到很多东西，如物体的发音和名称，怎样拿东西，怎样用勺子，怎样更好地用力，等等。

5. 把母亲作为探索的"安全基地"

上一阶段发展起来的安全型母婴依恋关系，让婴儿把母亲（主要照料人）当作自己重要的依恋对象，也逐渐作为他探索的"安全基地"。当他面临恐惧、焦虑和压力时，他相信依恋对象能够保护和支持他，让他感觉到自己是安全的。所以一个拥有"安全基地"的孩子，可以去发展自己的生存和探索能力。

人们经常会看到这样一幅场景：婴儿待在母亲的身边玩耍，他专心地玩着玩具，感受着探索的乐趣，有时候他会慢慢离开母亲身边，爬到角落里，专注于一个令他着迷的物品，几乎忘了母亲的存在。但是他会周期性地回到母亲身边寻求安全感，然后再到自己喜欢的玩具跟前。这种以母亲为中心，通过和母亲的接触、亲近获得安全感，然后再投入到自我探索的行为，表明这个阶段的婴儿还需要适度地对母亲依赖，他的自主是建立在足够安全的基础上的。

二 日常养育

1. 创设安全的、可以自主探索的家庭环境

对于这个阶段的宝宝，父母千万不要再把他局限在一个围栏或一个小屋里，因为那样的空间场地已经无法满足宝宝的好奇心和求知欲了。爸爸妈妈应该根据孩子的能力和需要来不断扩大孩子的活动范围。把家里可能存在危险的物品清除掉，把必要位置做好防护，让宝宝可以在家里自由探索。从这个月龄（9个月）开始，至少到2岁，都要让家里成为孩子可以安全探索的区域。对9个月以后能够自由移动的宝宝来说，家即使很小，布置很简单，也是一个丰富的环境。所有的东西对宝宝来说都是新奇而迷人的，只有让宝宝随心所欲地探索，才能自然而有效地发展宝宝的好奇心。这种自由的探索让宝宝有机会去迎接和应对各种身体上的挑战，面对各种社会场景，对人和事物有所了解。

很多妈妈看到这里会很头疼，这样家里岂不乱套了？安全如何保证？其实妈妈的确应该做好心理准备，一个处于爬行和学步期的宝宝和一个整洁干净的家是矛盾的。父母做出必要的取舍，短暂的家里的凌乱换来孩子探索的自由、健康的发展是值得的。关于安全，这个阶段父母要做好准备，所有摆放在孩子面前的物品都是可以与孩子分享的，不能让孩子动的东西最好收起来不要让孩子看到。比如，拿走所有对孩子来说有毒的物品，塞住电源插孔，锁上厨房里的柜子，把值钱的东西和容易碎的东西放到孩子够不到的地方，给尖锐的门角、桌角贴上防护贴。只要父母肯用心，完全能够创设一个可供孩子探索的环境。毕竟对于婴儿来说，自主探索是他本能的独立要求。孩子只有触摸过、感知过、探索过的东西，他们才能命名它、认知它，手上的动作带动的是儿童大脑的发展和神经元的联结。

2. 有效回应宝宝的求助

这个阶段的宝宝遇到困难或者感到沮丧时，会向大人寻求帮助，父母要重视和珍惜这样的机会，给予宝宝有效的回应，因为这是宝宝成长的重要契机，是爸爸妈妈对宝宝施加影响、联结亲子情感的机会。

首先，父母不要错过这样的契机，给予宝宝及时的回应。不管在游戏场所还是在公共场合，经常可以看到一些妈妈在专心致志地看手机，却对怀里或身边

的宝宝的召唤和求助视若无睹，这种来自依恋对象的漠视和忽略，会给孩子的情感发展带去非常恶劣的影响，让宝宝产生无措、悲伤的情绪，让他觉得自己不重要、妈妈不爱他。爸爸妈妈一定要对宝宝的主动表示做出回应，确定宝宝在想什么，他需要的是什么。想要做到这一点，在这个发展阶段对父母来说并不难。

其次，当宝宝向父母求助的时候，而父母手里确实有比较重要的事情，也不必一定要立刻放下手中的事情，但是一定要非常认真地告诉宝宝，请他等一等，但等待后一定要兑现自己的承诺，这对于宝宝的社会能力发展十分重要。在这个阶段，他开始了解到，大部分时间自己可以马上得到父母的回应和想要的东西，只是偶尔需要等一会儿。宝宝的延迟满足能力不是一出生就有的，是日常养育中基于信任和练习的结果。在这个时候让孩子知道，当别人有更重要的事情时，需要等一等。

再次，重视并满足宝宝的需要。宝宝在独立探索的过程中，常常需要得到妈妈的情感"加油"和技术"支持"。在宝宝的眼里，妈妈是无所不能的，可以满足他的一切幻想。受伤的手指，妈妈吹口"仙气"就会缓解很多；打不开的盒子，妈妈一出手就打开了；拿不到的东西，妈妈都能拿到。妈妈像超人一样满足了孩子的愿望，让孩子觉得只要有妈妈在，自己也无所不能。这种来自依恋对象的满足感和安全感，让宝宝觉得自己非常重要，是被爱的，使其可以更加独立和自信地投入探索之中。

最后，讲究回应宝宝求助的方法。宝宝的求助有些来自情感，有些来自能力。爸爸妈妈要仔细地判断，同理孩子的处境。比如，宝宝摔疼了，妈妈要及时同理宝宝的情感，满足宝宝的安抚需要；有时候宝宝仅仅是求关注，只要妈妈在他旁边关注他就能给他力量。当宝宝因为探索或运动中的能力不足而求助时，父母需要注意不要包办代替，粗暴地帮助宝宝达到目的，而是要在帮助中和宝宝一起探索让宝宝更有成就感的方法。比如，宝宝让父母帮他爬上一个攀登架，一定不是父母把宝宝抱到架子上，而是看看是否在哪里给宝宝一个支撑，宝宝可以借助这个支撑自己完成攀登的任务。再如，宝宝要拧开一个盒子，一定是父母把已经拧紧的盒子拧松，让宝宝可以用他的力量拧开后面的部分，即让宝宝因父母的回应有更多学习动作、技能和发现自己的机会，积累满足感和成就感。

3. 重视和宝宝的语言交流

如果父母前期一直重视用描述的方式和宝宝互动交流，那么很快父母就要看到前期语言输入的成果，这个阶段父母可以尝试和宝宝直接进行语言的沟通。因为宝宝已经能够借助动作、表情和咿咿呀呀的学语和父母进行互动了。父母要抓住机会把宝宝周围生活中常见的人、食物、玩具、动物、日常动作等的名称说给他听，同时注意语言要标准，不要教孩子儿语。当宝宝用手势指着要饼干时，趁机告诉他发音，如果他愿意，情绪比较好，让他试着说一说，即使说得不清楚也不要纠正，需要肯定宝宝的尝试，鼓励宝宝大胆地开口说话，这样他过不了多久就能用语言代替手势了。当和宝宝一起外出的时候，爸爸妈妈也要有意识地关注宝宝的兴趣，看到宝宝盯着某个东西看时，就可趁机告诉他这个东西的名称，帮助宝宝把事物和语音联系起来，但注意语言一定要简短明确，否则会给孩子造成干扰，不利于语言的学习。

总之，对于咿呀学语期的孩子，父母不要吝啬自己的语言，从语言的输入到语言的输出是一个漫长的过程，父母要保质保量地做好语言的输入，才能换来孩子的语言输出。但也不能由着自己的性子说个没完，凡事都有一个度，父母要注意适时而说，适量而说，同时一定要关注到孩子的兴趣和状态，如果父母在和孩子说个不停的时候，孩子转过了脸、避开了父母的眼神，往往代表父母说得太多了。爸爸妈妈在和这个阶段的孩子进行语言交流时，要多用短语，给孩子提供丰富的词汇环境，因为语言的学习和掌握，将给儿童的社会适应和社会交往带来质的飞跃，能有效促进孩子的情商能力。

4. 限制孩子的不当行为

在这个阶段，父母需要对孩子不当的行为加以限制，因为无数的儿童行为研究表明，如果这个阶段父母依然对孩子的所有行为给予无限的放任，到他18个月的时候，宝宝很多不良社会行为将会成为家庭中的问题，到2岁的时候宝宝将变得很难相处，就是很多人所谓的"被宠坏"。比如，有些2岁的小朋友从来不会好好吃饭，而是被爷爷奶奶在后面追着喂饭。又如，有些小朋友看到好玩的东西就抢，得不到就在地上打滚。所以，有时候父母的影响，关系到一个孩子未来的个性特点和命运走向，一个孩子是更容易成为一个善于交往、幸福快乐的孩子，还是更容易成为一个难以相处并且总感觉不到幸福快乐的孩子，这与家庭教养方式和情绪处理有很大的关系。

正如第一章所论述的，设定限制对儿童的大脑发育和心理健康都是非常必要的。设定限制首先可以减少孩子的不当行为，有利于孩子的安全和习惯养成。拿孩子揪大人头发这件事来说，笔者曾经看到有个妈妈经常被1岁多的孩子揪住头发玩，有时候被揪住疼得厉害，就大骂孩子一顿，但之后这样的行为还会重复发生。她很无奈，认为是孩子不听话。其实这个问题完全可以避免。大部分孩子会在八九个月的时候出现揪妈妈头发的行为，当孩子第一次有这样的动作时，父母可以握住孩子的手，告诉他，"我不想让你揪我的头发"，这个制止的信息会传递给孩子，那他大脑里的神经元就不会形成关于这个动作的联结痕迹。如果下次孩子还出现这样的动作，父母继续握住孩子的手，并用其他玩具转移孩子的注意力，反复几次，这个不良的动作慢慢就不会再出现了。

对于这个阶段的婴儿来说，因为他们自身力量有限，听懂的语言有限，所以设定限制的最好方法就是行动，父母可以说："宝贝，这样是很粗鲁的""宝贝，这样做很危险"，进行语言的提醒。当然，这个阶段的孩子容易被其他新奇的事物所吸引，偶尔出现不当的行为时，父母也可以通过玩具等新奇的事物来帮助孩子转移注意力，避免此类事情发生。

父母要注意把孩子的不当行为和其自主探索的适龄行为区分开。比如，这个月龄段的孩子会用手把食物捏碎，抓食物放到嘴里，把玩具放到嘴巴里，抢妈妈手里的勺子，把勺子扔到地上，玩碗里的水，弄坏家里的画，试图爬上家里的茶几……这些因好奇和自主探索而出现的行为是与孩子的年龄发展相适应的，是不应该被限制的。

三 情商游戏

这个阶段宝宝的游戏设计，要给宝宝更多与人互动交往的机会，在互动中适当表达自己的情绪，示范正确的情绪处理方法，培养宝宝的情绪表达和调节的能力，发展宝宝的亲社会行为技能，激发宝宝主动与人交往的兴趣。

游戏1：用"请""谢谢"对话

发展目标：

（1）享受交流的快乐。

（2）学习语言和动作的关联。

游戏准备： 苹果等水果。

游戏玩法：

（1）妈妈洗好一盘苹果拿到桌上，妈妈拿一个给宝宝。

（2）妈妈将两只手的手心朝上，重叠在一起，向宝宝伸去，并对他说："请拿给我"。

（3）当宝宝把小手里的苹果递到妈妈面前时，妈妈要微笑，并对宝宝说"谢谢"。

（4）如果没有递给妈妈，妈妈可以多尝试几次，让宝宝明白大人的意思。

游戏建议：

（1）大人要两只手接拿物品，做正确示范。

（2）宝宝对放下手中的东西还不擅长，妈妈不要着急，让宝宝多多练习。

游戏解读： 这个游戏能够锻炼宝宝拿起、放下的手的精细动作能力，同时"请""谢谢""给我"这些词会成为宝宝今后和小朋友一起玩耍时的重要语言，是他们日后沟通交流的枢纽，妈妈和宝宝经常玩这个游戏，能够让宝宝体验和妈妈心意相通的喜悦。

游戏2：认识表情

发展目标：

（1）认识和感受表情的不同。

（2）体验和父母互动的快乐。

游戏准备： 一只小镜子。

游戏玩法：

（1）妈妈面对面和宝宝坐在一起，做出微笑的表情，观察宝宝的反应。

（2）妈妈做出哭的表情，观察宝宝的反应。

（3）妈妈噘起嘴，做出生气的表情。

（4）妈妈张大嘴做出吃惊的表情。

（5）妈妈可以做出一些夸张的表情给宝宝看，看看宝宝的反应。

（6）妈妈拿出小镜子，和宝宝一起在镜子里做各种表情。

游戏建议：

（1）如果妈妈做出生气的表情，宝宝做出哭或伸手臂喊妈妈的动作，妈妈要及时回应宝宝，安慰宝宝。

（2）妈妈也可以从搞怪的表情开始，观察宝宝是否有模仿动作。

游戏解读：这个游戏能够让宝宝了解各种各样的面部表情，帮助宝宝明白表情的不同，同时宝宝看到妈妈各种变来变去的表情，会觉得很好玩，会模仿，有利于培养宝宝的幽默感。

游戏3：找妈妈

发展目标：

（1）学习应对分离。

（2）感受互动的快乐。

游戏玩法：

（1）妈妈和宝宝一起玩捉迷藏，妈妈说："宝宝，开始了，看看妈妈在哪里？"

（2）妈妈把自己的身体藏到沙发的后面或窗帘的后面，然后喊宝宝："快来找妈妈！"

（3）偷看宝宝的反应，如果宝宝找不到妈妈，妈妈就再暴露一些。

（4）宝宝找到妈妈时，亲亲宝宝。

游戏建议：

（1）观察宝宝的反应，及时暴露自己。

（2）如果宝宝模仿妈妈躲藏起来，妈妈就扮演找的一方。

游戏解读：这个游戏具有心理学上的意义。消失不见的东西，又找回来，不断地消失，不断地出现，孩子在这样的游戏里体验着事件的可控性，帮助自己克服与分离有关的焦虑，把很多现实中痛苦的情形转变成愉快的经历：妈妈总会出现的。

四 问题与对策

问题1：我家宝宝现在只有11个月，由我爸妈协助我带他。我感觉宝宝很敏感，容易急躁，每天我都得极力控制自己的情绪，无论是换尿片、穿衣服，还是吃饭、洗澡，他都不配合，很让人气恼。对于这样的宝宝我应该怎样和他相处呢？

解答：从问题表述中，可以感觉到宝妈自己身上充满情绪，不知道宝妈的情绪来自哪里，也许仅仅因为和孩子的相处问题，宝妈需要关照一下自己的情绪，加强情绪管理的学习。

宝妈希望宝宝可以配合自己换尿片、穿衣服、洗澡、吃饭，但是这个年龄段的孩子完全跟随自己的感觉和需求做事情，他有自己成长的生活节奏和天性，父母强行地想要改变孩子顺应大人，其结果必然造成孩子的情绪问题以及亲子关系的紧张。

妈妈现在要做的就是跟随孩子的需求。他饿了就给他吃饭，他想爬的时候让他爬，他想走路时就让他走路，他需要抱时就抱他。当孩子自由活动的时候，尽量减少打扰孩子。如果是必要的卫生问题，比如饭前要洗手，也要用比较好玩的方式、比较快乐的语气吸引孩子，可以说："来，我们一起玩玩水吧。""你看，我们要让小手玩泡泡了。"孩子可能听不懂妈妈在说什么，但他可以从大人的语气里感觉到洗手是一件好玩的事，非常有趣，不用紧张。洗澡也是一样，洗澡前，先放几只"小鸭子"在浴盆里，而不是一下子把孩子放进水里，防止孩子害怕。也可以先洒一点水在自己脸上，说："哇！好舒服。"给孩子积极的暗示，再沾一点水，摸摸他的脸，说："是不是很舒服？"循序渐进，慢慢引导孩子接触水、适应水，到最后喜欢水。切忌一盆水倒下来，弄得孩子的脸和眼睛都不舒服，这只会增添恐惧，让孩子害怕和厌恶洗澡。

如果孩子不想吃饭妈妈却硬塞给他吃，孩子不想穿衣服妈妈硬要给他穿，孩子不想洗澡妈妈硬要给他洗，不去关注孩子有没有不舒服、不高兴，那么妈妈对孩子的养育迟早会出现问题。

也许有的妈妈内心知道应该跟随孩子，但行动上却做不到。因为完全跟随孩子，对一些妈妈来说意味着完全失控。他们会有各种各样的担心，孩子宠坏了怎么办？孩子这样岂不是无法无天了？事实是当孩子的内在需要得到满足的时候，他们的情绪会非常平和，更容易去适应和接受新事物，更容易和人相处。妈妈一定要学习这一点，不然孩子将来要么跟妈妈"闹"得很厉害，要么在个性上变得扭曲、压抑。当妈妈发现自己实在无法做到"跟随"时，可能真的需要找人聊聊，先去关照一下自己的情绪。

问题2：宝宝10个月了，这段日子宝宝晚上进入深度睡眠后会经常性地大哭，而且哭得很伤心，我哄他一会儿就好一些。白天也并没有发生让他受到惊吓的事。他这是怎么了呢？我应该怎么办？

解答：宝宝虽然不会说话，但也会做梦，这个月龄段的宝宝常见的是焦虑的梦，白天醒着的时候发生的让他害怕的事情，晚上会在梦里让宝宝再次体验那种恐惧或害怕。

睡梦本来就有帮人处理情绪的作用。即使是小宝宝也会有很多情绪发生，他没有语言，没有办法处理，如果能在睡梦中处理掉，也是非常好的。妈妈可能觉得宝宝没有发生什么事情，但是对这个月龄的宝宝来说，和妈妈的分开、陌生人的靠近，都可能引起宝宝内在的焦虑体验。

妈妈可以在白天重点观察宝宝的情绪状况是否正常。判断孩子心理是否健康主要看三个方面：情绪是否积极快乐？行为有没有偏差？跟身边的人是否可以正常互动？小宝宝不会掩饰，如果妈妈观察下来，这三个方面都没有问题，那就表示他很健康，没有什么问题。10个月的宝宝最需要的还是父母对他的爱和关怀，满足他的需要，给足他安全感，这样过段时间这种睡梦中大哭的情况就会消失了。

问题3：宝宝11个月了，最近给他把尿他不愿意，得拿玩具哄着他才行。是不是这么小的宝宝顺着他就行了？还是要从现在起就立规矩？

解答：11个月的宝宝立规矩太早，而且这么小的孩子上厕所为什么要立规矩呢？从生理上来说，这个阶段的小朋友还没有能力控制自己的大小便，爸爸妈妈要尊重孩子的生理规律，没必要把过多的精力放在训练孩子大小便上。当孩子被训练的时候，他做不到，父母又总想让他尿出来，他会承受很大的压力，引起孩子的焦虑和抗拒。

实际上，当孩子的神经系统能够控制好他的括约肌的时候，他们可以毫不费力地学会使用坐便器，所以很多儿科专家都不赞成过早地给孩子做如厕训练。一般来说，1岁以内的孩子根本没有能力控制好自己的括约肌，只有少数特例能

够做到。要到15~18个月甚至更大一点，孩子才能慢慢地具有这个能力，并能够延迟排便去到卫生间。所以父母要顺其自然，跟随孩子的兴趣，注意观察孩子。父母可以在卫生间里准备一个可爱的卡通小马桶，宝宝的模仿能力非常强，当宝宝生理上、认知上都做好准备的时候，他就自然愿意去做尝试了。每个宝宝学会如厕的时间都不一样，爸爸妈妈需要有耐心，持续地提供支持，不要因为宝宝弄脏地面或裤子就发脾气。这种事情孩子做不到也不要勉强，如果能的话就认可他、肯定他。跟随孩子身体自然的发展是最好的，不建议父母提早或者过度地训练这一能力，因为父母提前要求孩子做他做不到的事情，会让他对自己失去自信，甚至产生强迫性倾向，造成日后人格和个性上的问题。

问题4：女儿10个月了，一直以来，每天早上能愉快地和我说再见，可前段日子我休假在家，全天候陪伴了她一周后，第二天我要去上班，她却一反常态，大哭着不让我出门。难道是因为我陪她太久，惯着她了？以后该怎么做？

解答：孩子一反常态，表现出黏着妈妈不让出门，要么是孩子心情不好或有些害怕，突然想要妈妈在家陪伴；要么就是她觉得妈妈陪伴的时间不够。总之，妈妈可以把这种表现当成一个孩子面临分离焦虑，需要妈妈多花时间陪伴的信号吧。

以前孩子可以平静地面对妈妈离开，可能是因为她在很长一段时间里没有分离焦虑，习惯了妈妈到时间就会出门。妈妈在家待了一个礼拜，孩子重新体验了和妈妈在一起的快乐，妈妈的离开让孩子感到失落和不安全。妈妈以后要做的是多花时间陪孩子，而不是减少时间，让她慢慢习惯。10个月的孩子出现分离焦虑是正常的。当然，如果妈妈陪孩子的时间较少，孩子的确就不会依恋妈妈，习惯妈妈不在身边的日子，如果一直继续这样的状态，终有一天妈妈会付出代价：妈妈不是孩子的重要他人，亲子关系大打折扣。在以后孩子的生活中，妈妈的影响力也会很弱。如果孩子身边没有可以依恋的对象的话，会安全感不足，以后长大一点面对分离（比如换学校、换班级时），可能就会出现适应问题。如果等到那个时候再去弥补就晚了，所以在孩子小的时候做好这个工作是值得的。

对于时间有限的妈妈来说，抓住契机高品质地陪伴孩子是必须的，但也不能因为觉得"我给了一定的有品质的陪伴时间"，就理所当然地找借口把孩子扔给身边的其他人，减少陪孩子的时间。在孩子小的时候，陪伴是非常重要的，只要孩子看到妈妈在旁边，即使妈妈什么都没有做，也是有意义的，因为这能带给孩子安全感。

第三章

1~3岁发展宝宝的自主感

1~3岁的宝宝开始经常把"不"和"讨厌"挂在嘴边，表现出强烈的固执，这是因为他在发展自主感，健康的自主感可以给孩子信心和能力，为以后的自我控制和自我决策做准备。爸爸妈妈要给孩子机会，鼓励他去探寻更强、更深的自主感，过多的限制和惩罚会让孩子形成自我怀疑和羞怯的特质。

> 父母要持续和孩子玩耍，经常拥抱、亲吻他们，为他们唱歌，和他们聊天，通过这些举动让孩子感受到自己是被爱着、有价值的、受到尊重的。

第一节 1~1.5岁

1岁以后的宝宝，大多开始蹒跚走路，他们能够凭借自己的双脚到达周边想去的地方。这给成人的养育工作带来不少挑战。但更多的挑战还是来自婴儿自主意识的觉醒，爸爸妈妈会感觉到这个阶段的孩子不再像以前那样听话、乖巧了，他们会越来越有自己的想法和主意，父母的权威开始受到挑战。

一　特点概述

1. 主动性带来的麻烦

1岁以后的宝宝延续着9~12个月时的动作探索兴趣，而且因为身体控制和肌肉力量的发展，他们的活动范围扩大了，对物品和事物的探究更加多样化。他们的活动轨迹可以遍布家里的每个房间，厨房和卫生间往往成为他们最喜欢去的地方。他们会好奇地触摸和摆弄感兴趣的一切，厨房里的锅碗瓢盆，卫生间里的刷子、毛巾，妈妈梳妆台上的饰物、化妆品，甚至抽屉里几年不动的物品都可能被他"发掘考古"。这个世界的一切在婴儿眼里都是充满诱惑的，他们对看、触摸和摆弄东西的渴望，如同饥饿感一样急迫，迫使父母不得不把一些贵重、易碎的物品放到宝宝够不到的地方，偶尔还要忍痛舍弃自己喜欢的东西，交给小家伙一虐，博得其一刻的满足。

父母需要知道的是，这种探索是先于语言发展的一个阶段。触摸、摆弄、体验物体是宝宝在叫出物体名称之前一个必不可少的过程。在与一个物体有身体的接触之前，孩子学不会叫其名称，宝宝要学会叫出一个物体的名称之前，必须先通过感官认识这个物体。父母应尽量鼓励和支持宝宝的探索，很多研究案例表明，对孩子摆弄和体验物体的极端限制和禁止会抑制孩子心智的正常发展，甚至使孩子无法发展语言。

婴儿的主动性还表现在对活动的需要上，蹒跚学步中的孩子为了体验自我对身体的控制感，他们会去攀爬一个高高的椅子，会尝试一些在大人看起来都充满危险的动作。父母出于安全的考虑，会对还不具备很好判断能力的孩子做出一些限制，比如，会把婴儿从摇晃着的凳子上拉开，或把他从歪倒的衣架旁抱走。尽管孩子可能会对父母的营救感到愤怒之极，丝毫不能觉察危险，但父母必须这么做。

如果父母因为担心孩子的行为带来危险而限制孩子的大部分活动，实际上会导致宝宝的反抗和易怒，给亲子关系带来很多的冲突。或者父母因为担心孩子而全天跟着他，他一摔倒父母就慌作一团，他也一定会感受到父母的焦虑，自信心备受打击，从而变得缩手缩脚。而身体的活动是这个年龄的孩子大脑快速发育、建立神经连接的必然要求，是孩子内在自主发展的需要。如何在满足孩子的活动需要的同时又能够保证孩子的安全，是智慧父母要花心思去解决的问题。

2. 开始表达"不"

1岁以后，父母会慢慢发现孩子变得不如以前好说话了，以前的宝宝很愿意和大人做交易，你给他一把勺子玩儿，他会高兴地放弃手中生锈的螺丝钉。他想找妈妈抱，爸爸拿个小玩具就可以轻松地转移他的注意力。但是现在的宝宝仿佛看穿了成人的"把戏"，不再是一个被动的小家伙了。他日益认识到自我的独立意识，开始有了自己的想法和意愿。这个现象被很多心理学家称为"叛逆"，这种现象可能在孩子13个月时出现，也可能到18个月时出现。

这个阶段的宝宝可能不会说"不"，但他会通过身体的行动去表达"不"，他会尝试做一些父母不让他做的事情，抗拒父母让他做的事情。通过不断挑战父母的权威，实验和验证自我的力量。仿佛只有这种抗拒和违拗才能证明他很有个性，很独立的孩子。他希望自己发号施令，会对各种事情变得固执而挑剔，包括穿衣服和吃东西。这个阶段会令父母头疼，并且会持续到2岁，甚至2岁半。但对孩子来说，这是他努力发现自己，努力和这个现实世界建立联系的关键时期，父母不要试图压制这种挑战，也不要试图赢得所有争执，适当允许孩子发出自己的声音，表达自己的权利，有助于孩子独立精神和健康人格的发展。

3. 攻击行为

父母会在1岁左右的孩子身上看到打人、咬人、推人、揪头发等动作行为的出现，尤其是两个同龄的孩子在一起的时候，这种行为非常明显。很多心理学家研究过婴儿的攻击性，弗洛伊德把它看作是先天的、人类的原始本能之一，是力量生成的重要原动力。梅兰妮·克莱因认为攻击性是源于孩子的"被迫害性恐惧"，想通过攻击保护自己。其他理论家们则将它看作"欲求未得到满足时的情感反应"。每个孩子都具有维持自我生存的各种需要，当这种需要没有得到充分满足时，他们就会体现出攻击性。但在1~2岁孩子身上出现的攻击行为，往往有很多源自对自我力量的发现和尝试。

比如，很多孩子的第一次咬人源自长牙带来的疼痛，因为咬这个动作让他觉得牙床舒服了很多，然后就不断重复这个动作。如果成人对他咬的动作有反应，激起了孩子的兴趣，那将更可能刺激他反复试验。同样，打人、推人、揪头发，第一次源自偶然的手的动作，由此引发他像一个科学家一样去了解这个动作

做下去会给对方带来什么，会产生什么影响的因果探索。所以面对这个阶段宝宝出现的攻击行为，父母无需太过担心，也不用小题大做，或过早地就为孩子"贴上标签"，尤其不要对孩子说"你怎么又打人呀，这样很坏"，这样反而容易让孩子认为"只要打人就能受到关注"的错误观念。

4. 发脾气

发脾气在这个年龄段宝宝的身上非常普遍，因为他们有了自己想要的东西和想要完成的事情，可由于自身能力不够，常常会受挫，再加上语言表达能力有限，不知道怎么处理自己的沮丧和挫败，只能通过发脾气来释放自己的愤怒和不满。所以对这个时期的父母来说，时不时就可能经历一场来自宝宝的情感风暴。这场风暴的发生常常毫无征兆，比如：刚刚宝宝还在拧一个瓶盖，下一秒可能因为拧不开这个盖子就大哭；上一秒妈妈和他一起穿衣服穿得很好，下一秒可能因为妈妈抢先拉上了他想要尝试拉的拉链，他的想法落空，他就大发脾气；上一秒也许他和小朋友玩得好好的，下一秒因为自己刚才的玩具被小朋友拿走了就开始怒了。更让父母烦心的是这个阶段的宝宝可能根本不会考虑发脾气的时机和场合，处在暴怒中的他可能尖叫、大哭，还可能咬人、打滚，什么公共场合，什么有客人在，他统统不在乎，想哭就哭，想闹就闹，仿佛他就是这个世界的"王"，往往通过这样哭闹一场，他压抑的能量得到释放，才会平静下来。

孩子发脾气的程度和次数和孩子的性格有关，也和父母的养育方式有关，当父母能够理解引起孩子发脾气的原因，对他们的情绪予以认可，给予孩子一些时间进行转换时，孩子发脾气的次数会少很多。如果父母因为孩子发脾气就非常生气，甚至常常指责和训斥，孩子发脾气的程度和频率可能会升级。同样，父母无原则地安慰和息事宁人，而不去同理孩子，同样也会让孩子把发脾气作为不断控制和要挟父母的手段。

5. 成就感初体验

随着孩子自我意识和身体能力的增强，他发现了自己与他人的不同，当他努力学习和掌握新技能时，渴望得到父母的掌声。比如，他第一次能走路的时候，他会感到极大的喜悦，这时候如果得到父母的称赞，他会非常高兴。同样，当他不需要父母帮忙能够自己坐上高高的木马摇晃的时候，他会两眼放光地看着父母，这表明他对自己的能力感到骄傲。他渴望和父母分享自己的成就，仿佛在向世界宣告："看，我很厉害，我能够做到这个。"他渴望听到父母对自己的认可，这是他自信的来源，也是他继续不断努力、不断尝试的自我力量的来源。父母要对宝宝这种骄傲感、成就感表现出赞同，让他的每一次成就都被看见，让他有力量不断建构自己的内在。

二、日常养育

1. 给宝宝不受打扰的玩耍时间和机会

爸爸妈妈要一如既往地坚持保护宝宝的好奇心，支持扩展宝宝运动、玩耍的兴趣，因为这样有利于宝宝发展的平衡。这个时期的宝宝主要有三个兴趣：好奇心、运动和亲子交往，支持他发展前两个兴趣，让他从中获得快乐，不会让他感到无聊，也不会让宝宝形成对父母的过度依赖，平衡宝宝和父母之间的社会兴趣。

父母继续保持家庭环境是一个对孩子没有危险又能大大减少与父母冲突的空间，让孩子可以不受打扰地玩耍。另外，对于学步阶段的宝宝来说，户外玩耍的场所也是必要的，小区里的空旷绿地和社区里的小型游乐场也不错，每天抽出点时间带孩子出去进行户外活动，绿地、花草树木和自己差不多的小朋友，这些不同于家庭中的人和物，既能够拓展宝宝探索的兴趣，又能够满足宝宝身体运动的需要。

保护和支持宝宝不受打扰的运动和探索，对于宝宝愉悦情绪的发展和大脑神经元的联结具有重要的意义。如果父母前期一直坚持这样做的话，到宝宝15个月左右的时候，就可以在宝宝身上看到回报。比如，以前那个吃饭总是把食物弄撒的孩子不见了，这个时候他已经掌握了用勺子的技巧，吃饭的事情变得越来越有章法。他的小手越来越灵巧了，甚至可以和父母一起玩拼图了。国外一项"婴儿典型日常行为"的调查显示，12~15个月大的宝宝最普遍的兴趣焦点在于围绕小东西进行的各种行为，宝宝会通过注视、击打、啃咬和投掷来探索它们的特性，并利用它们练习手–眼技能，显然这些小东西对宝宝思维和动作的发展意义重大。

给宝宝不受干扰的玩耍时间，让宝宝自己选择玩什么，怎么玩，玩多久，

让宝宝成为自己的主人,可以跟着自己的兴趣去发现和探索这个世界。爸爸妈妈不用担心,宝宝会知道自己喜欢什么,对什么感兴趣,这样的探索和玩耍能帮助其培养自信心、专注力和自立能力,而且有利于其精细动作和粗大动作的发展。如果大人在这个过程中能够克制自己,不抢先解决孩子的每个问题,孩子就能学会把挑战和努力看作是生活的一个必然的组成部分。玛格达说过:孩子的努力之中包含着尊严,它会让孩子的心灵更加坚强。父母要给宝宝机会,让他能够学会自己解决问题,让他多次尝试、不轻易放弃。

总之,期待一个喜欢探索世界的学步期宝宝安静地坐在一个地方是愚蠢的幻想,只要睁开眼睛,他们就会走、跑、攀爬、蹲伏、敲、打、扔、拧,似乎从来没有停下来的意思,父母要想跟上这个阶段的宝宝的脚步,身体和情感上都会疲惫不堪,所以放松一些,相信孩子内在自主发展的力量,给予孩子探索的自由,除了安全问题和必要的限制,避免不必要的冲突和争执,那么育儿将是一件非常快乐且充满惊喜的事情。

2. 提供选择

面对开始表达"不",有了自己想法和意愿的宝宝,爸爸妈妈不要试图打压他的想法或者总想维护自己的权威,应该转换观念,为宝宝的变化和发展感到自豪:"小家伙长大了,有想法了。"既然他需要掌握些许的主导权,显示自己的力量,爸爸妈妈就要变换和他沟通的方式。需要宝宝配合做事情的时候,适当给他一些选择的机会,也许宝宝会变得更加合作。比如,到了该穿衣服的时候,不要对宝宝说:"我们穿衣服,好吗?"这种以非肯定的方式说话会让这个年龄段的孩子感到困惑,不太可能带来合作。孩子往往会说"不"作为回答,助长孩子唱反调的可能性。父母可以这样说:"该穿衣服了,宝宝,你愿意穿这件有小熊的还是有小狗的衣服呀?"这样的说话方式,更像是协商,给孩子提供了选择,孩子会觉得自己参与了做决定的过程,增加了合作的可能性。没有人喜欢被命令。提供选择的行为,能够帮助孩子维护其个人尊严,减少说"不"和发脾气的可能性。当然,父母要注意在提供选择的时候,不要一次提供的选择太多,太多的选择会让孩子困惑。

很多人认为提供选择是父母和宝宝沟通时一种单纯的说话技巧,其实不然，技巧只能用于一时，随着孩子慢慢长大，宝宝3岁以后明白了其中的"目的"，就会不再选择，技巧也就失效了。所以，更重要的是提供选择背后的观念的逐渐转换。要提供选择，就要准备B方案，也许两个方案都是父母能接受的，也许父母是有倾向的，给予孩子选择，就意味着父母对事件的控制是有让渡的，这种让渡是父母对孩子权利的承认。也就是说，父母在提供选择的时候，实际已经放下了一部分控制。"你是想自己爬上楼还是我抱你上去？""你是想喝水还是喝奶？""你是先听故事再睡觉还是想马上睡觉？"不管孩子选择哪一个，父母其实都已经不是独裁者，承认了孩子有做选择的权利。

所以，如果孩子开始进入逆反期，试试提供选择的方式吧，也许父母会发现宝宝并不像自己想象的那样难以相处。

3. 正确应对宝宝发脾气

面对一个不分场合，又踢又叫正在发脾气的宝宝，很多父母都觉得尴尬而无奈，为了尽快平息孩子的哭闹，有的父母选择了屈服，有的父母第一次打了孩子。显然，这都不是好的应对方法。因为屈服让步只是教给他发脾气可以得到自己想要的东西；打孩子可能让哭闹场面变得更糟糕，风暴变得更厉害。所以，父母应该学会以和蔼、坚定、冷静的方式平息孩子的哭闹。

首先，要让自己冷静下来，多做几次深呼吸，能够平静地面对孩子的情绪，保持温柔而坚定的态度。其次，为孩子提供可以发脾气的环境，减少对周边的影响和可能出现的损伤。比如，把孩子从公共场所带到僻静的角落，把身边容易被孩子扔掉、打碎的物品移走，静静地陪伴孩子，不说教，不打骂，因为孩子缺乏控制自己情绪的能力，父母要给他时间去宣泄那份铺天盖地而来的愤怒和要而不得的委屈。孩子也许要这样发泄5~10分钟，父母一定要保证孩子的安全，不要让他不小心伤害到自己。让孩子安静下来的过程，特别需要父母的支持。这个时候父母要共情他，"我知道刚才你很生气"，也可以给他一个紧紧的拥抱，告诉他虽然他的行为不太恰当，但父母依然十分爱他，和他一起讨论以后面对这样的事情可以怎么办。如果刚才对周边的环境造成了影响，要和他一起收拾残局，把弄乱的物品一起整理好。如果有损坏的玩具和物品，尽量帮助他修补好。一旦发脾气的过程结束，也解释和清理完了现场，就要像从没发生过一样，继续

集中精力建立信任，开始新的关系。

很多实践证明，以上应对宝宝发脾气的方法，能够让宝宝学习到发脾气不是能够得到满足的一种方式，从而转换其他的方法。同时，父母表现出的对宝宝消极情绪的接纳，让宝宝的情绪得以被看到和正确对待，有利于宝宝感受到爱和支持，会更有力量去学习控制自己的情绪，宝宝发脾气的频率和程度都会大幅度下降。

4. 真诚地赞扬和认可孩子

弗洛伊德曾经用"原初性自恋"说明婴儿期对自我的关注。心理学家科胡特则认为："自恋是活力、意义、幽默和创造力的源泉"。自恋是婴儿发展成长过程中的正常现象，"我是最棒的""全世界都必须围着我转"，这种心理在孩子二三岁时会达到顶峰。

无论是谁都希望有人关心和爱护自己，如果没有人关心自己的话，正如温尼科特所说，自己的欲求会遭到忽视，转而敏感于他人。被爱和受到肯定对孩子来说有时就像生命一样重要。1岁以后的宝宝总是希望能够得到父母的关注，甚至会故意做出幽默的动作吸引父母的眼光。他们会把自己点滴的发现告知父母，和父母分享自己的喜悦。他们的每一次成功都希望得到父母的称赞和表扬。曾有学者做过研究，11～14个月的宝宝每个小时会向父母做出大约10次表示，希望父母对他做出回应。所以，合格的父母要多关注和认可孩子，和孩子分享他的成功和喜悦，要适时地给予孩子赞扬。

如何真诚地赞扬和认可孩子，而不会把孩子夸坏呢？如何既满足孩子的自恋，又能让孩子体验到成就感呢？那就要把父母所看到的如实映射给孩子，而不是盲目地夸赞。父母要从一开始就规避"你真棒！""你好漂亮！""你真聪明！"这些没有营养，只会让孩子陷入沾沾自喜并渐渐麻木的说辞，而要学会去描述孩子的行为，看到孩子的努力。比如："我看见你把盖子打开了，你看上去好开心！""你能自己走台阶了，你很高兴！""你正在努力学习自己穿衣服，妈妈好开心！"。这些描述性的反馈，一方面向宝宝传达了妈妈一直在关注他的信息，同时也让他了解到自己的努力和成就，更重要的是妈妈在情感上也和宝宝达到了共情，让宝宝了解了此时此刻的情感状态。

> **知识窗**
>
> 不要赞扬一个正在开心地玩耍的孩子。
>
> 不要赞扬一个正在为大人"表演"的孩子。
>
> 要赞扬一个孩子的社会适应行为——做了很难做的事情,比如等待或分享。

5. 温柔而坚定地对待孩子

温柔而坚定是父母在处理孩子问题上应该秉持的一种态度和方式,如果父母还不懂得如何使用它,需要马上学起来,这个方法将在以后的育儿生活中扮演越来越重要的角色,无论孩子发脾气还是和别人打架了,无论孩子是违反规则了还是撒谎了,父母都必须保持温柔而坚定的态度和孩子沟通,让孩子明白父母是爱他的,但是有些东西是必须遵守的,有的事情一旦做错了是必须承担责任的。

温柔意味着和善,没有冷嘲热讽,不是疾言厉色,是父母面对宝宝的行为时能够保持一份无条件的接纳和爱,是对宝宝作为一个人的尊重和理解,就好像是"你的行为我是理解的""你这样做是有你的理由和需求的""我能够懂得你的感受和需要"。坚定不是控制,是必要的行动和承担,是帮助孩子了解父母说话是算数的,是对"我们必须要这样做""我们理应如此"的坚守。很少有父母不爱自己的孩子,但真正的问题是,父母能否以正确的方式表达自己的爱,培养孩子的责任感和自尊,让孩子成为更好的自己。温柔而坚定是每个父母都要去学会的一种沟通手段,更要慢慢成为父母发自内心的一种真诚面对的态度。

孩子天生具有敏感的社交感受力,13~14个月的时候他会在这方面变得经验丰富。如果父母只是空谈而不是实干家,宝宝就会明白父母只是在威胁或是吓唬他,不会付诸行动。别看宝宝年龄小,他会明白父母是否真的生气了;他会明白,父母的注意力是否完全在他身上;他会明白是需要立即服从父母的指令或警告,还是可以过一会儿之后把它抛到脑后。宝宝和父母之间会建立一种复杂而微妙的社会关系,这种关系一旦形成很难改变,所以宝宝在出生后头几年学会的最初的社会技巧和态度,将会在他以后和同伴及其他人的相处过程中运用。

如果父母注意观察，就会发现在那些宝宝的发展有问题的家庭中，各种限度的设定和维持都是模糊不清的，有的父母不能拒绝孩子的任何要求，使宝宝认为他自己的要求高于一切，从长期来看，是没有任何好处的。所以，父母要知道，自己与孩子的沟通方式，决定了孩子与世界的沟通方式。当父母能对孩子做到温柔而坚定的时候，孩子也能够温柔地对待这个世界，同时，他也会有自己明确的限定和原则。

三 情商游戏

这个阶段可以通过亲子互动帮助宝宝将情绪和行为联系起来，提高宝宝应对情绪的能力，也可以玩一些有利于帮助宝宝认知自己和他人的区别的游戏，提升宝宝的自我意识，发展宝宝的独立性。

游戏1：指指这是谁

发展目标：

（1）学习认知自己和身边的人。

（2）增强亲子情感联结。

游戏准备：宝宝的照片、家庭成员的照片贴在墙上，高度与孩子的视线持平。

游戏玩法：

（1）父母和宝宝一起看照片。

（2）和宝宝一起找一找，宝宝在哪里。宝宝如果不知道，父母可以帮忙指出来。

（3）让宝宝指指妈妈在哪里，爸爸在哪里？

（4）如果宝宝找到了，可以说："宝宝找到爸爸了，宝宝指得对"，也可以用拍手动作来表达："宝宝找到爸爸的照片了，宝宝真棒"。

游戏建议：

（1）观察宝宝是否能知道照片中的人是自己。

（2）观察宝宝能否指认其他家里人。

游戏解读：识别照片中的人，能够帮助宝宝巩固对自我和他人形象的认知，促进宝宝客体自我的发展。在父母的引导下宝宝辨识照片的过程能够唤起宝宝已有的情绪体验。宝宝辨识照片成功后的快乐感受,爸爸妈妈对其行为的认可和鼓励,能让宝宝体验到成功的快乐。

游戏2:一起舞蹈

发展目标:

(1)感受音乐中蕴含的情感。

(2)能用身体动作表达感受。

游戏准备: 音乐播放器,欢快的舞曲。

游戏玩法:

(1)播放音乐,让优美的旋律弥漫房间,吸引宝宝的兴趣。

(2)妈妈跟着音乐翩翩起舞。

(3)邀请宝宝一起跟随音乐来舞蹈。

(4)妈妈可以抱起宝宝,跟随音乐旋转、晃动。

(5)妈妈把宝宝放下来,让宝宝自由地和妈妈一起舞动。

游戏建议:

(1)可以借助丝巾或飘带进行音乐舞动。

(2)观察宝宝的表现和反应。

(3)可以变换不同的音乐。

游戏价值: 音乐是情感的艺术,音乐中的旋律、节奏容易和人的内心产生共鸣,优美的音乐对孩子的情绪陶冶有重要的影响,在用动作表达音乐情绪的过程中,孩子会慢慢把情绪和行为动作联系起来,能有效促进不良情绪向积极情绪的转化。游戏中宝宝也会模仿妈妈的动作,享受音乐带来的快乐,有利于其感受积极情绪。

游戏3:变脸

发展目标:

(1)认知和识别各种情绪。

(2)感受游戏的快乐。

游戏准备: 一把扇子。

游戏玩法:

(1)大人和宝宝面对面,对宝宝说:"我们来玩个变脸游戏吧"。

（2）大人用扇子遮住自己的脸，再拿开扇子，夸张地说："变"，变出"大笑"的表情。

（3）继续变脸，相继变出"生气""伤心""害怕"的表情。

（4）邀请宝宝也来变一变。

游戏建议：

（1）注意观察宝宝的反应。

（2）观察宝宝能否模仿四种表情。

（3）让宝宝试着变一变大人说出来的表情。

游戏价值： 通过大人夸张的表情表达，让孩子认识到不同的表情，模仿不同的表情，增强对不同表情的认知。同时，亲子共同表演不同的表情是很幽默的事情，有利于培养宝宝的模仿能力，提升幽默感。

四 问题与对策

问题1： 女儿17个月了，胆子很小，和她出去玩儿，别人抢她的东西，她就给人家，转去玩别的。前几天，有个小朋友来家里玩儿，抢女儿的玩具，刚开始她一直不理，后来她们吃水果，那个孩子又来抢，女儿吓得喊妈妈。女儿这个样子，我应该怎样引导她？

解答： 所谓千人千面，不同的孩子会有不同的个性。有的孩子很强势，看到喜欢的东西就要得到，会攻击别人；有的孩子就不喜欢跟别人起冲突，更能遵守规则。妈妈不要给孩子贴标签说孩子胆小，孩子的自我刚刚开始发展，她需要在交往和互动中学会分辨哪些事情对自己很重要，哪些事情不那么重要，不是每一件事情都值得去较劲，有些事抢是没有意义，也是不必要的。所谓胆量，要在恰当的时候显示出来才好。

当别人拿了宝宝的东西，她不在乎，没有受到伤害，父母可不用理会。如果她有比较激烈的情绪，比如哭了，父母就要出面给她安全感，并趁机引导她可以怎么做，教给她一些恰当的方法。如果孩子不愿意用父母教的方法，父母也不要勉强她，尊重她的选择。因为大人教的方法她不一定一下子就能领会，父母要有耐心地等待，给她时间，她需要去慢慢理解，慢慢尝试，找到适合她自己的方法。

对孩子来说，最重要的是她可以把自己的感觉表达出来，她可以说不喜欢，可以哭，不然别人没有办法知道她的"不喜欢"。许多父母担心，如果在冲突事件中孩子一直退让，没有底线、没有限度时，别人会来欺负她，所以会提前叮嘱和教导孩子，做好防备，甚至不惜教孩子学习打人。其实父母没有必要提前做过多的准备，因为孩子只有在真实的事件中感到被伤害、被欺负了，才能真正学习到如何保护自己。父母可以回想自己成长的历程，是不是都是在最真实的体验中去学习处理冲突的？比如自己可以对别人谦让到哪里？面对什么样的人可以谦让，什么样的人不可以谦让？这需要大量的社会经验给自己提供学习的机会，不是父母嘴巴讲一讲孩子就能懂的。教育是讲究契机的，孩子的成长正是在各种冲突和事件中发生的。

如果父母对孩子的干涉太多，经常为孩子做决定，孩子就不能学会自己做决定，遇到事情她就不会自己想办法，而总会来问父母"这个行吗？""那个怎么办？"。很多时候孩子对自己的退让感到无所谓，比较介意的反而是大人。面对这样的事情，妈妈一定会觉得心疼孩子，甚至哀其不争。但在孩子成长的过程中，妈妈一定要学习接受这种心疼，不要因此指责和埋怨孩子，更不要给孩子贴上胆小的标签，有时候往往是因为父母在事后的指责和贴标签，才真正导致孩子出现问题。

问题2：宝宝才16个月就特别逆反。喂饭多一口都不吃，给他把尿会使劲反抗，有时刚给他穿好裤子就会尿。其他事情也是，不依着他就哭。孩子这样正常吗？是进入逆反期了吗？

解答：从以上的描述和孩子的年龄来看，孩子的确有可能进入逆反期了，一般来说，这个月龄段的宝宝，自我意识开始觉醒，他们渴望去发现自己的力量，如果大人总是想要控制他，对他管制过多，他就会用自己的方式来对抗。对这么小的孩子来说，无非就是通过吃饭、穿衣、大小便等和自己有关的事情来表达自己的主张。

进入逆反期的宝宝并非都表现得如此不合作，这和孩子的个性和父母的教育方式有很大的关系。从上述描述中了解到，16个月的宝宝还在喂饭，还在被把尿，可见孩子的一些表现可能和大人过多的控制有关。爸爸妈妈可以尝试给孩子一些自主权，比如吃饭、尿尿这些事情，不要强迫孩子，让孩子按照自己的节奏去自主安排，一般来说，如果父母给孩子自主练习的机会，16个月的孩子可慢慢自己用勺子吃饭，对大小便的控制也可以慢慢完成，如自己去找坐便器。往往一个被大人过多控制的孩子，他的自主力量发展不出来，才可能在叛逆期表现得格外剧烈，因为如果他不坚强、不固执，可能就会被大人逼到墙角，无法发展自己。

所以，妈妈不要担心孩子不正常，孩子的一些行为表现背后往往有其内在的心理需求，妈妈可以借机检视下自己的育儿方式，能够温柔而坚定地处理和孩子的一些冲突，让孩子顺利完成自我建构。

问题3：宝宝马上18个月了，干什么都没有耐心，玩玩具一会儿就跑了，听故事也听一会儿，有时候玩着玩着还会突然发脾气，把玩具扔掉。请问应该怎么引导他？

解答：这么大的宝宝还谈不上"耐心培养"，所以不需要特别去引导。他们正处于跟着兴趣走的阶段，看到什么就玩什么。周围很多东西对他们来说都是新鲜的，东摸摸西摸摸，是正常的状态，他们不需要在一个东西上很专注。当然也许会有个别孩子玩一个东西可以玩很久，但大部分这个年龄的小孩都不会太有耐心，尤其是那些天生比较好动的孩子。妈妈不用急着矫正，让孩子按照自己的感觉和节奏去探索就好。

孩子在玩耍的过程中会发脾气可能和他的情绪或遇到挫折有关，大人可以多关注，也许扔掉玩具是他一种发泄挫败感的方式。妈妈可以通过仔细观察了解他发生了什么，不要贸然干预。可以利用专门的亲子时间，和宝宝玩玩具，给宝宝高质量的陪伴。关于专注力的培养，不需要刻意去做，只要没有外界过多的干扰，孩子都有自己的专注力。不过，孩子专注的对象一定是自己喜欢、有兴趣的事情，不可能每件事情上都很有专注力。

问题4：我家有一对双胞胎姐妹，1岁5个月了。姐姐特别黏人，这两天发展到不许我抱妹妹的程度。干什么都一定要妈妈抱，不抱就哭，这两天嗓子都哭哑了。我想给她改改毛病，又怕她哭坏了身体，有什么好的对策吗？

解答：出现这种情况一般是有原因的，可能和姐姐这段时间产生的分离焦虑有关，也可能是和同胞竞争有关。所以妈妈要首先留意一下，自己对待两个孩子的时候是否存在对妹妹的过多偏爱，比如妹妹长得比较可爱一点，或者比较符合妈妈期待的样子。往往妈妈会不自觉地对双胞胎的某一个表现出更多的爱，也许你还没有意识到，但小孩子是非常敏感的。

如果妈妈觉得没有偏爱，那么两个双胞胎宝宝共享一个妈妈，必然存在竞争和矛盾，最近有没有发生什么事情，让姐姐觉得妈妈更爱妹妹一些呢？妈妈有没有以姐姐的名义要求姐姐让着妹妹一些呢？

即使妈妈觉得自己做得很好，也要意识到，姐姐会有这样的需求，就说明她对妈妈已经产生非常强烈的不安全感，她需要妈妈向她证明妈妈是爱她的，她需要妈妈把安全感给她补足。所以，妈妈不是要帮她改掉坏毛病，去压抑、指责姐姐，而是要拿出单独的时间和姐姐在一起。不要干什么都带着两个孩子，可以刻意拿出一些时间跟有嫉妒心的孩子单独在一起，让她感觉到并不是每次都要和妹妹分享妈妈。这样等她确信妈妈是爱她的，她才能放心地正常生活。同时，妈妈也要注意在日常照料两个姐妹时，尽量做到公平、公正处理问题，不要因为姐姐妹妹的出生顺序就过多地压抑和指责姐姐，毕竟姐姐比妹妹只不过多出生一会儿而已。

问题5：儿子1岁半了，这段时间和小区里的小伙伴玩了一两次，学会打人了。碰到他抗拒的人或物，举手就打；和他讲道理，他似懂非懂的；大声禁止他，他就哭。怎么都改不了这个坏习惯，让人很烦恼。

解答：妈妈一定要记住，阻止这个年龄段宝宝的不良行为，最好坚持"多做少说"的原则，不要讲太多的道理，只需要在孩子打人的时候抓住孩子的手，告诉他"我不喜欢你打人"就可以了。不要去大声地说孩子，语气要坚定，语言要简洁，态度要平和。

另外，妈妈也要反思是什么原因导致孩子频繁打人？妈妈要多去观察宝宝的情绪状态，比如有时候和小朋友在一起，是因为小朋友离他太近还是拿他的东西他才打人？还是他想要别人的东西就去打人？妈妈要去了解宝宝打人的原因，才能找到解决目前问题的方法，而不是简单地通过给宝宝讲道理、骂宝宝一顿就可以解决的。

第二节　1.5~2岁

1岁半到2岁的宝宝，开始具备用语言标示自己的能力，开始表现出占有欲，产生了骄傲、同情、嫉妒等复杂情绪，很容易因为受到批评而受伤，情绪很不稳定，不会控制自己的情绪，常常令爸爸妈妈头疼不已。

一 特点概述

1. 忽然黏人的宝宝

宝宝会走以后,有一段时间会欣喜地投入到对外部世界的独立探索和发现中,甚至和妈妈分开也能玩得很开心。但是突然有一天他们又变得离不开妈妈了,本来玩得好好的,要是回头发现妈妈不见了就会变得极度不安。先前产生的陌生人焦虑再次出现,好不容易变得独立、能听懂大人的话的宝宝又开始任性起来,缠着妈妈不放,不让妈妈去上班。

宝宝之所以会有这些表现,是因为产生了对失去爱的客体的恐惧,即"客体丧失感"。心理学家马勒认为,随着宝宝自我意识和自我掌控能力的发展,逐渐意识到自己身体的独立,同时随着认知的发展,妈妈的存在更为凸显,他既希望和妈妈重新融合为一体,又害怕再次和妈妈的融合,这种充满着犹豫不决的矛盾气氛,使孩子心理上产生了恐慌。宝宝一直在妈妈的带领下认识世界,突然放开妈妈的手让他产生了失去妈妈的恐惧心理。这种基于认知、身体和心理发展的不平衡使这个时期的宝宝表现出不满足、发脾气、任性的行为特点。

这个时期对父母而言可能十分艰难,因为父母好不容易能够从带孩子的辛苦中得到喘息,但事实却让他们充满挫败感。每天早上可能经历的是一场生离死别般的分离,宝宝可能会抱着妈妈的大腿,哭着喊着不要妈妈上班。陪他玩耍的过程中有时候甚至提出明显耍赖的请求,"妈妈抱抱""妈妈拿""妈妈喂",父母一方面会担心孩子会养成不良的习惯,不敢过于宠溺孩子,另一方面又不能置之不理,因此常常陷入两难之地。

2. "我"和"我的"

1岁半到2岁,儿童在自我意识问题上会出现一个质的飞跃,他们能够认出镜中的自己,熟悉自己的外部特征,并能用"我"来称呼自己,这表明他把自己作为一个思考的对象,对自己的心理活动有了认识,形成了自我概念。他们开始明白"我"不同于其他人,我有我的身体,我的东西,我的想法,并开始用语言表示自己的能力,通过说"我""我的""我来"去体现自己的独立意志,感受自我的力量。

这个阶段的孩子虽然开始区分自己和别人的关系，但是还不能分清楚"你的""我的"的界限。在孩子的意识里，不仅仅我的是我的，而且我看到的全部都是我的，我喜欢的我都可以伸手去拿。所以当和其他孩子一起玩的时候，他会去拿同伴的玩具。父母可以尝试对这个阶段的宝宝说："这是哥哥的玩具，不是你的"，慢慢帮助他建立"物权观"。

3. 语言的魔力

人类的理性思维和第二信号系统都是建立在语言和语言的使用基础上的，语言作为一种符号和思维的外在表现形式，它的出现和使用使得人类的高级心理机能成为可能。这一时期的宝宝进入了语言飞跃期，说话的积极性高涨，他已经能够脱离具体的情境，把词语和具体的事物、动作联系起来，这就意味着，当婴儿说出"妈妈"这个词的时候，这个词和妈妈本人是联系在一起的。这个词在他心中唤起了妈妈的心理映像，即使他没有能够把妈妈真的召唤到身边，但有了这个词，他能够在需要妈妈的时候，在想象中使妈妈再现。于是在婴儿的世界里，语言具有了魔力，能够代替事物本身，用一种心理体验代替真实的体验和行为，通过这种方式，一种痛苦的情绪可以被克服，有一些满足可以延迟甚至放弃。

有心的父母也会发现，孩子学会说一些话以后，有些事情变得容易了。当孩子学会说"拜拜"的时候，他会更有风度地对待和父母的分离，好像这个词使他掌握了当下的局面，控制着人的去留。有时候他们还通过对自己说出父母禁止他做的行为来控制自己的冲动或躲避危险。比如，他想去触摸发烫的炉头，他会对自己说"烫，危险"，然后把手缩回来。在他还不会说话的时候，需要父母的告诫，他才能克服冲动。在他掌握了语言后，他可以克制自己的冲动了。也就是说，语言使得孩子有可能接受父母的口头禁令，并使禁令成为自己行为的一部分。这充分地说明，语言激活了理性脑的部分，使人有控制其环境和本能反应的可能性。

4. 同情心

对孩子行为敏感的妈妈会发现，不到1岁的婴儿在看到别的婴儿哭时，他也会跟着哭，在看到其他婴儿笑时，他也会跟着笑。人们把这种人类最原始、最自然的同情反应，称为感染型的同情心。

正常到18个月左右，宝宝开始产生真正的同情心，这个时候孩子不再采用和别人一起伤心难过的方式来显示自己的同情心，而是逐渐开始去尝试安慰别人。比如：当他看到妈妈生病了很难受时，他会乖乖地依偎在妈妈身旁，不吵也不闹，还会讨好似地要亲亲妈妈、抱抱妈妈；当看到其他小朋友不开心时，他会拿出自己喜欢的东西和别人分享，表示关心。或者他会去找比自己更有力量的"救兵"来帮忙，甚至有时他还会自己说一些安慰的话。只不过这个阶段的宝宝还没有办法弄明白对方情绪低落的原因，只是单纯地感知到对方的情绪，所以他们表达同情的方式更多是从自我出发，所以也称为简单抚慰型同情。大概到3岁以后，随着孩子情感和认识的发展，他们才能根据别人的需要表达理解型同情。

然而，并非所有宝宝在这个年龄段见到别人哀伤时都会有同情的反应，其中存在很多个别差异，有的宝宝看到别人伤心不仅不安慰，反而会伸手去打哭的人，以解除自己不愉快的感觉。很多研究表明，家庭氛围和家庭教养方式会影响到宝宝同情心的发展，注重说理的家庭的宝宝比经常斥责孩子的家庭的宝宝更富有同情心。

5. "便便"问题

很多父母在这一时期会开始对宝宝进行如厕训练，但很多家长可能想不到，一个孩子为了博得父母的欢心，要成功地推迟并控制迫切的排便行为所付出的努力。父母对于孩子在怎样排便以及在哪里排便的训练及管教将会影响孩子对自我发展和社会角色的定位。按照弗洛伊德的说法，这个时期父母的教养不当会导致"肛门型人格"（即或者偏执、洁癖，过于保守，或者自我中心、邋遢、残忍，不讲规则）。

弗洛伊德认为，"便便"是婴儿自己的第一个创造物，也是他们第一个可以自由掌控的东西，这种掌控感对孩子来说很重要。成年人会将"便便"视为"肮脏""臭不可闻"，但孩子没有这种分别心，他们会天然地喜欢自己的第一创造物。而且婴儿倾向于把自己身体内部的"便便"看成一个重要的客体，甚至将"便便"看成自己的一部分，也可能将之看作可以玩耍的对象。所以对孩子来说，"便便"是他身体的一部分，排出"便便"相当于做出"贡献"或献出"礼物"。而且，通过排便，他可以表达自己对环境的积极服从，而憋着时则表达的是自己的不肯屈服。这样的不同认知产生的问题就是，当父母认为便便很臭、不卫生，需要让孩子学会控制时，过于严厉的态度会给孩子带去这样的感觉：我的创造物是不好的，让人嫌弃的，从而产生内疚和羞愧感。而父母如果对于孩子的排泄不加节制，孩子就会认为"我有便便，我就要拉，我才不管在什么场景，这是我的自由"，从而不分场合，经常把环境搞得很糟糕。

帮助一个孩子学会文明如厕并不是一件轻松的事情，通常要花上几个月甚至半年的时间，中间可能还会出现多次反复。所以父母要接受这种反复性，不过分避讳，不过分管制，让孩子形成良好的排便习惯。尤其是当孩子把"便便"解在裤子里的时候，不要指责，不要批评，接纳孩子在这个过渡时期的不完美，这一点特别重要。

二 日常养育

1. 重视语言环境的创设

众所周知，语言能力的发展是良好社会能力发展的基础。1岁半以后宝宝进入语言爆发期，平均一天可以学会9个词汇。到2岁左右，宝宝能掌握300多个词汇。2岁左右是宝宝学习名词的关键期，宝宝将感受到万物皆有名。父母要多引导宝宝认识事物，如动物、植物、交通工具、日用品等。宝宝会特别喜欢模仿成年人说话，并且喜欢问：这是什么？那是什么？爸爸妈妈一定不要嫌烦，要认真地告诉宝宝物品的名称，并要认真地给宝宝做出解释，如让宝宝摸一摸、闻一闻，告诉宝宝物品的特性，比如这是红色的，香香的，使其有机会接触更多词汇。这样有利于宝宝把自己的认知感觉与词汇、物体特性结合起来，丰富宝宝的词汇量。这个阶段宝宝的大脑语言区非常敏感，能迅速地把这些词汇积累并记忆，并在恰当的时候加以运用。

除了日常的交流之外，父母还可以陪宝宝唱儿歌、读绘本、读诗歌、讲故事等，这些互动性的语言交流能给孩子最好的语言示范。同时，互动的方式也很重要，有些父母还没等宝宝讲出来，就把宝宝想说的话表达了，或者宝宝有用手势表达的意思，家长没有鼓励他说出来就做了回应，这些情况都会导致宝宝不善于表达。父母在和宝宝沟通的时候，一方面要多问一些宝宝喜欢的、感兴趣的、开放式的问题，引导宝宝多去表达和描述；另一方面和宝宝交流时不要去抢答或者是急着做出反馈，多给宝宝留几分钟，多等待他一会儿，让他组织好自己的语言，把想说的话说完。如果宝宝说错了，不要去纠正，只要给出示范，说出正确的就可以了。因为有时候父母随时纠正宝宝的错误会让他更加不知所措，甚至会因为害怕出错而不愿意去表达。

芝加哥大学医学院的萨斯金德博士在《父母语言》一书中向父母们展示了一个挑战常识的事实：孩子未来的优秀程度与一个看似不重要的因素（父母与孩子说话的总时长、互动性以及词汇的丰富度）密切相关。他们通过研究42组美国家庭，经过若干年的数据统计分析发现，美国脑力劳动者家庭的孩子和接受福利救济家庭的孩子三岁前累计听到的单词量的差距约有3000万个。这样的差距造成了孩子后期词汇量、语言处理速度、学习能力、成功能力、潜力的差异。他认为，家庭间祈使句式的交流（单向、粗暴、词汇贫乏）造就了未来的"穷孩子"，而包含关切、双向互动、语汇丰富的交流造就了未来的"富孩子"。与孩子交流时使用的词汇量在相当大程度上决定了孩子未来的发展。"他山之石可以攻玉"，这也提醒父母，在孩子3岁前要注重家庭的语言环境。

2. 排便训练

大部分宝宝在18~24个月时控制排泄的括约肌才趋于成熟，因此开始接受如厕训练的时间应该在1岁半到2岁。大部分孩子在3岁时能够日间大小便自理。如厕训练完成的平均年龄为2岁半左右。当然，这些时间节点也仅仅是个参考而已，就像孩子走路、说话一样，自主如厕的时间也是有早有晚，父母要做的就是心中有数，顺其自然。对于每个妈妈来说，孩子能够大小便自理和断奶一样，都是她们期望实现的愿望之一，因为这能让她们省心省时。所以，很多妈妈会因为不知道什么时候对孩子进行排便引导而苦恼，结果出现早早地强制孩子进行排便训练，给孩子带来压力和烦恼的情况。

比较理想的排便训练，一定要避免给宝宝造成心理压力，比如对便盆的焦虑、因不成功而感到羞愧等。父母最好能激发孩子对控制肠道和膀胱的兴趣以及合作意愿，让孩子愿意参与到这个持续数月的训练过程中。在训练开始阶段，当父母看出宝宝要排便时，最好能用语言描述出来："宝宝要排便便了"。这种描述会表明，父母对这个过程有关注、有兴趣，并将宝宝的注意力引到排便这个过程中。

经过多次重复之后，当宝宝要排便的时候，父母还没有提醒，他就会发出一个声音，示意父母他要排便，从而引起父母的关注。这个时候就意味着宝宝已经能够向父母传递他排便的信号了。接下来父母就可以尝试让宝宝把排便和排便地点建立联系。可以带宝宝去卫生间，建议他坐在便盆上。最初几次，即使宝宝来不及脱掉裤子也不要紧，重要的是让宝宝把排便和便盆联系起来，学会坐到便盆上排便。慢慢地宝宝会给父母发出信号，只要把他带到便盆那里，帮他脱下裤子，他就能把便便排在便盆里，他会对自己的行为感到惊奇，父母也会很高兴并认可他，他会因为父母高兴而高兴。宝宝后面会每次都走到便盆那里吗？当然不可能，第二天他也许会忘记，或者发出的信号太晚，或者还愿意用老办法排便，甚至可能连续几天都不去便盆那里，父母要多鼓励他、提醒他，称赞他的成功，允许他用老办法，如果他尝试失败，父母也不要沮丧或使他感到不安，通常在一段时间以后，他就能够经常成功了。

宝宝为什么会愿意在如厕过程中合作呢？首先，他自己在使用便盆上的成功，得到了父母的认可。这个阶段的孩子很希望自己能让父母高兴。其次，他自己对完成这件事情的自豪感。在这个阶段，他对自己的便便感兴趣，对排出的便便感到好奇，甚至会想去触摸它。父母不要大惊小怪，也不要一味地说"脏""臭"，可以巧妙地从孩子的心理出发，像一些绘本故事里描述的那样，让宝宝和便便告别，对便便说再见。毕竟宝宝既然将便便看作自己身体的产物，那处理这些便便的时候，自然要慎重，要尊重宝宝的感受。很多儿童心理障碍的案例也提醒父母，在这一时期的排便训练会给孩子的情绪和其他方面的发展带去压力和困扰，所以排便训练一定要采取轻松的方式，降低对孩子的期待，训练可以进行得慢一点，给孩子更多安慰。

3. 帮助宝宝建立"物权意识"

宝宝有了自我概念以后，挂在嘴边的话是"我的""都是我的""全都是我的"，从分不清你的、我的，到誓死保护"我的"东西，好像变得越来越不可理喻。其实这是孩子进入了物权意识的敏感期，爸爸妈妈要明白，这是宝宝人生发展到一定阶段出现的正常现象，并不是宝宝任性自私，不要想着改正孩子的"坏毛病"。他其实是在进行物权归属的练习，通过对物品归属权的确认，来认知他与物品的关系。父母应该理解这个阶段孩子的行为，而不是乱贴标签，更不要故意去逗弄孩子，强抢孩子手中的东西，惹得他哇哇大叫，说他是"小气鬼"。

如果宝宝乱拿别人的物品，父母要及时告诉他：这是别人的，如果自己想玩，得经过别人同意。有时候宝宝拿不到自己想要的东西会哭闹，父母需要安抚宝宝，理解他的情绪，让他接受这种小小的失望。当然，父母也要注意尊重宝宝物品的所有权，如果别的小朋友要玩宝宝的玩具，爸爸妈妈不要强迫宝宝分享，要征得宝宝的意见，如果宝宝不乐意，爸爸妈妈要注意帮助宝宝维护他的权益。如果父母为了所谓的"面子"，不尊重宝宝的想法，压制宝宝对所有权的主张，他很容易获得一种意识：物品的所有权是可以很混乱的。这对于宝宝未来的发展并不是一件好事，一是容易使他们养成随意拿别人东西的坏习惯，二是容易使得他们长大后不敢维护自己的正当权益。

总之，对于这个年龄段的宝宝来说，物权意识就是让宝宝形成这样的观念："我的东西，我做主""不是我的东西，我不能拿"。

4. 认可并说出宝宝的情绪

一个哼哼唧唧又黏人的宝宝有时候会让父母崩溃，但是父母要知道，他们哼哼唧唧和黏人是为了表达一种他们无法用其他方式确定或说出来的感受与需要。他们的面部表情、姿势和行为都在为大人了解他的感受提供线索。所以，父母要保持冷静，努力理解宝宝的感受和需要，毕竟对于一个不到2岁的宝宝而言，他还无法告诉大人："我感到疲倦""没有妈妈在身边我害怕"等，他还没有掌握一系列表达想法和感受的词汇。

有些妈妈对因为分离焦虑而发脾气的宝宝会感到无奈和沮丧，甚至会指责和训斥宝宝，可是这些妈妈会发现，自己指责和训斥宝宝后，宝宝抓自己抓得更紧。有的妈妈为了尽快脱身，会撒谎欺骗宝宝，偷偷溜走，结果导致宝宝会更加紧张地盯着妈妈的一举一动。所以，在遇到宝宝发脾气、沮丧的时候，父母可以选择帮助孩子理解他的情绪，说出这些感受和情绪的名称，以便帮助他在将来识别它们，为处理眼前的情况打开一扇大门。

妈妈可以这样回应黏着自己不让自己上班的宝宝："宝宝想和妈妈一起玩儿，宝宝喜欢妈妈是不是？妈妈也喜欢宝宝，也愿意和宝宝玩儿，不过妈妈要先去上班，等宝宝吃晚饭的时候妈妈就回来了，到时候再和宝宝玩球，宝宝先和妈妈说拜拜！"或者和宝宝说："宝宝看上去很伤心，眼泪都流出来了，你想要妈妈是不是，来亲亲妈妈，妈妈也爱宝宝，不过妈妈要上班挣钱，给宝宝买球，来和妈妈说再见，下班见！"当父母能够识别孩子的感受并说出来时，宝宝得到了认可和理解，通常感觉就会好一些，愿意倾听父母说话。尽管最后还是不接受父母离开的事实，还是会哭，但他会将自己的感受和父母告诉他的词汇联系起来，这是孩子学习处理他的情感并最终控制自己的行为的重要一步。

如果父母能经常性地和孩子一起谈论他的感受，并认可他的情绪，让他知道有任何感受都是可以被接受的，情绪没有好坏之分，只是有些行为是不被允许的，他慢慢地就能表达自己的情绪了。比如："生气没有关系，如果是我，我也会很生气，但打人或伤到自己就不好了。""你很害怕，那只狗站在那里，但它出不来的，你可以拉着我的手走。"对于这个阶段的宝宝来说，无论他为什么心烦都是很大的事情，让宝宝知道他所有的情绪都是可以谈论的，他就不会去压抑或封闭某些感受，直到他能够自己用语言去描述自己的感受的时候，父母就可以说孩子已经能够很好地掌控自己的情绪了。

5. 培养和鼓励宝宝自己的事情自己做

1岁半以后，宝宝在生活上有了一定的自理能力，比如他能够自己洗手，自己脱简单的衣服，自己拿勺子吃饭，自己喝水，自己扔换下的尿片。这个时候父母就要注意鼓励和支持宝宝自己做事。中国幼教之父陈鹤琴先生提出了17条"活教育"的教学原则，第一条就是"凡是儿童自己能做的，应当让他自己做"。他说："没有一个儿童是不好动的，也没有一个儿童是不喜欢自己做的。"通过动手，儿童获得肌肉的快感，在做的过程中，获得直接经验，知道做事的困难，认识事物的本质。美国儿童心理学家鲁道夫·德雷克斯也说："永远不要为孩子做一些他力所能及的事情。"理由是父母应该让孩子通过自己动手，树立一种健康的自信感，以及相信自己有能力的信念。

由此可见，能够自己做事情对于培养孩子的自信和独立具有重要的意义。这个阶段的宝宝虽然很喜欢做事情，但是遇到困难他们也总是会找大人帮忙，父母要注意这个时候一定不要盲目地包办代替。比如，孩子打不开衣服上的扣子，如果父母走上去给孩子把扣子解开,不仅剥夺了孩子练习并掌握精细动作的机会,而且还会给孩子传递他自己做不到的信息。父母可以抓住这个机会,帮助孩子练习这个技能,父母可以说"这个扣子很难解开",来认可和共情宝宝遇到的挑战,然后给孩子做示范,请孩子和妈妈一起把手放到扣子的位置,一起拉开,让宝宝体验沿着正确方向拉开扣子的感觉。尽管宝宝不一定马上掌握,但这样的帮助能够让宝宝有机会获得新技能,让他感到自己有能力做好一些事情。

三 情商游戏

这个阶段的宝宝喜欢模仿、协助成人,情商游戏的设计要给宝宝更多学习独立、主动做事的机会,发展宝宝的做事能力。同时,宝宝的情绪还不是很稳定,可以在游戏中帮助他宣泄一些情绪,促进情感的流动。

游戏1:涂鸦游戏

发展目标:

(1)用涂鸦表达情绪。

(2)感受情绪的流动。

游戏准备: 两张大纸,一盒粗蜡笔,古典音乐。

游戏玩法:

播放欢快的音乐,发出邀请:"宝宝,我们一起来听音乐画画吧。"

(1)妈妈拿起蜡笔在纸上画线(也可以把纸铺到墙上)。

(2)观察宝宝的行为,是否会拿笔,是否会模仿画线条。

(3)妈妈提醒宝宝:"听,音乐里有什么?我们画一画。"

(4)画完好,讨论一下作品,比如:"你画了很多蓝色、红色的线。""我看到一些长长的线……"

(5)问宝宝:"画画开不开心?"

游戏建议:

(1)纸尽量大一些,这样宝宝不会涂到外面。

(2)可以播放不同类型的音乐。

游戏解读: 音乐、涂鸦都是表达情绪的手段和方法,刚开始做这个游戏时,宝宝不一定能够去自由地表达,但是只要父母不过多干涉孩子的涂鸦方式，经常玩这样的游戏，宝宝就可以在涂鸦中使情绪得到宣泄。

游戏2：我的和你的

发展目标：

（1）区分物品的所有权。

（2）体验做事的快乐。

游戏准备：妈妈的常用物品，比如钱包、梳子、眼镜、钥匙等，和宝宝的玩具、用品放到一起，混放在盒子里。

游戏玩法：

（1）把盛满物品的盒子放在妈妈和宝宝中间。

（2）妈妈从中拿出布娃娃，说："这是谁的？"观察宝宝的反应。

（3）引导宝宝说："我的""这是我的娃娃"。

（4）妈妈邀请宝宝："你能帮妈妈找找梳子吗？"当宝宝把梳子递给妈妈时，妈妈要说："谢谢宝宝，这是我的梳子。"

（5）继续区分其他物品。

游戏建议：

（1）当宝宝找出指定物品时，妈妈要为宝宝鼓掌。

（2）游戏也可以延伸到日常生活，请宝宝帮妈妈拿拖鞋、拿钥匙等。

游戏价值：这个游戏能够帮助宝宝学会识别哪些物品是我的，哪些物品是妈妈的，了解物品和我的关系，同时学习语言：我的、你的、谢谢等，更好地促进宝宝的物权意识。

游戏3：送玩具宝宝回家

游戏准备：玩具箱、各种玩具。

发展目标：

（1）模仿大人的行为。

（2）学习主动做事。

游戏玩法：

（1）家里的玩具散落在各个角落。妈妈可以对宝宝说："宝宝，和妈妈一起送玩具宝宝回家吧！"

（2）妈妈双手轻轻拿起玩具，放到玩具箱里。邀请宝宝也拿一个，让他学着妈妈的样子放到玩具箱里。

（3）妈妈可以加上儿歌："轻轻拿，轻轻放，玩具宝宝哈哈笑！"引导宝宝轻拿轻放。

（4）玩具收拾好。妈妈可以用感谢的语气，假装自己是玩具宝宝，说"谢谢你们帮我回家"。

游戏建议：

（1）妈妈要给宝宝做示范，告诉宝宝怎样轻轻拿、轻轻放。

（2）每次一个游戏结束后，都可以玩"送玩具宝宝回家"。

游戏价值： 这个游戏意在从小培养宝宝玩具归位和主动维持房间秩序的意识，妈妈引导宝宝收拾玩具、轻拿轻放，宝宝有样学样，养成习惯，能够为宝宝日后良好习惯的养成打好基础。边唱儿歌边做动作的方式，能让宝宝有效地把动作和言语联系起来，增强做事情的趣味性。

四 问题与对策

问题1： 宝宝快2岁了，在家里简直就是个小霸王，他要什么就得给他，不给就大哭大闹，劝也不听，打也不行，不知道该怎么办了。但是很奇怪，出了门他就表现得很听话，告诉他不能要他就不要。究竟怎样才能改变这种状况？

解答： 宝宝的这种表现，一方面可能和他的年龄段有关系，比如进入逆反期的宝宝，自我意识强烈，他们会有自己的主张和想法，听不进大人的话，自己的愿望得不到满足就会采用比较激烈的方式表达抗议，宝宝的大哭大闹，可能一部分原因和这个有关。另一方面可能和父母对待孩子的方式有关。这个阶段的宝宝还非常依恋父母，渴望得到父母的关注和重视。有时候会通过做一些事情来获得父母的注意，了解自己在父母心目中的位置。

因此，妈妈要做的功课是：多给予孩子关注和重视，及时回应孩子的需要。从妈妈的描述中可以看出，孩子和父母之间出现了很多争执。下一次当宝宝提出一个要求时，妈妈可以问问自己，这件事要不要紧，如果是无所谓的事情就尽量满足孩子的要求，若真的遇到"不可以"的事情就坚定地说："妈妈很爱你，但这个不行。"这样，即使孩子哭闹，妈妈也不用内疚，妈妈只需要共情他，抱抱他，安慰一下就好。

妈妈千万不要和孩子用赌气的方式陷入权力之争，妈妈说："你要我就不给。"孩子说："你不给我偏要。"其实那个东西根本不重要，孩子只是想要证明：妈妈听我的，妈妈很重视我。此时妈妈可以反思下自己家庭的情况，在对待孩子的要求时，是否全都是"不可以"，当孩子哭闹的时候，父母的情绪是否能够保持冷静和平和，还是更加火冒三丈？孩子得不到想要的东西有情绪是正常的，父母能否接纳？能否共情？父母的共情和接纳才能让孩子渐渐平静，并从中学习到：并不是所有我想要的东西都可以得到，如果是别人的东西，别人有权利拒绝自己。

问题2：女儿快2岁了。最近别人一碰她的东西，她就生气。我要是把她的玩具拿给别人，她就大哭不止。平时家里人也没少跟她说，要懂得分享，玩具要和大家一起玩儿。我看别的同龄孩子都没有这么过分，为什么只有她这样呢？

解答：2岁的宝宝开始进入物品所有权发展的敏感期了。每个宝宝都有这样的敏感期，只不过出现的时间早晚会有差异。随着孩子自我意识的发展，孩子有了"我"的概念，他需要确定周围的物品和自己的关系，"我的妈妈""我的玩具""我的娃娃""我的东西，我做主"，这是孩子物权意识的体现，所以他们不让别人碰自己的东西，是对自己物品的维护。妈妈不经允许就把宝宝的东西给别人，会给孩子造成混乱，也会给宝宝对物品的安全感造成威胁，宝宝当然会大哭。

随着孩子对自己的东西的认知，孩子还会懂得，有的东西是自己的，有的东西是别人的，从而慢慢地建构物品所有权的边界。这样孩子就会明白不能随便拿别人的东西，即"你的东西，我不拿"；如果自己想要玩别人的东西需要经过别人的同意。

大人心心念念的分享是建立在拥有的基础上，当孩子能够确定对自己物品的掌控权时，他才会愿意尝试交换和分享。因此，对2岁的宝宝来说，自己都不确定有的东西，父母就要求分享，这对宝宝来说太难了。

妈妈要相信，随着孩子慢慢长大，慢慢有了自信，他会愿意分享自己的东西。一般来说，越有安全感的孩子，越容易分享。如果父母总是勉强孩子，要求孩子去分享，就会破坏孩子对物品的安全感，孩子会害怕分享，反而会把分享的时间延后，比如很多孩子到了三四岁，还是会非常强烈地拒绝分享。另外，可能还有一部分原因是和天性中占有欲比较强、需要得到别人的肯定比较多有关系，但这些都没问题，只要妈妈给孩子时间，一切都会改变。

另外，当孩子不想分享的时候，妈妈也不要为了自己的面子，对别人说"孩子小气"之类的话。如果父母认为给别人一个解释比较有礼貌，那么简单说"她还没有准备好"就可以了。

问题3：女儿23个月了，喜欢和小区里一个比她大的小女孩一起玩儿。这个小女孩比较强势，力气也更大一些，俩人一起玩儿，同时看中一样东西时，我女儿总是拿不到。我觉得这种经历很容易带给她挫败感，我可不可以尽量让女儿减少和那个小女孩在一起玩的频率呢？

解答：妈妈可以根据情况酌情考虑，毕竟孩子还不到2岁，如果孩子在交往中感到受欺负，可以少来往，但如果她没有在意，很开心，妈妈也不必介意。孩子以后要走入社会，会遇到各种各样的人，她需要学习和不同的人打交道。面对能力比自己强的人，有时候会觉得不如对方，但也可以从对方身上学到很多东西，并且从别人对待自己的态度中，也会了解到怎样做会让别人觉得舒服，怎样做会让别人不舒服，这是孩子成长中必须要经历和学习的。

在孩子的成长中，妈妈不要干涉太多，让她在自然的状况下，接触各种类型的交往，学习各种的舒服和不舒服。多种类型的体验和感受，更容易让孩子懂得去同理他人。

如果对方的力气真的很大，下手又没有分寸，父母可以出手帮助。不然不用过分担心孩子在交往中受挫怎么办，被欺负了怎么办，这些本来都是很正常的社会化过程。孩子需要的不是每次一被欺负就被大人干涉救起，而是需要被教导，遇到这样的情况时应该如何保护自己。

问题4：儿子不到2岁，一直不能接受我出门去上班，不管怎样讲道理，只要看见我准备出门上班，就会黏住不放，我只好让家里人把他带到别的房间玩耍，我偷偷地溜走。我在家时，他经常会玩着玩着突然回头看看我在不在，可能我经常偷偷溜走给他留下了不良影响。我怎样才能让他接受我出门上班这件事？

解答：这个年龄的宝宝不想让妈妈去上班是正常的分离焦虑反应，妈妈给他讲道理是没有用的，因为孩子心里一直认为自己和妈妈是一体的，还没有做好和妈妈分开的准备，妈妈离开，他会产生焦虑和害怕的情绪，所以哭闹是正常的。

妈妈要学会接受孩子的哭闹，同时要坚定地告诉宝宝："妈妈知道你很难过，但是妈妈必须去上班，爷爷奶奶会和你在一起，妈妈下班就会回来。"其实孩子在妈妈走的时候大哭不止，哭一会儿就会停了，慢慢地，他会看到妈妈每天早上出去，晚上回来，他就会知道，妈妈不是不要我了，还是会回来的，他慢慢就会适应这个过程。

需要调整的是妈妈，妈妈要接纳孩子的难过和伤心，妈妈偷偷溜走，躲着孩子出门是不想看到孩子哭闹的样子，其实大可不必，孩子这时应该学习面对分离时的难过，难过时哭一下也不会带来什么心理伤害。反而妈妈总是偷偷走掉，会让孩子产生不安全感，觉得妈妈随时可能就会消失。所以，妈妈宁可让孩子伤心大哭，也要在孩子面前离开，而不要悄悄溜走。

平时妈妈也要给宝宝满满的安全感，多花时间陪孩子，多抚摸、多拥抱，在他提出需要的时候帮助他，不要离开孩子太长时间。在准备上班的前一段时间，可以和孩子多玩玩捉迷藏的游戏。在这个游戏里，孩子有时候看到妈妈会很开心，有时候看不到妈妈会紧张，这样"紧张→放松→紧张→放松"的过程会对孩子有暗示作用，即使妈妈不在眼前，妈妈的爱是在的。同时，孩子也在游戏中学习接受"妈妈不在"所带来的焦虑感。妈妈也可以利用周末带孩子到上班的地方转一转，看一看，让宝宝知道妈妈在哪里上班，怎样上班，这些都有利于帮助宝宝接受妈妈去上班的事实。

总之，当孩子有了足够的安全感，妈妈也能正确地面对和孩子的分开，孩子就很容易接受妈妈去上班这件事了。

问题5：女儿即将2岁，我计划下个月把孩子送到奶奶家2个月。孩子近期刚刚断奶，一直很黏我，从出生就没有离开过我，尤其是晚上必须由我哄着睡，我担心孩子不能适应陌生的环境和陌生的人，也担心这样会不会给孩子的身心健康造成伤害。我这种担心对吗？

解答：不了解妈妈是出于什么原因要把宝宝送去别处生活2个月。既然2年都一直自己带，为什么不能再继续坚持一下。因为马上2岁的宝宝正处于和妈妈分离的关键时期，宝宝想要独立，但需要在安全的环境中才能完成这个过程，妈妈是宝宝的安全基地，宝宝需要妈妈给自己加油打气。否则，在宝宝还没有足够的力量完成分离的时候，和妈妈分开，去一个陌生的环境里和陌生的人生活，对宝宝会是一个非常大的打击。妈妈担心的事情，发生的可能性是比较高的。建议妈妈，不要在这个时候和孩子分开，尽量想办法让孩子待在妈妈身边，比如请老人过来或者请保姆。在孩子成长的头三年还是以孩子为重比较好。如果是因为工作关系，妈妈最好能克服一下，这是必须要付出的代价。

突然把孩子送离身边，和刚出生就交给老人带，情况还有所不同。一直跟奶奶生活的孩子，也许早已把奶奶选作"重要他人"，跟奶奶很亲。但突然去到奶奶身边的孩子，他对奶奶不熟悉，奶奶对他也不熟悉，孩子会有巨大的不安全感，老人又容易因为不了解情况而过度保护孩子，所以这样的改变对孩子来说是存在危险的。

3岁前的经历对一个人的影响是最深远的。当然，任何问题都有机会解决，只是不知道要花费多大的心力、气力去弥补。相信了解了其中的风险，妈妈一定会做出正确的选择。

第三节　2~2.5岁

2岁的孩子对其他孩子的兴趣有了迅速而稳定的提高，开始投入到各种假想游戏，对父母和家庭成员的关注开始有所减弱，情绪体验愈加丰富，出现想象性恐惧。

一　特点概述

1. 假想游戏的出现

从2岁开始，儿童具有应用一个"信号物"来表示某些实物的能力，即将眼前存在的东西想象成或假定为眼前不存在的其他事物，这就是表征。儿童通过模仿并大量运用表征功能进行的活动，就是假想游戏。假想游戏在2~3岁的宝宝身上主要表现为序列性假装行为，即儿童会用两个或两个以上的假装行为反映一个主题。比如，宝宝模仿妈妈的动作假装给玩具娃娃吃饭，会先让它坐在儿童餐椅上，还要戴好围兜，然后再给它吃饭。这个时候的宝宝还没有特别明确的角色意识，着迷于假装的动作和行为。大约到3岁，宝宝就有了一定的角色意识，能够模仿现实生活中的各种角色，会创造性地使用替代物，游戏也变得更加复杂、有趣。

假想游戏的主要特征是模仿和想象。儿童在游戏中可以自由地模仿，随意地想象，按照自己的需要不断调整自己的行为，在语言还没有掌握好之前，这是一种重要的自我表达。皮亚杰认为，儿童会借助于假想游戏表达在儿童生活经验中不能单独用语言来陈述和同化的一切事物。

2. 充满幻想的自我世界

这个时期的孩子依然还没有从最初的本我世界中走出来，他依然是自我中心的，他按照自己的想法和意愿认识着这个世界。他倾向于将他的世界中所有不熟悉或无法解释的事情理解成是由人的行为造成的。皮亚杰曾讲述过一个关于他女儿的有趣的故事：她看到过爸爸用烟斗吞云吐雾，还看到过山上笼罩着的薄雾和天上的云，按照她对这些现象的观察方式，她相信这些薄雾和云是她爸爸用烟斗造出来的。由此看出，宝宝的世界是充满魔幻的，他会把一切自然事物都赋予人的思想，并用自我的逻辑加以解释。当孩子听到雷声，他会认为天上有个人生气了；当他看到一辆小汽车，他真的会相信有一天它会长成大汽车；他会相信爸爸真的能摘个月亮给他当球踢。他还会把生活中的各种动物和物体当作人来对待，会有熊爸爸、山羊爷爷、老鼠弟弟，还把自己的行动经验和思想感情赋予小动物或玩具身上。

儿童精神分析的开拓者梅兰妮·克莱因曾描述：儿童从小就有将所有东西"拟人化"的倾向。当婴儿饿了或不舒服的时候，他就想象身体里有一个"恶魔"在折磨自己，吃饱了舒服之后就想象身体里有一个"天使"。孩子还会把自己的情感拟人化之后表现在游戏中，比如"好人"与"恶魔"的斗争，"好人"最终战胜了"恶魔"。

在这个时期，由于现实自我的发展，"超我"部分开始觉醒，儿童的内心分裂成两个部分，好的部分和坏的部分。妈妈也分成了能够给予自己母爱的"好妈妈"和拒绝、责备自己的"坏妈妈"。"好的我"和"好妈妈"会让儿童很容易接受，因为他们让自己更舒服。但"坏的我"和"坏妈妈"会引发儿童的不适，他们无法承受，只能想办法把体内的"坏蛋"赶走，所以他们会把这些"坏的我"投射到外在的客体上，比如："都怪妈妈""坏妈妈""都是狗狗干的，不是我"。这样孩子就可以随着自己的心情创编"好孩子""坏孩子""好妈妈""坏妈妈"的故事了。当孩子把这些不好投射到妈妈身上时，妈妈应该予以包容和认同，做接受孩子情感发泄物的容器，将净化好的情感返还给孩子。如果妈妈不能接受这些来自孩子的"不"和攻击，而将之反弹给孩子的话，孩子就会感到焦虑，变得更加不安。

3. 预测性恐惧的出现

随着想象的发展，2岁以后的宝宝可能会出现对一些事物的恐惧，如怕黑、怕怪物、怕狮子、怕蛇等，这种恐惧的产生和想象有关。比如，曾被告知蛇会咬人、黑夜有鬼、看到书籍或影视中的恐怖画面或由于宗教信仰而产生的对神灵的敬畏等，这些来自孩子头脑中的表象，让孩子产生了预测性的恐惧。

曾经有个2岁的女孩对蚂蚁有着一种病态的恐惧，当她看到蚂蚁时会恐惧地大哭，她说蚂蚁会吃掉她。她的父母非常困惑，因为这个女孩，她甚至敢把手伸进狗狗的嘴巴里，也没有说过害怕动物园里最凶猛的动物。后来大家终于弄清楚了这件事情。原来是有一天，奶奶在家里的厨房柜子里发现了一些蚂蚁，奶奶惊慌地对爷爷说：这儿有蚂蚁了，它们会把所有的东西都吃掉。当时2岁的女孩就在厨房里。在这个2岁多的宝宝的世界里，蚂蚁能够把所有的东西都吃掉，自然也会吃掉小女孩，蚂蚁和小女孩相对体型大小的问题，不会被考虑到。奶奶被蚂蚁吓到了，厨房里因蚂蚁引起了喧闹，这些都使得小女孩感到震惊，所以她认为自己也会被蚂蚁吃掉，貌似是一种适当的反应。所以在孩子的魔幻世界里，一切事情都有可能发生。

因此，当一个2岁多的宝宝说害怕黑暗，因为黑暗中有怪兽，不要试图去否定他、取笑他，因为他还分不清现实和魔幻，他的恐惧是真实的，父母要和他站在一起，理解他的害怕，和他一起想办法赶走怪兽，当父母这样做的时候，他的恐惧也就慢慢消失了。

4. 依恋物

依恋物可以是一条毯子、一块枕巾或一只毛绒泰迪熊。在宝宝入睡的时候，或者陌生环境下，依恋物通常会给宝宝提供心理安慰、缓解压力、降低分离焦虑。儿童精神分析学家温尼科特把依恋物称为"过渡性客体"，是指那些能够过渡性地承载孩子对父母的依恋的东西。

他认为，婴儿时期的宝宝和妈妈是共生的状态，有求必应，随着不断长大，他会明白原来妈妈是会离开的，焦虑的时候他会开始吮吸自己的拇指，因为拇指可以随时随地地和他在一起，实现在妈妈身上实现不了的愿望，这就是他创造出来的生命中的第一个过渡性客体。很快，当婴儿不断长大，他会整天拉着一条小毯子（或其他依恋物）高兴地走来走去，不高兴时就揉来揉去，吃饭、睡觉都得带着它，有时还会咿咿呀呀对它说些什么，这就是儿童的第一个"非我"的过渡空间。因为这条小毯子跟外部世界相联系，和其他的小毯子不一样，是儿童创造出来的，被儿童赋予特殊意义的。它给予了孩子感官上的熟悉感，可以带给孩子内心安定的参照点，就像是妈妈的替身，在父母不在的时候给予孩子等价的温暖和关怀。

依恋物在儿童身心发展中起着重要的作用，它不仅弥补了父母的缺席，还使儿童学会如何在难以应付的环境中自我安慰。孩子带着他的依恋物，可以帮助他从依恋父母逐步过渡走向更宽广的世界。

5. 秩序敏感期

这个阶段的宝宝如果有一天忽然对物品摆放的位置有了特别的要求，他摆放在沙发上的玩具，不能变动位置；或突然要求按照某个固定的程序开门开灯，不能允许秩序发生变化；或忽然开始维护物品的"主人"，如妈妈的拖鞋、爸爸的电脑、奶奶的凳子，谁的东西就是谁的，每样东西都必须物归原主，其他人不得动用等，这往往意味着宝宝进入了秩序的敏感期。需要肯定的是，当孩子从环境里逐渐建立起内在秩序时，他的智能也在逐步建构。事实上，良好的秩序感是陪伴孩子一生的好品质，没有秩序感的孩子，就像在森林中迷了路一样，总是忐忑不安地不知道下一步会碰到什么状况，他的情绪、人格，甚至专注力都会受到影响。

秩序感还是儿童道德意识的起源之一，当孩子因为物品没有摆放整齐而焦虑，为了物品的所有权的混乱而哭泣时，那说明宝宝认为整齐、有序是"对的"，而凌乱、混淆是"错"的。当事物有了对错之分，行为自然就有了"好坏"之分，孩子的自律感也应运而生。他开始辨别什么是"正当"的、"标准"的，把行为和结果联系起来。从这点来说，秩序敏感期对孩子道德意识的形成有重要作用。

蒙台梭利曾经说："儿童的心灵是一个神秘的深渊，照料他的成人并不了解它。"是的，很多时候成年人并不知晓孩子心里的秘密，所以当儿童为维护秩序而哭泣时，不妨怀着一颗敬畏之心给孩子更多的爱和自由。

二 日常养育

1. 善待孩子的依恋物

胡萍在《善解童贞》中说过：依恋物对于孩子来说，不仅仅是一个玩具、一块毛巾，而是他们适应这个新世界、新环境的情感拐杖。当宝宝对外部环境的适应感觉力不从心的时候，会依靠依恋物来帮助自己调整情绪、稳定心境、适应新的环境。所以，父母要善待孩子的依恋物。

善待孩子的依恋物就是保护孩子的心理世界，孩子的依恋物一般都是毛茸茸、软绵绵的，抱起来摸起来有温暖舒服的感觉，能够缓解孩子的焦虑和紧张。所以当孩子有依恋物时，父母要正确对待和尊重孩子的依恋物，不要表示嫌弃和不喜欢，因为孩子还是很重视父母的看法的，父母的嫌弃会增加孩子的紧张和内疚。相反，父母要和孩子一起保护和重视依恋物，把它看作家庭中重要的一员。一般来说，"依恋物"是孩子特定时期的特定产物，不会对孩子的心理产生不良影响，父母更不要强行戒除孩子的依恋物，一旦处理不当，不仅不能解决孩子的问题，反而会加重孩子的焦虑，给孩子的成长留下不可磨灭的心理阴影。

当孩子对依恋物形影不离、不能舍弃，必须有依恋物才能正常生活，一旦与依恋物分离就哭闹不止、焦躁不安时，父母要注意加强对孩子的呵护和陪伴，多和孩子玩亲子游戏，让宝宝充分感受到父母的爱。游戏中尽量让孩子使用双手，让他不知不觉主动放下依恋物。经常带孩子出门，到植物园、动物园等场所，开阔孩子的视野。当宝宝被各种各样的新东西吸引，就慢慢不太在意依恋物了。所以，给足宝宝安全感，满足宝宝的心理需要，是宝宝逐渐放下依恋物的必要前提。

2. 尊重孩子对秩序的要求

对处于秩序敏感阶段的孩子来说，秩序能让他们安心、愉悦，而秩序被破坏则会让他们感到焦虑、烦躁甚至发脾气。比如，一个宝宝看到客人坐在妈妈常坐的椅子上，会大哭抗议，直到椅子回归主人，他才会平静下来。因为在孩子看来，世界是以不变的程序和秩序存在的，物品都有自己的"主人"和原本的位置，每个人都应该遵守这种"秩序"。在这样有序的环境中确定了自己的位置，内心才会觉得足够安全。如果成人不理解孩子的这种敏感性，总是打乱这个秩序，孩子会感到无所适从，产生强烈的内在冲突，不利于他性格的形成和以后规则的建立。

正确的做法是父母要学会尊重并配合孩子对秩序的要求，这种回应不是惯着孩子，也不是纵容孩子，而是帮助孩子顺利度过秩序的敏感期，养成好的生活习惯。比如，利用孩子对物品"归属"的敏感性，让他学会不是自己的东西不要拿。利用他对玩具摆放位置的敏感性，帮助他学习管理和整理自己的玩具，玩具玩过后要放回原处的习惯。利用他对做事秩序的要求，培养他做事的条理性，比如饭前要洗手、饭后要整理等。当宝宝习惯了这种顺序，他就能养成比较稳固的好习惯了。

3. 不要吓唬孩子

"你再不听话，妈妈就不要你了！""再不听话，我就把你送人！"2岁多的孩子难免调皮不服管教，很多父母在多次制止无效的情况下就会使出吓唬这一招，神奇的是，大部分孩子都会乖乖就范。因此，这种"有效"的手段被许多家长视为"必杀技"。

无论是走在游乐园里，还是在饭馆吃饭，只要有带小孩的家长在，就会听到类似的恐吓招式。这些恐吓之所以有效，是因为孩子处于弱小状态，对大人的依赖性较强，妈妈的话让孩子产生了内心的恐惧。家长们只看到孩子表现出来的听话，所以屡用不爽，却并没有考虑在妥协的背后孩子承受的是什么。孩子幼儿时期的安全感主要来源于父母的依恋，特别是母亲，这是孩子在探索外部世界时的勇气和保护。虽然大人只是通过说狠话来达到目的，但对于不懂事的孩子来讲，是无法区分大人的表面行为与内在动机的。2岁左右的孩子，对别人情绪的理解有限，他们往往通过别人的面部表情、外部行为去认知别人的情绪，对成人一些复杂的内心体验难以理解，他们会真的认为父母会不要他，把他送走，对父母的信任形成错误的认知。

有的父母甚至会拿警察、医生、老师或大灰狼吓唬孩子，"再不听话，医生就来给你打针""再不听话就让警察把你抓走""再不睡觉大灰狼就来把你吃掉"……于是在很多孩子的世界里，大灰狼、医生、警察都是自带威胁性和恐惧感的，是需要躲避的怪兽。这些经常被吓唬的孩子，因为恐惧停止了某种行为，但是却很大程度上陷入了自我挣扎的恐惧中，他们选择相信爸爸妈妈的话，但是被抓走、被吃掉的恐惧感，被丢掉的遗弃感却可能在孩子的心底难以抹掉，演化成内心挥之不去的"阴影"，造成孩子胆小、怯懦，甚至对外界的不信任。

总之，这种利用威胁、恐吓管教孩子的做法，只会强化孩子对未知环境和事物的恐惧，破坏孩子的安全感，激化亲子矛盾，引发孩子的逆反心理。

4. 帮助孩子面对恐惧

当孩子对父母说"我害怕"时，很多父母脱口而出的第一句话就是"这有什么好害怕的"，然后就是"要勇敢"之类的大道理。如果孩子还是表示害怕，父母就开始给孩子贴标签："你怎么胆子这么小，一点也不像我"之类的嘲讽和埋怨。这样的结果不仅不会有助于孩子消除恐惧，反而会让孩子感觉更无助、更自卑，消极感更强，严重者甚至感到受伤，不再轻易敞开心扉，为未来的发展埋下隐患。

2岁以后的孩子会出现想象性的恐惧是正常的，这种恐惧在4岁时到达顶峰，并且维持到6岁才会开始下降，所以父母要了解这个阶段孩子的特点，帮助孩子学会面对恐惧。

首先，要正视孩子恐惧的感觉，站在孩子的角度考虑这件事。当孩子表现出恐惧的时候，恰恰是孩子感觉自己最无力的时候，父母可以通过柔声细语的安慰、拥抱，缓解孩子恐惧的情绪，让孩子有一种被接纳、被保护的感觉，从而有力量去应对恐惧。

其次，父母不要在孩子面前表现出恐惧，否则将把恐惧情绪传染给孩子。孩子对某些事物的恐惧，很多来自大人的恐惧。曾有学者对儿童恐惧问题做过专门的研究，得出一个结论就是，如果教育者没有恐惧感，孩子的恐惧成分会大大减少，所以照顾孩子的父母即使对某些事物感到恐惧，也要在孩子面前尽量克制。

再次，父母要多和孩子沟通，可以通过提问的方式和孩子谈话并说出恐惧，进而了解孩子恐惧的内容及原因。只要找到原因，就可以有针对性地给孩子提供帮助。比如：如果孩子害怕黑暗的原因是认为黑暗中有个怪兽，那么父母就可以想办法，让孩子描述怪兽，和他谈论怪兽的本领、样子，并告诉他怪兽害怕什么，并鼓励他和父母一起把怪兽赶走。在这个过程中父母要注意表扬和肯定孩子在直面恐惧中所做出的努力，保持耐心，因为孩子要克服恐惧是需要时间的。

5. 支持宝宝的假想游戏

当宝宝开始热衷于假想游戏的时候，父母要注意配合并参与他们的游戏，即支持他们使用"道具"，并随时准备为假想游戏"献身"。比如，他们会用妈妈的脸盆给小熊洗澡、偷偷借用妈妈的高跟鞋，像妈妈给自己穿衣服一样给芭比娃娃穿衣服。例如，2岁多的牛牛因生病住院半个月，出院后反复玩的第一个假想游戏就是拿着家里带线的鼠标和棉棒给妈妈打点滴。他认真地吩咐妈妈坐好，然后拉着妈妈的手，假装消毒，最后打针。游戏过程中妈妈不可随便走动，如果走动需要请示，直到他认为可以了才行。连续一个多星期，牛牛每天上午都会重复相同的游戏，妈妈就乖乖做了他一个多星期的"病人"。弗洛伊德等精神分析理论家一致认为，孩子在假想的游戏里，通过自我满足，调节和宣泄着现实生活中压抑的情绪。在现实的世界里不能完成的事情，不能满足的愿望，孩子在自己假想的世界里可以实现。也许牛牛正是通过和妈妈的假想游戏，在宣泄着自己内心的焦虑和不安，妈妈做了他很好的"玩伴"。必要的时候，大人也可以发起假想游戏，比如拿起一只毛绒玩具，用好玩的声音说话，或者用这样的话来开场："我们来假装……"，然后热情地投入自己的角色。

支持宝宝的假想游戏，还包括不随意地干涉宝宝的游戏行为，通过观察宝宝的游戏，了解宝宝的心智、情绪和需求。如果宝宝用某种恶劣的方式对待玩偶或者娃娃，父母不要太过惊讶，他是在用自己的方式表达自己的感受有多么糟糕，他也可能在巧妙地让父母知道，他面临的困境和需要帮助的到底是什么。总之，假想游戏是宝宝重要的表达方式，父母一定要给予重视和支持。

三 情商游戏

随着语言能力的发展，这个阶段的宝宝已经能够用语言说出自己或别人的情绪。比如，宝宝会说："我很难过"，也会用语言和其他替代活动表达同情或安慰。亲子情绪的游戏目的在于帮助宝宝认知和体验自身复杂的情绪情感，学习一些舒缓情绪的方法，同时发展宝宝与他人简单的协作、沟通能力。

游戏1：幸福拍手歌

发展目标：

（1）识别不同的情绪。

（2）学习表达情绪。

游戏准备：《幸福拍手歌》的音乐。

游戏玩法：

（1）播放音乐，大人和宝宝一起跟随音乐唱歌做动作："如果感到快乐你就拍拍手（击掌两次），如果感到快乐你就拍拍手（击掌两次），如果感到快乐你就拍拍手（击掌两次）呀，我们大家一起拍拍手（击掌两次）。"

（2）继续下一句歌词，重复"揉眼睛"的动作。

（3）全部唱完后，和宝宝互动："你要是难过的话你会怎么样？"

（4）根据宝宝的言语、手势和表情可以续编歌词，进行表演。

附歌词：

如果感到快乐你就拍拍手（击掌两次），如果感到快乐你就拍拍手（击掌两次），如果感到快乐你就拍拍手（击掌两次）呀，我们大家一起拍拍手（击掌两次）。

如果感到悲伤你就呜呜哭（揉眼睛的动作），……（如上重复）

如果感到生气你就跺跺脚（跺脚两次），……（如上重复）

……

游戏建议：

（1）观察宝宝是否乐于参与。

（2）不强迫宝宝做准确动作，能把想法表达出来就好。

（3）生活中宝宝有情绪的时候，便可以唱歌提醒宝宝："如果感到生气……"

游戏价值：这首歌旋律轻快，歌词简单重复，涵盖了不同的情绪表达，孩子很容易学会，重要的是，游戏可以延伸到生活中其他的情绪和行为，因此很容易帮助孩子将情绪与社会行为联系起来。妈妈可以和宝宝一起续编歌曲，延续宝宝的游戏兴趣。

游戏2：客人来了

发展目标：

（1）喜欢与人沟通。

（2）学习与人交往。

游戏准备： 玩具熊，游戏毯，小纸箱。

游戏玩法：

（1）妈妈说："宝宝，今天我们玩小客人的游戏。"

（2）妈妈手里拿着玩具熊，站在游戏毯外假装敲门："咚咚咚，宝宝在家吗？我到你们家里做客了。"

（3）观察宝宝的反应，引导宝宝说："欢迎，请进！"。妈妈模仿玩具熊说："宝宝的家真大，有好多玩具，能给我看一下吗？"

（4）观察宝宝的状态，适时激发宝宝帮玩具熊找玩具、介绍玩具、玩玩具……

（5）妈妈模仿玩具熊说："宝宝，我走了，再见！"。引导宝宝送玩具熊，并说："再见，欢迎再来！"

游戏建议：

（1）妈妈要营造真实的情境，真实扮演玩具熊，给宝宝更逼真的体验。

（2）可邀请邻居宝宝来家里做客，妈妈和宝宝一起招待客人。

游戏价值： 游戏符合儿童的情趣，宝宝容易接受。玩具熊和宝宝一起玩儿，能够使宝宝迅速进入游戏情景，感受作为小主人的心理情绪体验。玩具熊敲门和离开的过程，完整演示了一个客人的状态，宝宝需要调动所有的生活经验和语言才能很好地与玩具熊互动，这个游戏对宝宝提出了挑战和要求。爸爸妈妈经常和宝宝进行这样的游戏模拟，有利于提升宝宝的社交技能。

游戏3：有趣的表情

发展目标：

（1）识别各种面部表情。

（2）把表情与生活经验联系起来。

游戏准备：哭、笑、生气、害怕表情的图画和笔。

游戏玩法：

（1）和宝宝一起看带着表情的图画，对宝宝说："宝宝你看！这是一个笑脸！"邀请宝宝笑一笑。

（2）继续对宝宝说："宝宝喜欢笑脸吗？""嗯，爱笑的宝宝最可爱，最开心。""小朋友什么时候会笑呢？"引导宝宝一起说一些开心的事。

（3）继续认识哭、生气、害怕的表情，邀请宝宝模仿这些表情，和宝宝说一说，回顾宝宝关于哭和生气的事。

游戏建议：

（1）宝宝模拟表情时，可以给宝宝照镜子。

（2）延伸到日常生活中，当宝宝哭的时候，拿出哭脸；当宝宝发脾气时，拿出生气的脸，让宝宝意识到自己的情绪。

游戏价值：这个游戏意在引导宝宝谈论自己的情绪，和妈妈一起给不同的情绪命名，从而把情绪和生活经验联系起来，有利于宝宝对自己情绪的调节和控制。

四 问题与对策

问题1：女儿2岁多，始终把我的一件睡衣当作安慰物，睡觉的时候必须拿着，还经常放在鼻子旁闻。我知道这可能是她对安全感的需求，所以也不阻止。但是最近她竟然出门也要带着这个睡衣，我该满足她吗？

解答：安慰物也就是依恋物，它是妈妈不在身边时的替代物，安慰物能够缓解儿童成长过程中的害怕和焦虑，有助于儿童对陌生环境的适应。大约从1岁以后孩子就意识到自己和妈妈的分离，妈妈不可能随时在自己身边，于是创造了过渡客体——依恋物来代替妈妈安慰自己。妈妈的睡衣，柔软且带有妈妈的气息，很容易缓解宝宝对与妈妈分离的焦虑。

3岁前的宝宝由于还没有适应和母亲的分离，没有做好独立的准备，大部分都需要跟某些东西联结感情。这样的需求不仅仅是安全感够不够的问题，而是孩子3岁前的重要任务就是通过各种渠道不断吸收力量，获得安全感。等孩子3岁以后，差不多准备好能和母亲分离了，宝宝慢慢就不需要依恋物了，但这是一个自然而然发展的过程，需要时间，不需要刻意去训练。

宝宝目前还处在需要依恋物的阶段，所以妈妈最好还是先满足她，这样可以缓解她外出的紧张，虽然这看上去有一点"纵容"，但没有办法，相比孩子外出时的不安全感，依恋物可以让宝宝心里更踏实。妈妈日常要多陪伴孩子，在外出过程中，多和孩子互动，外面新奇的事物也会让宝宝沉浸在快乐的亲子互动中，有利于宝宝放下对物品的依恋。

问题2：儿子2岁2个月，非常怕狗。他很小的时候并不这样，看到狗都是很有兴趣的样子，但是有一次我抱着他被狗追着跑，表现出很害怕的样子以后，他一看见狗就怕得不行。我自己确实很怕狗，所以不希望儿子也有同样的恐惧，有什么办法可以帮他克服恐惧呢？

解答：要帮他克服恐惧，最好的办法就是妈妈看到狗的时候能够表现出"我不怕"。如果连妈妈自己都不能不怕，还有什么理由要求孩子不怕呢？

孩子本来就容易受妈妈的情绪影响，刚开始他并不知道一样东西需不需要害怕，只能通过观察大人的情绪反应来判断。如果他看到妈妈非常害怕，就知道这个东西是应该害怕的，是有危险的。所以如果妈妈能够表现出不怕，并能够看着狗甚至靠近狗，他就知道不用再害怕了。

当然，如果妈妈自己实在没有办法做到，可以考虑借助身边人的力量，比如爸爸的参与，爸爸可以多带孩子去看狗狗，和狗狗接近，慢慢能够摸摸狗狗，孩子也会有所变化。但是妈妈一定要注意，如果和宝宝一起见到狗狗，一定要克制自己的紧张，不要给宝宝提供反面的社会性参照。

问题3：儿子刚过2岁生日，现在他很喜欢到处乱涂乱画，乱抽纸巾，积木刚收拾好就全部倒在地上……导致家里一片混乱。我去阻止他，他就说"坏妈妈，不要妈妈"。这种情况应该怎么办？

解答：这个年龄的孩子还处于动作和空间探索的敏感阶段，他们会不断地通过身体和动作的探索感知物体和空间，喜欢涂涂画画，抽纸巾，把积木倒在地上，甚至把家里抽屉的东西翻出来，这些都是这个阶段的孩子正常的行为。妈妈对于这种现象的确可以去适当干预，但一定不是盲目说"不"，或指责孩子，而是要在给孩子探索自由的同时引导他："你很喜欢涂鸦，请你在妈妈为你准备的这面墙壁的画纸上涂，不可以乱涂，因为这个家是我们公用的地方，我们要爱护它。""乱抽纸巾，很浪费，你想玩儿，可以拿着几张去玩儿，其他的妈妈要收起来。""积木可以玩儿，可是弄乱了以后，晚上要和妈妈一起收拾好，因为玩具晚上也要回家睡觉。"在和他强调这些规则的时候，一定要看着他的眼睛，很认真地告诉他，哪些事情坚决不可以做，哪些事情可以做，可以怎样做。如果孩子还是乱涂乱画，提前告诉他，这样的结果是会收走他的画笔。他看到妈妈这么坚定，也就不会试探了。妈妈也要学会接纳，家里有一个2岁的宝宝，所有的东西整整齐齐是不可能的，要给孩子一些自由探索的空间。但是可以在孩子玩够了之后，引导宝宝和妈妈一起把玩具"送回家"。

至于宝宝只要不称心，就会讲"坏妈妈""不要妈妈"这种话，妈妈不要伤心，也不要太在意，孩子正处于是非观念开始萌发的时期，他会把自己的情感分成好的和坏的两个部分。好的是自己的，坏的他没有办法承受就会投射出去，通常情况下孩子投射的对象是妈妈。所以它全盘地否定妈妈，甚至扬言"坏妈妈""不要妈妈"的时候，其实不能接受的是自己的不好。妈妈不要介意孩子的话，要学会做孩子不良情感的"容器"，予以包容和安抚，那么过段时间，孩子自然而然就不会再说类似的话了。

问题4：女儿1岁2个月，遇到困难会发脾气，比如东西放不进瓶子里，试了几次不成功就会发脾气，哭哭啼啼，然后扔掉，甚至躺在地上打滚。我通常的做法是，先把她抱起来，然后猜测原因，并告诉她：放不进去妈妈可以帮你，你碰到困难要说出来，不要哭。可这样一段时间之后，女儿并未改变，我的处理正确吗？

解答：妈妈这样处理没有什么问题。孩子正处于"可怕的两岁"这个特殊的阶段，这个时期的孩子自主意识强烈，可是自身能力有限，很容易发脾气，遇到挫折、遇到做不了的事情就不能控制，这是正常的。妈妈要做的是，保护孩子的安全，接纳孩子的情绪，不要火上浇油即可。孩子想哭闹，就让她自己哭闹一番，宣泄一下内心的挫败感，父母就把这个看作孩子特殊时期的表现。当然，父母在孩子碰到挫折的时候也可以表达关心："有什么事需要妈妈帮忙？"或者教给她怎么做。总之，妈妈要让她明白：你不高兴妈妈会陪着你，你需要帮忙，妈妈随时都在。如果孩子哭得厉害，不让妈妈抱，妈妈可以说："那等你需要了，妈妈再来抱你。"

妈妈需要注意的是，不用对孩子说"不要哭"，孩子要哭就哭，妈妈无意识中说的"不要哭"，可能透露的是对孩子的情绪的不接纳，所以下次孩子伤心、生气时，只要问一句"怎么了？需不需要帮忙"就好。如果妈妈发现孩子短时间内没有什么变化，也很正常，因为行为的转变是一个由量变到质变的过程，只要坚持这样去接纳孩子，孩子面对挫折的能力、控制情绪的能力一定会有所提升。

问题5：2岁多的儿子去朋友家玩儿，碰到一个比他小的孩子，他总是把人家摔倒在地上。我跟他说这样不对，他还是继续。怎样才能让他知道自己错了？

解答：孩子年龄小，跟他讲道理是没有太多用处的，所以最好的方法是尽量看着他，当他试图出现这种行动时，及时地制止他，并告诉他："不可以摔弟弟，如果喜欢弟弟，可以摸摸弟弟的手，但是不能把弟弟摔倒。"如果妈妈这样做了，他还是去摔人家，妈妈可以抱走孩子，并对他说："你今天不能和弟弟玩了，因为你会伤到他。"

可能有的妈妈觉得孩子不是故意伤害别人，没有必要这样大惊小怪，但是父母要注意，当孩子第一次出现这样的行为的时候，父母觉得孩子小，不懂事，就放任不管，那么孩子在和比自己小的孩子相处时，就会经常用这样的方式对待别人，导致他以后和别人相处就会变得很危险。所以，孩子刚开始出现这样的情况时，父母要及时发现并制止，让孩子知道这样做是不被允许的，那么下一次再出现类似的场景他就不会再欺负别人了。

因此，为了以后孩子能够用正确的方式对待小伙伴，父母从一开始就要对孩子进行教导，制止孩子不恰当的行为。

第四节　2.5~3岁

这个阶段的宝宝内在已经建立了稳固的母亲形象，他们能够忍受分离和满足的延迟，对陌生环境和陌生人适应能力增强，能够说出自己或别人的情绪，对消极情绪的自我控制能力也增强了。

一 特点概述

1. "内在母亲"和儿童的个体化

在这个阶段的孩子心中母亲的表征不再分为"好妈妈"和"坏妈妈",他认识到虽然有时候妈妈会责怪自己,但是她始终如一地爱自己,"好妈妈"和"坏妈妈"合二为一,成为孩子内在一个稳定的形象。如此一来,即使母亲不在身边,儿童内在稳定的母亲意象也可以替代现实中的母亲,使儿童能够忍受暂时的分离。所以当儿童"内化"了自己的母亲,他就可以带着母亲所给予的安全感、鼓励和爱,去和同龄人游戏,去探索外面的世界了。

此阶段,儿童的超我开始初具雏形,自我机能得到极大的发展,现实原则取代了快乐原则,语言和认知的发展使得儿童能够理解母亲的来去,儿童自我的核心形成,他在游戏中对玩伴的兴趣超过对母亲的兴趣。他开始投入到各种幻想游戏中,对真实世界的观察也越来越细化。他还产生了时间的感觉,能够理解"以后""明天"等字眼,能够忍受满足的延迟,表现出了强大的自主性。所以说,3岁儿童已经是一个心理上和情感上相对成熟的人了。

2. 自我控制开始发展

前面已经讲过语言发展对儿童克制冲动的作用,儿童自我控制的过程是控制自己的本能冲动,并和自己的愿望和需要作对的过程,这个过程是与人的生物性相反的,对儿童来说也是相当困难的。但是儿童为什么愿意唤起足够的能量来抑制自己的愿望呢?他不是为了愉悦自己,而是为了让他所爱的父母高兴。他要努力做一个好孩子,抑制自己淘气的冲动,因为他害怕父母的批评和不赞同。所以父母的标准,成为他对自己的要求。为了得到父母的认可,他愿意一次一次地放弃自己的满足,牺牲一些自己的乐趣。比如:一个饿极了要吃东西的儿童,在母亲的要求下,能够等候1分钟以上,甚至更长时间。当一个儿童想要一个汽车玩具却没有得到时,母亲给了他一个球,他没有哭闹,专心玩起了球。当他想要打开一个盒子,尝试了三次,想放弃、想哭时,母亲微笑地鼓励他,他抑制了放弃的冲动,尝试了第四次、第五次。

在2.5～3岁的孩子身上，父母可以明显看到他们愿意配合大人进行自我控制，自我控制的能力逐渐增强。这一时期儿童的自我控制能力主要表现为在没有外界监控的情况下能够服从父母的要求，并可以根据他人的要求延缓自己的行为。当然，他还没有能力控制得很好，所以当他因为控制失误受到父母的责备时，他的脸上会显露出内疚和懊悔的表情。这是孩子最初的是非观意识的体现。

3. 宝宝的攻击性

两三岁的孩子身上的攻击性与1岁时动作的发现和尝试不同，这是攻击性真正形成的时期。这个时期的孩子攻击性的出现大多是"欲求未得到满足"或受到挫折时的情感反应，也包括了"因愉快而做出的过度行为的体现"。比如：这个阶段的宝宝，自我的意识特别强烈，别人要拿他的东西，他就会打人。与别人交往时，想要的东西人家不给他，他会去攻击别人，把玩具"抢"过来。还有的宝宝自己做一件事情总是做不好，就会一边扔掉手里的东西，一边大哭，谁在旁边就打谁。甚至有些宝宝和同伴玩得开心到激动处会给对方一巴掌，然后扭打到一起。由此可见，儿童的攻击性行为背后，是一种无法宣泄、被阻断的情绪和欲望。

很多学者一致认为，小心应对孩子的攻击性十分重要。攻击性本身是重要的力量源泉，一旦这一源泉被阻隔，孩子就无法顺利获得力量。攻击性是构成人的喜怒哀乐的重要因素之一。如果一个孩子的攻击性无法适当地释放出来，内部和外部的情感交流就无法顺利进行。如果一个人的攻击性力量无法向外发出，就会转向内部，就容易使孩子产生抑郁。根据弗洛伊德的说法，忧郁是发泄于内心的愤怒。一个人不能对外发脾气，取而代之的是对自己产生厌烦和自责的情绪，长此以往会导致孩子自卑和缺乏自信。

4. 对同龄小伙伴的兴趣

一般来说，2岁以后孩子对同龄小伙伴的兴趣开始发展，当然不排除个别孩子的主要社会精力还要在妈妈身上多停留一段时间。但是随着儿童"内在母亲"形象的稳定，他对同伴的兴趣就超过了父母和家人。如果父母的教养方式比较得当，这个年龄段的孩子开始更加懂事，他们不会经常发脾气，能轻松地向同龄人表达自己的情感和要求。他会和别人一起愉快地玩耍，多以奔跑、蹦跳、追逐或敲击玩具中的相互模仿形式出现，这些相互的模仿、轮流的游戏等互动能够促进儿童对自己和他人的理解，有利于语言交流的发展。和1岁左右时简单的同伴交往相比，他们的交往更加复杂，花在社会性游戏上的时间越来越多，他们不仅愿意模仿同伴的行为，而且也意识到同伴对他感兴趣，也就是同伴知道自己正在被对方模仿，并逐渐发展出互补和互惠的游戏角色。

当然，在积极的互动作用过程中，小伙伴之间也会伴有互相抓脸、争夺玩具、揪头发等消极的行为。但是相比儿童从同伴交往中获得的社会交往技能、自我行为调整和社会情感的发展来说，这些经历能够为儿童的社会化打下重要的基础。

5. 爱模仿

这个阶段的宝宝会进行各种社会性行为的模仿，主要的参照对象是自己的爸爸妈妈，比如父母扫地，他也扫地，父母洗衣服，他也洗衣服。与此同时，孩子还会经常性地重复父母的语言、表情，甚至重复父母的某些特定行为。例如，妮妮爸爸下班很晚，妮妮妈妈刚要说话，2岁11个月的妮妮就叉着腰在门口煞有其事地对爸爸说："怎么才回家啊？干什么去了？不知道等你吃饭吗？"那语气和表情，甚至动作都和妮妮妈妈如出一辙，把妮妮爸爸和妈妈惊讶得半天反应不过来，妈妈则哭笑不得地说："这孩子怎么什么都学啊！"由此可见，处于这个阶段的宝宝会随着自己的喜好和兴趣，对生活中的一切进行选择性模仿或延迟模仿。

模仿是儿童的天性，也是其重要的学习方式，儿童通过模仿形成自我，进行创造。儿童通过模仿父母的言谈举止，感受大人的生活方式和行为模式，获得对事物的认知，为自己更好地了解和适应世界做准备。儿童通过模仿，让自己的幻想变得更加丰富，使自己的世界充满神奇。儿童通过模仿，从内在世界走向外部世界，完成自我实践的练习。

对于父母来说，最重要的就是放慢自己的动作，成全孩子模仿的需要，给孩子模仿的空间。同时，父母要做好榜样，检视自己的言行，给孩子带去正面积极的影响。

二 日常养育

1. 帮助孩子应对自己的攻击性

父母要帮助孩子应对他的攻击性。父母首先要明白，攻击性是孩子内在的一种能量，伴随着他的一生，是一种生命的象征，这种能量也是孩子"创造性""自信"的来源。所以，攻击性需要管理，但不是压抑，应该想办法让这股情绪和能量流动出去。

首先，很多父母知道自己的孩子有攻击性倾向，总是习惯于指责、埋怨甚至打骂，结果孩子内在积累的情绪越多，攻击性也愈演愈烈。父母可以通过带孩子去户外运动、拍打充气玩具、玩打仗游戏等方式宣泄孩子内在的情绪。

其次，父母要了解孩子攻击性背后的原因，根据具体的情景和孩子的反应做出调整。因为这个阶段孩子的攻击性行为刚刚开始形成，还没有固化，改变起来也相对容易。一般来说，这个阶段孩子产生攻击性的原因：一是压抑的情绪的爆发，这个阶段的宝宝正在学习服从大人的要求，和自己内在的本能作对，会有很多压抑的情绪。二是维护自己的"物品所有权"，通过攻击行为保护自己的权益。三是模仿，身边有很多这样的行为，让孩子觉得这样很好玩。四是遇到挫折，情绪失控。五是语言表达有限，内心的想法无法描述，通过突然地拽、碰、攻击等方式达成。不管是哪种情况，父母都要保持冷静，不要带有情绪，先做到保证孩子的安全，防止伤害的发生。

再次，父母要安抚和拥抱孩子。让孩子明白父母的担心和难过，让孩子知道"不管发生什么，爸爸妈妈都会陪着我，跟我一起去面对那些很难的事情"。这样能大大增强他的安全感。

最后，通过共情孩子，让孩子学会表达自己的感受。比如："妈妈知道你很生气，这种感觉真的很不好受。""你刚刚很生气，可以跟妈妈说说吗？"当孩子的感受被看到了，被同理了，孩子才能平静下来。这时候父母可以和孩子复盘，引导他可以怎么做。

总之，父母要理性处理孩子的攻击性，因为父母用什么视角看待孩子的攻击性，用什么方式对待孩子的攻击性，将对孩子一生有着重要的影响。

2. 敏感、有效地支持孩子的自控行为

自控行为的生理基础是大脑的前额叶皮质，而这个年龄段宝宝的前额叶刚刚开始发育，所以孩子基本是受本能脑和情感脑的控制。父母要理解孩子的年龄特点，面对外界的诱惑，不是孩子淘气不听话，而是他们没有能力控制住自己的冲动。这个阶段的父母应该在宝宝学习自我控制的初期，为他提供有效的支持。

首先，父母不要过于严厉、频繁地对孩子说"不"，因为对于自我意识刚刚建立的小朋友来说，"不行""不要"这些字眼容易激起他们的逆反，引发父母和孩子的权力之争，亲子关系一旦恶化，所有的教导将很难被孩子接受。另一方面，"不要打人""不要动"这些话对孩子是没有效果的，反而会让他迷惑和失望，不如直接告诉他应该做什么，给他指明做事的方向。

其次，可以采用替代的办法，比如转移他的某些冲动，为其提供另外一种满足的方式来让他学习自我控制，即通过延迟满足、替代满足、部分满足等方式来缓解孩子内在欲望与外在约束的对抗，不会造成孩子对自我冲动的过度压抑，引发紧张和情绪问题。例如，宝宝想要妹妹的玩具，妈妈提醒他可以先玩他最喜欢的小汽车，等妹妹玩完就给他，这样宝宝比较容易配合。

再次，当宝宝表现出自控的行为时，父母要及时地肯定和认可他。比如，上例中宝宝听了妈妈的话，表现得很配合，妈妈要及时认可宝宝的努力，让他感觉到自己的努力被看到，会更愿意配合父母。正如前文所说，这个阶段的宝宝之所以愿意去认可父母的禁令和标准，就是为了让父母高兴。这样的双向认可会有利于孩子对父母约束的内化，他开始意识到自己的能力是独立于外部世界的，可以出现某种预期的结果。

最后，孩子自控的背后是孩子责任感、是非观的建立，父母不要对孩子过于严厉。当然，也不要过分迁就孩子，因为父母不要求和约束孩子，会导致孩子觉得不必对自己的行为负责，从而不能有效地控制自己。

3. 培养孩子自理自立的能力

自理自立就是自己照料自己、自己独立处理事情的能力。如果父母从1岁半开始就坚持鼓励宝宝自己能做的事情自己做的话，那么到这个阶段宝宝已经能够进行基本的自我照料了，比如自己穿脱简单的衣服、鞋子，自己吃饭、自己剥鸡

蛋，自己洗手、自己小便、自己收玩具等。当然，每个宝宝的个体能力会有差异，但是随着这个阶段宝宝精细动作和动作能力的发展，对很多技能的掌握也越来越好。

父母在这个时期要学会放手，给孩子试错和练习的机会，克制想要代替包办的冲动，父母可以通过示范正确的做法、协助提示、表扬宝宝、在家里贴图提示等方式帮助宝宝养成一天的生活常规。比如，早上起床后要叠被子、穿衣服。父母不要催，让宝宝有充分的时间去完成，孩子实在做不到的地方，父母可以示范或协助，但要注意教给孩子做事的方法。然后学习刷牙和洗脸，要给孩子配备专门的小毛巾、小脸盆、牙刷、牙膏和固定的洗刷场所，孩子的牙膏最好是可食用的。吃饭同样有固定的座位和碗筷，鼓励孩子使用筷子，提高小手的协调性。

父母可以在家里设置一些常规的小约定：玩具用完了要收起来，放到原来的位置；用餐前要洗手，用餐后要把碗筷送到厨房；用完的废纸要放到垃圾桶；等等。当孩子做到了，父母要及时认可和鼓励，比如亲亲宝宝、拍拍宝宝、抱抱宝宝，和宝宝玩游戏等。如果孩子没做好，不要批评，要温柔而坚定地和宝宝一起来做到。同时，为了鼓励宝宝做这些事的坚持性，妈妈可以采用设置每天行为打卡活动的方式，或周末增加亲子户外活动的奖励等。总之，要让宝宝做这些事情的时候感觉愉悦，体验到满足感。一般来说，连续坚持一段时间之后宝宝就会把这些行为常规认为是自己生活的一部分了。

对宝宝而言，自理自立的能力的获得，是在一次又一次体验中完成的，在体验过程中孩子能够获得胜任感、自豪感、满足感，遇到问题或困难时他不会第一时间想着要依赖别人，而是自己想办法去解决，这样等他进入幼儿园的时候，就会比别人适应得快，不容易产生入园焦虑。

4. 支持宝宝和同龄小伙伴玩耍

父母要尽量多创造机会，让宝宝与其他小伙伴有机会自然地玩耍，必要的时候给予引导和帮助。比如，父母要多带宝宝到小区里和其他的小朋友一起玩儿，即使宝宝不主动和其他小朋友交往，也不要催他，先给他提供这样的环境。父母可以鼓励宝宝多带一个可以分享给小朋友的玩具，帮助他学习与小伙伴交往。父母也可以邀请邻居或同事家和宝宝年龄差不多的孩子来家里做客。客人来之前要告诉宝宝,并和宝宝商量,作为小主人要招待客人,看看哪些玩具能够和小朋友分享,对于宝宝特别喜欢的玩具,可以允许宝宝不分享。除此之外,父母也可以带宝宝到儿童游戏中心、公园等孩子较多的地方,给宝宝创造一些和小伙伴共同玩耍的机会,比如妈妈可以在公园里吹泡泡,让宝宝拍打泡泡,吸引其他孩子也来追逐,增加宝宝和其他孩子一起交流和互动的机会。

对于交往能力发展得比较好的宝宝,父母要注意帮助宝宝增进与同伴的友谊,引导他处理和同伴之间的矛盾。比如,当同伴冲突出现的时候,父母不要盲目干预,可以用给出选择题的方式将问题抛给宝宝:"你们可以商量一起玩儿,或者选择不玩儿"。当经常在一起玩的小伙伴好几天没出现的时候,妈妈可以引导宝宝:"小米最近怎么没有出来玩啊?要不要给她打个电话啊?""我们要不要邀请小米出来玩啊?"帮助宝宝主动关心小伙伴。

5. 做孩子的"好榜样"

有人说:"父母与孩子的沟通方式,决定了孩子与世界的沟通方式。"也有人说:"父母是孩子的一面镜子,从孩子身上就能看到父母的影子。"这些言论都在强调父母的身体力行对孩子的影响力。3岁前的儿童,全天候接受的都是父母的耳提面命,言传身教。朝夕相处中,父母的一举一动,一言一行,都会潜移默化地影响到孩子。所以,父母在孩子面前说每一句话、做每一件事之前,都要考虑到这样说、这样做对孩子的影响。

在育儿焦虑横行的当下,父母更要有一种稳定平和的态度才能不被裹挟在重重迷雾中。首先,父母要懂得无论外部环境如何,儿童内在稳定的爱和安全感受是他未来发展的根本基石。不管孩子未来有怎样的成就,他首先必须是一个能够感受到爱和幸福的人。他能够情绪稳定、对自我有较好的控制力,他能对自己的行为负责,能够遵守与他人的约定,有自尊并尊重别人,能够较好地和他人相处,人际关系和谐。而这一切的习得,都与父母早期的教养方式和家庭影响有关。所以,父母想要孩子成为一个什么样的人,父母首先要成为什么样的人。

父母要给孩子提供正向的榜样。如果在孩子面前,要做好并承担起父母的职责,不要说脏话,不要逃避责任,不要乱发脾气,不要随心所欲,不要迷恋手机。要学会控制并管理好自己的情绪,要积极乐观,要不怕困难,要求孩子做到的首先自己要做到,要求孩子不能做的自己也不能做。因为孩子的目光就像永不休息的雷达一样,一直在注视着父母。既然已经成为孩子的父母,就有责任做最好的自己,为孩子撑起一片蓝天。

总之,这世间没有完美的父母,但必须有一个不断成长、不断学习、不断走向成熟的父母。

三、情商游戏

游戏1:黑暗我不怕

发展目标:

(1)勇敢参与游戏。

(2)能在黑暗中不害怕。

游戏准备: 大毛毯或棉被、宝宝喜欢的玩具、手电筒。

游戏玩法:

(1)将大毛毯盖在桌子上,让桌子底下变成一个黑漆漆的山洞。

(2)父母和宝宝一起把手电和玩具搬到"山洞"里。

(3)父母和宝宝一起躲进"山洞"里,打开手电筒说悄悄话,再关上手电筒感受黑暗。

游戏建议:

(1)注意观察宝宝的反应。

(2)对于怕黑的宝宝,一开始可以和宝宝一起在暗处玩一会儿,慢慢过渡,直到把手电筒关上宝宝也不害怕。

游戏价值: 对于怕黑的宝宝来说,有父母的陪伴,有手电,有玩具,在"山洞"里待一会儿,随时可以出来,这些体验对于帮助宝宝克服对黑暗的恐惧具有重要的作用,对于黑暗的认知和适应,也有助于宝宝独立性的发展。

游戏2:画情绪

发展目标:

(1)谈论情绪。

(2)用合理的方式宣泄情绪。

游戏准备：图画纸、各种彩笔。

游戏玩法：

（1）发现宝宝有些难过的时候，妈妈用平静且充满爱的声音描述自己看到的情况："你好像不高兴，眼泪都流出来了。我看到你这样很心疼。"

（2）父母可以对宝宝说："有个好办法，可以把坏情绪赶走，来，我们先把它画出来好不好？"鼓励宝宝用彩笔画出自己的坏情绪。

（3）画完之后，和宝宝一起把代表"坏情绪"的画撕成碎条，也可以折成纸飞机，使劲扔出去，让它飞走。

游戏建议：

（1）不要干涉宝宝绘画的内容。

（2）扔画时，宝宝可以选择自己最解气的方式。

游戏价值：涂和画、扔、撕，这些都是表达情绪的方式，这个游戏意在引导幼儿对情绪采用合理的方式宣泄出去。这个阶段的宝宝虽然有一定的情绪控制能力，但压抑的情绪需要一个出口，这个游戏能够帮到孩子释放情绪。

游戏3：情绪变色龙

发展目标：

（1）表达和谈论情绪。

（2）理解情绪和事件的关系。

游戏准备：情绪卡片（高兴、悲伤、生气、害怕、愤怒、害羞、惊讶、微笑、平静）。

游戏玩法：

（1）把情绪卡片正面朝下，爸爸、妈妈和宝宝轮流抽一张。

（2）抽到哪一张就模仿做哪一张的表情，并说说什么事情会让自己产生这样的情绪

（3）全部抽完并熟悉各种表情后，一人发出指令，宝宝和妈妈一起扮演不同的表情，如"害怕""生气""惊讶""愤怒"，看谁的表情变得快、变得好。

游戏建议：

（1）关注宝宝的语言表达。

（2）关注宝宝的表情。

游戏价值： 引导孩子用语言描述情绪，给不同情绪命名，熟悉情绪和事件的联系，能为宝宝以后主动说出自己的情绪，识别自己和他人的情绪做好准备。

四 问题与对策

问题1： 我家儿子2岁半了，快上幼儿园了。他平常特别黏人，平时带他出去跟小朋友们玩儿，他都要紧紧抱住父母，不爱参与；遇到小朋友打他，他也从来不还手，也不知道躲开，只会哭。我现在很纠结，担心他上幼儿园后，无法独立，不能和小朋友们相处。我应该怎么办？

解答： 宝宝目前这种情况，可以迟一些送他去幼儿园。他还没有做好离开父母，自己独立的准备。

一方面，宝宝的安全感还不够，对父母的兴趣还大于对同伴交往的兴趣。即使妈妈在身边，也不能够很好地和小朋友玩耍，说明妈妈的陪伴还不够。另一方面，宝宝还没有学会和其他小朋友交往，面对其他小朋友的攻击还没有足够应对的能力，这样的他在幼儿园里还不会保护自己，也不懂得求助。

建议妈妈利用3岁前这段时间，为宝宝上幼儿园做些准备。首先，父母关系一定要稳定，要多抽出时间陪伴孩子，多和孩子玩亲子游戏，给足宝宝安全感，他才能有力量去面对外面的环境和人。其次，妈妈要根据孩子的成长需求，培养孩子自理、自立的能力，给宝宝做事的主动权，让宝宝有机会做选择、做决定。因为到幼儿园以后，孩子必须能够自理、自己做决定，才能有自信适应陌生的环境。最后，妈妈在家里要多鼓励宝宝用语言表达自己的需要和情绪，遇到问题鼓励宝宝自己想想可以怎么做，放手让宝宝有机会自己承担责任。如果妈妈能够给予宝宝这些机会，孩子就会慢慢地成长起来。

一般来说，孩子现在有这样的表现，和家里人过度保护孩子、过多照顾孩子有关，父母要及时调整自己的育儿方式。这个过程可能并不轻松，但是孩子毕竟才2岁半，只要及时修正，孩子的自主能力就会被激发出来。

关于同伴交往方面，妈妈依然要多带孩子去户外和小朋友一起玩儿，但不要逼迫孩子，允许孩子从观望、旁观开始，等到孩子自己有足够的力量了，他就会愿意参与小朋友的游戏了。如果宝宝被欺负，妈妈不要旁观，要及时出现，询问宝宝发生了什么事，然后引导他跟对方小朋友沟通。当遇到问题妈妈能站在孩子身边，孩子就会慢慢敢于说出自己的想法。

问题2：宝宝从断奶开始就用上了安抚奶嘴，没想到随着年龄增大，对它的依恋不降反增。睡觉前要吃，半夜醒了也要吃，不给就哭。宝宝现在快3岁了，就要上幼儿园了，怎么才能帮他戒掉呢？

解答：安抚奶嘴对宝宝而言目前还是必不可少的，所以父母要想办法增强宝宝的安全感。宝宝这样的表现，说明他内心的安全感不足，因为安抚奶嘴能够替代父母，对宝宝具有重要的情感价值，所以不建议现在戒掉安抚奶嘴。

父母要对自己的家庭育儿环境和育儿方式进行检视，了解造成宝宝安全感不足的原因，比如审视一下夫妻关系如何，是否有吵架情况？父母的陪伴时间和质量如何？日常养育过程中对儿童的态度如何？是否能做到温柔而坚定？是否有经常指责批评孩子的情况？对于孩子想要自己做主、主动做事情的愿望是否支持？只有宝宝的安全感足够，情绪稳定，他才有力量慢慢地脱离安抚奶嘴，所以在这之前不要干涉宝宝的自我安抚行为。

问题3：女儿快3岁了，只要我一夸别的小朋友，她就不高兴，甚至发火，就只能夸她，她才高兴。我要抱抱别的小朋友，或礼貌夸奖一下别的小朋友，她也不让。我觉得女儿的嫉妒心有点重，她这样正常吗？

解答：大约从1岁半到2岁起，孩子的嫉妒心理就开始有了明显而具体的表现。孩子的这些表现是正常的，但不是所有的孩子都会有这样明显的反应，这和父母的养育方式以及孩子的自我发展有关。

一般来说，这个阶段的孩子特别想要证明自己的能力，得到父母的肯定和认可，有利于巩固他们的全能感受，满足自恋的需要。如果父母在婴儿的成长过程中一直能够给予他足够的认可、肯定，就会使孩子感受到自我价值和自尊，那么他会发自内心地肯定和欣赏自己，这个时候，父母偶尔对别人的夸奖不会对他造成干扰，因为他觉得自己足够好，他也能去欣赏别人的好。

如果孩子从父母这里一直很少得到认可和鼓励，他做的事情和付出的努力很多时候都不被看到，那他会对自己感觉很糟糕，自我价值感较低，甚至出现病态的"假自信"。这个时候父母如果去夸奖别的孩子，让他感觉自己想要的得不到，却被别的孩子得到了，会引起他更大的恐慌和焦虑，甚至会敌视对方。这就是嫉妒产生的原因。

妈妈在这个阶段一方面需要注意加强对自己孩子的肯定和认可，鼓励她发展自主性，提高自我价值感，另一方面不要过多地拿别的孩子和她进行比较，并避免在孩子面前去夸奖别的孩子，引发她的焦虑。同时，在家庭环境里，父母也要起到表率作用，做到包容、开朗，客观认识自己和他人，家庭成员之间相互尊重，和谐相处，这对孩子的成长将大有裨益。

问题4：女儿2岁半了，她很喜欢跟小朋友一起玩儿。但我发现她跟别人玩的时候好像没什么主见，人家玩什么她就玩什么，人家怎么玩她也怎么玩，她这个样子，家长应该怎样干涉？

解答：家长到底想要干涉什么呢？是想让孩子去给其他小朋友当领袖吗？但是这只是家长的想法，并不是孩子的。何况如果家长总是强行灌输自己的想法给孩子，会造成孩子的困扰，让她无所适从。所以，奉劝家长千万不要把自己想要的东西强加到孩子身上。

孩子这样的表现是非常正常的合群行为，她喜欢和小伙伴一起玩儿，能够跟随别人，群体性一定很好，这是良好社交行为的重要基础。同时，这个阶段的宝宝擅长模仿，他们不仅模仿父母，也会模仿同伴。宝宝正在通过游戏来学习交往，学习更好的玩耍方式。事实上不是所有孩子都愿意当领袖的，何况孩子还这么小，刚刚开始学习同伴交往，这个时候她一定是先从跟随开始。

孩子身上有很多能力是随着年龄和经验的发展而发展的，妈妈不要过于焦虑，可以多观察孩子，但不要盲目地干预孩子的同伴交往。如果妈妈想要让孩子有主见，可以在亲子游戏中多观察孩子，鼓励孩子引领游戏；也可以在日常生活中，给予孩子更多自主的机会，鼓励孩子独立做事。总之，孩子有孩子的世界，孩子有自己的个性特点，妈妈要学会尊重孩子的想法和选择，才能更好地有利于孩子的成长。

问题5：女儿出去玩儿常常会碰到一些比她大的小朋友，有的攻击性很强，女儿有时候被欺负了会大哭，有时候会皱皱眉头，然后躲开。我非常心疼女儿，但并没有帮忙。我现在很纠结,究竟怎样才是恰当的应对方式?

解答:一般来说,父母不要过多干涉孩子之间的交往,更有利于孩子自己学习应对和解决各种问题,但是当孩子表现出痛苦、大哭时,往往意味着孩子不能独立应对这样的情境,这时父母一定要出面处理,给宝宝足够的安全感。父母要安抚孩子的情绪,同时告诉她怎样面对这样的情况,比如告诉孩子,她可以表达自己的不满意,大声告诉对方"不可以""我不喜欢"。如果孩子语言能力不够,父母也可以直接对攻击的孩子说:"你不可以这样对她,她不喜欢",给宝宝做出示范。

当然,孩子没有太介意的表现时,妈妈不用管,如果她主动跑来找妈妈,妈妈可以问问她:"发生了什么事?你打算怎么办?"给她一点建议,看她要不要接受自己的建议。有时候,孩子对自己的退让是无所谓的态度,比较介意的反而是妈妈。面对这样的事情,妈妈一定会觉得心疼,但只有妈妈先忍住自己的心疼,才能给孩子面对情绪和冲突的时间,以及学习处理情绪的机会和经验。

第四章 3~6岁助力宝宝走向独立

　　3~6岁的宝宝开始走出家庭、走向独立，他们不断地向世界证明自己的价值和能力，发展自己的主动性。他们渴望被看到、被尊重，他们不断地在家庭和集体中寻找归属感，他们学习合作、学习分享、学习交往和解决问题的技能，学习控制自己的情绪和行为，爸爸妈妈要信任他们，给予他们主动做事的机会，最终为他们成为一个独立的、有责任感的人奠定基础。

> 　　成人很难理解儿童生活的世界，那里充满各种各样的挑战，为了儿童情商的健康发展，用尊重、同情的态度去面对他们的恐惧是十分必要的。不要贬低、嘲笑、忽视他们的恐惧，应该和他们去讨论这种感受，和他们一起去面对。

第一节　3~4岁

　　3~4岁的宝宝是可爱又快乐的，他们非常友善但情绪不太稳定，比较容易受到外界的影响。这个阶段他们开始进入幼儿园，生活范围扩大，能够认识很多小朋友和老师，是学习处理人际关系的开始，他们开始在意自己的名誉感，行为举止想要得到别人的夸奖和认可。同时，孩子也会经常有害怕和焦虑的感觉。因此，大人要给孩子足够的安全感。

一 特点概述

1. 入园焦虑

通常年满3岁的宝宝就要进入幼儿园了,对宝宝来说,尽管幼儿园很新奇,有很多玩具和小伙伴,但是毕竟要离开自己的亲人,独自面对陌生的环境、陌生的老师,这会威胁到宝宝的安全感,产生焦虑、不安、伤心、痛苦的感觉,表现出撒娇、哭喊、吵闹等拒绝分离的行为,也就是入园焦虑。入园焦虑实际上是一种分离焦虑,表现为一种紧张不安的情绪,严重者会影响到宝宝的身体和心理健康。每个宝宝进入幼儿园的时候,或多或少都会出现分离焦虑,只是个人的表现和应对方式不同而已。如果3岁前宝宝和母亲的分离工作处理较好,妈妈有意识地锻炼宝宝的独立意识和自理能力,那么他可能适应得很快,较少表现出入园焦虑;如果宝宝前期分离工作没有做好,本身安全感不足,自理能力也不够的话,那么宝宝的入园焦虑程度要更严重一些。

宝宝的入园焦虑主要表现有:拉住家人的手不放、大声哭喊吵闹、倒地打滚不去上幼儿园,或者在幼儿园里要求老师抱着、发呆、尿裤子、拒绝吃东西、咬手指等,对于未做好心理准备、第一次面临分离这种场面的父母来说,送孩子入园简直是一场情感上的折磨,难受到怀疑人生,恨不得抱起孩子回家。所以,父母在准备让宝宝进入幼儿园之前,需要提前了解入园焦虑的相关知识,培养宝宝的独立性,和幼儿园做好前期的准备和沟通工作,降低入园焦虑给宝宝带来的不良影响。

2. 性别意识的发展

性别意识是儿童自我意识的重要组成部分,是对自己和他人性别的认知,性别意识包含性别认同、性别稳定性和性别恒常性的发展。研究表明,2岁左右的儿童就能够正确区分照片中人物的性别,但对自己的性别不够确定,认识相对模糊。到3岁的时候,儿童就能够说出自己的性别,具备一定的性别认知,但这个时候儿童尚未建立性别的稳定性。曾有研究者考察儿童性别的稳定性,提出问题:"你现在是男孩(女孩),你长大了是当爸爸还是妈妈?"结果发现,儿童要到4岁才能对这个问题做出正确回答。这个时期的儿童还经常会因为识别对象发型的变化，衣着的变化而产生困惑。比如，一个幼儿园里就曾经发生过令人啼笑皆非的事情：小班的一群小朋友都在讨论漂亮的配班老师到底是男生还是女生，因为以前她有长头发，但是她现在的头发和男生一样短。一般来说，儿童能够意识到一个人的性别是恒定的，不会因为外表和环境的改变而改变，这种性别恒常性要到6岁左右才能发展起来。

总之，从3岁开始，随着儿童性别意识的觉醒，他们开始对人的身体，尤其是异性的身体表现出明显的兴趣，对生殖器感到好奇，他们开始追问父母："为什么妈妈要蹲着尿尿，爸爸却站着尿尿？""为什么妈妈有乳房，我却没有？"孩子的这些追问，正是他们探索性别差异、了解性别特点的表现，也意味着对孩子进行性别认同教育，帮助其树立科学的性别观念教育最佳时期的来临。

3. 自言自语

许多爸爸妈妈会注意到，3岁左右的宝宝经常会叽里咕噜地自言自语，自说自话，尤其是他自己待着或玩游戏的时候。玩积木的时候，他会说："我要建个城堡，还要有个车库，哎呀，我要把我的车放进去……哈哈，我的城堡，谁也不许进来！"睡觉前，也是嘀嘀咕咕，躺在被窝里对着天花板，好像是和人说故事，又好像是聊闲话，让旁观的大人心里充满疑惑，怀疑他旁边有个看不见的隐形朋友。其实父母不必紧张，心理学家称这种现象是"自我中心语言"或儿童"私语"。

心理学家皮亚杰把"自我中心言语"分为三类，分别是重复、独白和双人或集体的独白。重复体现在儿童对某些字词和音节的模仿和重复。这可能与他们刚刚掌握语言，需要大量练习有关，听到好玩的词汇他们会重复，在重复中他们是愉悦的，所以不需要听众也不渴望回应；独白是指儿童自己一个人时所说的话，他们就像在"大声"思考，完全沉浸在自己的世界里，不需要回应也不具备社交意义；双人或集体的独白是指在至少一名或多名同伴面前大声说话，但他们几乎不注意看他人是否在听他说话，也不需要回应。

心理学家维果斯基认为，儿童的语言发展需要经历三个主要的发展阶段，即和他人交谈时使用的外在的社交语言、外显的自言自语和无声的内部私语。儿童的"自言自语"在形式上属于外部言语，但因为不需要回应，没有社交需要，却实现着内部言语的功能,是外部言语向内部言语转化的过渡。"自言自语"是儿童语言发展过程中的必然阶段,在3~5岁儿童身上比较常见,随着儿童年龄的增长,会逐渐被社会化言语和内部言语所替代。所以,父母要正确看待孩子的"自言自语"。如果年龄到了5~6岁,孩子还在自言自语,并且不喜欢与人交流,脸部表情单一,那么就需要引起家长的注意了。

4. 假想伙伴

里里妈妈最近被里里吓了一跳,因为3岁多的里里忽然有了一个朋友叫"佩奇",晚上睡觉的时候非说佩奇来了,一定要给佩奇拿一个枕头和被子。妈妈说佩奇回家了,里里就哭,里里说没有,佩奇就在旁边,吓得妈妈直冒冷汗。白天吃饭的时候还要给佩奇准备一套碗筷,说佩奇也要吃饭,甚至出门逛个公园都要带着佩奇。妈妈怀疑她看电视看傻了,可也拗不过她,只能由着她。里里嘴上说的"佩奇"其实就是儿童的"假想伙伴"。有研究表明,大约一半的儿童都曾经有过"假想伙伴"。

所谓"假想伙伴"是指儿童想象出来的,由儿童命名,并充当其玩伴的角色。假想伙伴包括两种类型:一种是不可见的,没有实物依托的,完全幻想的伙伴,比如里里的"佩奇"。另一种是存在于现实世界中,但是被儿童赋以拟人化特征的客观实物,如洋娃娃、玩具熊等。当宝宝一个人玩玩具感到无聊时,这个"假想伙伴"就出现了。他会陪宝宝聊天,做游戏,也会和宝宝一起说悄悄话。总之,这个"假想伙伴"成为孩子诉诸内心需求和满足的替代对象。

对大多数孩子来说,"假想伙伴"的存在是无害的,不会影响孩子的成长。一些研究表明,有假想伙伴的儿童更有想象力和耐心,在社会性发展上更容易理解互动中的差异。事实上,"假想伙伴"能够给儿童提供陪伴和安慰,尤其当孩子去到一个陌生环境时,如上幼儿园了、搬家了,陌生伙伴可以陪伴宝宝,消除他的孤独感,陪伴他更好地适应环境。当宝宝面临恐惧和威胁时,有假想伙伴的出现,也有利于宝宝克服恐惧,应对焦虑。另外,在和"假想伙伴"交往中,宝宝会和假想的朋友玩角色游戏、比赛、对弈,这些能有效开拓孩子的思维,促进孩子的创造性发展,甚至还会把自己了解到的人际交往模式创造性地应用到和"假想伙伴"的互动中,这也较好地提高了宝宝的社会交往能力。

5. 出口成"脏"

然然妈妈最近有些烦恼,因为她发现3岁半的然然忽然开始说脏话,骂人了。比如,妈妈不允许她看电视,她会对着妈妈说:"讨厌,你是个臭妈妈!"妈妈很生气,责备她不可以说脏话,然然不仅不听,还恶狠狠地说:"你就是臭妈妈,坏妈妈,我不喜欢你了,你滚吧!"妈妈又气又伤心,不知道然然怎么忽然变成这个样子了。不仅对妈妈这样,然然有时候和爸爸说话也这样。实际上,然然的这种表现,在很多3~4岁宝宝身上都会出现,这个阶段的宝宝对语言比较敏感,接触到一些脏话后发现这些脏话很有力量,成人听了会紧张,小朋友也会觉得好玩,就喜欢不分场合地使用它。而过了这个阶段后,就会恢复正常,所以有人也把儿童的这种语言现象称为"诅咒敏感期"。

处于诅咒敏感阶段的儿童,不仅会说脏话,也会说一些类似"打死你""我要把你撕成碎片""我要把你的头砍下来"等暴力威胁的话,因为这些话和脏话一样,一旦说出来就非常有震撼效果,听到的人会有很大的情绪反应,所以这反而让孩子觉得有趣,把这些污言秽语当成自己社交的一种沟通方式,来操纵对方的情绪。于是孩子会反复地使用,不断试探和发展自己的力量,观察别人的反应。

所以,出口成"脏",是儿童语言发展过程中的一种现象,父母没有必要上纲上线,反应激烈,并断定孩子以后会养成坏习惯,或者变得冷血。父母应该学会淡然处之,让孩子的有意试探失去价值,因为过于激烈的反应和制止,反而会强化孩子说脏话、狠话的行为,并将此作为激惹父母的武器。

6. 人际交往的探索

3岁以后的宝宝社交意愿越来越明显,处于人际关系的探索阶段,他们渴望与他人交往,但却不知道怎样做是正确的方式。他们的交往行为和经验大多来自家庭,亲子之间的互动模式、家长与朋友的相处方式是孩子与他人互动模式的来源。在家庭中,他们已经懂得察言观色,了解家庭成员间的利害关系,知道谁更有权威,谁的话要听,谁的话可以放一放。当家长的情绪不好的时候,他们表现得很乖、很听话,这表明他们已经能够根据熟悉的人的情绪适度调控自己的行为了,他们也能和成人对一些事情进行讨价还价,进而实现自己的想法。在和同伴交往上,他们喜欢和小伙伴一起玩耍,喜欢扎堆,但是他们常常还不知道怎样参与到别人的活动中，因为他们的行动快过语言，所以在跟同伴玩耍的过程中依然常会出现打人、推人、咬人、抢别人玩具、揪头发等行为。其实这些行为很多时候是儿童用行为探索与他人交往的方式，父母在日常生活中要有意识地教给孩子一些与人交往的方式和技巧，当孩子出现打人、抢别人玩具的情况时，及时指出正确的做法，帮助孩子学会与人交往。

二　日常养育

1. 助力宝宝顺利适应幼儿园

在宝宝入园前，父母要在生活中有意识地激发孩子对幼儿园的向往和好感，帮助孩子了解幼儿园的生活，如带孩子去幼儿园参观，告诉他只有很棒的宝宝才能进幼儿园，幼儿园里有好玩的玩具和好多小伙伴，可以一起玩游戏等。同时，要注意培养孩子的自理能力和与幼儿园相适应的生活习惯，比如早睡早起、自己穿衣吃饭等，这些是孩子入园后较快适应幼儿园节奏的前提。

首先，宝宝入园后，父母要注意调整好自己的心态，积极正面地引导孩子。父母要相信幼儿园老师，相信孩子的适应能力，给孩子积极的暗示，如引导孩子分享幼儿园里有趣的事情，用轻松的语气和孩子聊天，多表扬孩子的进步，多肯定孩子的坚持，而不要总是问："今天在幼儿园哭了没有？""有没有人欺负你啊？""老师对你好吗？"等，家长不放心宝宝在园的心情可以理解，可以和老师多沟通，但不要和宝宝谈这些问题，容易给孩子造成负面的心理暗示。

其次，父母要坚持准时接送孩子。孩子第一次过集体生活，难免会紧张和不安，父母要给予理解。很多宝宝会要求父母第一个去接他，父母要尽量去做，不能做第一个不要紧，但一定不要迟到，父母对孩子的承诺一定要做到，不要撒谎"哄"孩子。刚刚入园的小朋友在放学时间第一时间看到父母，能帮助他们建立安全感和信任感，也有利于他们对环境和幼儿园产生信任。同时，父母准时地接，准时地送，是培养孩子秩序感和守时等良好品德的机会，有利于孩子较快适应幼儿园的生活。

再次，父母的态度要温柔而坚定，一些父母看到入园焦虑的宝宝哭闹就"心太软"，让孩子先不去幼儿园，在家里玩几天再去，这些父母内心的纠结会导致孩子的入园焦虑加重，父母要明白，入园是每个孩子成长的必经之路，勇敢跨过去孩子前面的路才会更加开阔。所以作为父母要坚定一些，这样才能让孩子内心坚定，让他们勇敢地迈出独立的步伐。

2. 帮助宝宝形成正确的性别观念

父母的性别观念和性别角色期待会对宝宝性别认同的形成和发展产生最初的、最直接的影响。所以，父母从一开始就要给孩子树立科学的性别观念，避免向孩子传达一些性别刻板印象。

所谓性别刻板印象，是指受一定社会文化影响下，人们对男性和女性性格特征、外貌、行为、角色等的固定看法或成见。比如，性别刻板印象认为，女孩就应该温柔娴静，不能做"出格"的事情；男孩子不能哭，要有男子气概，就应该坚强果断；女孩就适合学文科，以后当老师、当护士；男孩就得学理科，搞创作、做工程等。很多父母在教育孩子的过程中，无意识地给孩子做了很多性别刻板印象的强化，这样的结果会造成很多危害：一是容易扼杀孩子的天赋能力，现实生活中有很多案例都证明，没有什么事情一定是男孩子能做，女孩子不能做的。不考虑孩子的个体差异，仅以性别束缚和定义孩子的发展，会扼杀孩子的各种可能性。二是容易引发性别歧视，给孩子带去心理的创伤。孩子发自天性的游戏，有时候会被鄙视和不理解。例如，一个小男孩因为喜欢和小女孩一起玩过家家，被扣上"娘"的帽子，这个事件给他造成的心理伤害很长时间都没有消散。

所以，在家庭中父母一方面要保证宝宝的兴趣、爱好、思维模式不受性别的限制得到充分的发展，如男孩子哭的时候，不要说他"不像男子汉"，而是同样接纳并给以拥抱和安慰；女孩总是蹦蹦跳跳，不要批评她不文静，而是允许她保留活泼、爱运动的天性。另一方面要让宝宝有机会充分地认识两性之间的生理差异，满足他的好奇心，如果宝宝对性别问题有疑惑，不搪塞，不回避，明确地给出答案，也可以通过购买相关绘本帮助宝宝了解两性生殖器的结构，让宝宝知道，生殖器官和其他器官一样，都是人体必不可少的部分，需要好好保护。同时，两种性别构成了多彩的世界，没有好坏之分，两性之间是平等的。这种正确、积极的性别意识，有助于孩子认同自己的性别，建立正确的性别角色意识，为他未来健康的人格发展打下良好的基础。

3. 倾听和理解孩子的"自言自语"

"自言自语"作为儿童外部言语向内部言语过渡的必经阶段，在儿童的发展过程中具有积极的意义。它有利于儿童调节和指导自己的思维和行动，也有利于宝宝进行自我的情绪调节和自我激励。比如，有时候宝宝遇到一些困难时会对自己说："没关系，没关系，不怕，不怕，我有办法！"这些语言是宝宝梳理自己的想法，不断自我调节的表现。也就是说，宝宝的"自言自语"是其重要的思维工具，是他们社会经历积累的体现。

作为父母，首先要理智看待孩子的"自言自语"，不要盲目干预和打断孩子。日常生活中总会听到一些父母告诫边玩边说话的孩子："自己好好玩儿，怎么那么多话，能不能把嘴巴闭上！"实际上，这样容易打乱孩子的想法，扰乱孩子的思维。因为孩子的这些话是其情不自禁的表现，他们在将自己内心的想法和自己所做的活动第一时间用语言表达出来。自言自语的过程帮助他们更好地进行自我梳理和思考。国外的一些研究发现，最富有社会性的孩子"自言自语"最多。一些聪明的孩子在独立解决问题时比其他孩子更早出现自言自语的现象。

其次，父母要有意识地倾听孩子的自言自语。这是了解宝宝，走进宝宝内心的一种手段。宝宝的自言自语中透露着很多信息，父母可以从中了解宝宝当下的语言发展状况、喜好，当下关注的事情甚至情绪状态等，这样父母就可以在一些关键性问题上给宝宝一些指导。比如，找到合适的时机加入游戏中，和宝宝一起玩耍："哦，你觉得这个城堡里的小孩哭了，我也觉得他很难过，你能给我说说他是怎么回事吗？"以这样的方式，引导宝宝思考和表达，既有利于丰富孩子的想象力，也有利于增强他的语言表达能力。另外，孩子的自言自语中偶尔也会透露出孩子的害怕和焦虑，父母通过倾听和了解，可以在生活中有意识地给宝宝提供一些相关知识和信息，缓解宝宝的情绪压力。

再次，父母要多鼓励孩子与外界的交往，多创造机会和小朋友见面，扩大宝宝的人际交往范围，让宝宝有更多人际交往的机会。一般来说，孩子在独处或遇到陌生情境时出现自言自语的情况比较多，这代表孩子感觉到寂寞，需要陪伴和安抚。如果这种情况过于频繁，也可能会导致孩子沉浸在自我的世界里，出现社交障碍，所以父母要给予重视，多陪伴孩子，多让他有机会和小朋友玩耍，多接触真实的世界。

最后，父母要多和孩子交流，这个阶段是宝宝口头语言和词汇发展的敏感期，爸爸妈妈要多陪伴孩子聊天，和宝宝一起读绘本、讲故事，给宝宝提供大量的语言素材。宝宝语言的发展是思维发展的表现，父母可以通过让宝宝复述故事、绘本，描述事件，扮演角色等方式，锻炼宝宝的口语表达能力，这对于提高宝宝的社会交往能力和自信心都有极大的帮助。

4. 发挥"假想伙伴"的积极作用

当发现自己的孩子有"假想伙伴"时，爸爸妈妈不要惊慌，要顺应孩子的需求，学会接纳，做到不否定和打击孩子。有些爸爸妈妈会恨铁不成钢地想把真相告诉孩子："瞎说，这儿哪有什么人啊？""宝宝你看错了，这是只玩具熊，它是不会说话的。"或是"宝宝不要说谎，这里只有你自己，没有别的小朋友。"相关研究表明，这种盲目的打压和不接纳，并不能够限制孩子和"假想伙伴"的交往，反而使孩子更加焦虑、恐慌甚至内疚，或以更私密的方式和其互动，不利于儿童的心理健康。最好的方式是认识到"假想伙伴"是儿童的一种暂时性、过渡性的心理现象，一般在童年早期出现。在童年晚期，随着孩子认知经验和脑发育到一定水平时，就会自动消失。千万不要给孩子贴上"有病""被吓着了"的标签，让孩子对"假想伙伴"的存在感到羞耻，甚至恐惧。而是要与孩子的"假想伙伴"和平相处，不禁止、不责备，适当引导，帮助孩子顺利过渡。

当孩子和假想伙伴玩耍互动时，爸爸妈妈不要过多干预，但可以以旁观者的身份多观察，了解孩子和"假想伙伴"的互动方式和状态，以便走进孩子的内心世界，了解他的真正需求。同时，就孩子身上一些需要调整的行为习惯，可以尝试以假想伙伴为媒介进入孩子的世界，引导和带动孩子改变。比如，当孩子不肯好好吃饭的时候，妈妈可以尝试说："我记得你说佩奇最喜欢吃这些菜了，你能不能和她一样好好吃饭，吃得饱饱的，然后一起玩儿。"当然，父母要注意适度，如果过多地强调这位"伙伴"，容易让孩子觉得是父母在控制他的朋友。如果爸爸妈妈发现这位"假想伙伴"多次成为孩子不良行为的借口，如打碎了杯子说是"假想伙伴"干的，在幼儿园里打了人或拿了别人的东西，说是"假想伙伴"干的，那爸爸妈妈就要注意多陪伴孩子，多了解孩子的需求，帮助孩子释放内在的攻击性。如果父母觉得孩子的假想程度变得不能平衡真实生活时，可以到心理咨询师那里获得专业的指导和帮助，而不可以掉以轻心。

总之，"假想伙伴"在一定程度上是儿童心理的一种自我保护机制，在儿童无聊、感到不安全的情境下，可以随叫随到，给予安慰和陪伴，在一定范围内给予宝宝安全和温暖，但它毕竟是假想的存在，如果孩子长久沉溺在假想中，势必影响到其和真实世界的联结，阻碍孩子社会性的发展。所以，针对孩子"假想伙伴"的出现，父母要多抽出一些时间陪伴孩子、关注孩子，让孩子感受到爱和支持，引导孩子与周围的孩子进行交往、玩耍，结交朋友，并鼓励他大胆说出自己的真实感受，多倾听和陪伴孩子，这样才能帮助孩子尽早告别那个舒适但虚幻的"假想伙伴"。

5. 冷静面对孩子的"诅咒"和"脏话"

首先，面对孩子的"脏话"和"诅咒"，父母要保持冷静，摆正心态，尽量用平和的态度去面对，知道这是孩子成长过程中的必然阶段，孩子并没有恶意，只是一种表达情绪、发泄不满的手段。对于孩子偶尔的脏话可以采用忽略的方式，不闻不问，故意装作听不见，或者岔开话题，转移孩子的注意力。当孩子被无视之后，就会觉得这些话一点都不好玩，慢慢就不会说了。而父母过于激烈的反应，反而会让孩子对这件事变得更加有兴趣，会更频繁地说，慢慢地会形成习惯，对孩子的成长不利。

其次，当孩子反复说"狠话"来伤害别人、宣泄不满时，家长也不能一味听之任之，可以采用共情的方式，等孩子发泄完，把自己的感受告诉孩子，让他知道这样是不对的。比如，父母可以告诉孩子："你刚刚那样说，是因为你很生气对吗？听到你说那样的话，我也感到很伤心，我知道你是个善良的孩子，下次你可以把你的生气说出来。"日常生活中，成人可以有意识地给孩子输入一些表达情绪的词语，让孩子能够用恰当的语言把自己的情绪说出来。比如，"他不和你分享玩具你有些伤心""你找不到妈妈你很着急"等。当孩子说诅咒的话时，成人可以提醒他："遇到这样的情况，你可以这样说……，这样别人就能明白你的意思了！"

再次，要注意净化孩子的语言环境，杜绝孩子的模仿来源。一是父母要做好榜样，不说脏话，也不要通过语言暴力去伤害孩子。如果看到电视上或孩子身边有讲脏话的小伙伴，一定要告诉孩子这样是不礼貌的。

最后，如果孩子已经学会了说脏话，甚至把说脏话当成好玩的事来玩儿，爸爸妈妈可以考虑通过游戏的方式设置限制，帮助孩子渡过这样的特殊时期。比如，约定一个"自由时间"，和孩子一起在这个特定时间和空间里大胆地谈论这些话，帮助孩子宣泄情绪，消除对这些词语的好奇心。同时，约定这些话在其他时间和场合里是不可以说的，因为别人并不喜欢。

6. 有意识地关注和支持孩子的交往行为

当宝宝表示要和小朋友玩的时候，父母要积极支持并注意观察宝宝和其他小朋友的互动，及时发现问题或给予宝宝必要的指导。比如，当看到宝宝在和别的小朋友一起玩的时候，常常抢夺别人的东西或者动不动就把对方碰倒，妈妈就要在恰当的时候指出宝宝的问题。如果小朋友因此哭了，妈妈就要及时出现，告诉宝宝如果想要玩别人的玩具，可以和对方商量："我可以玩一下你手里的玩具吗？也许对方就会同意的，如果抢别人的东西，别人会难过，以后就不愿意和你玩了。""如果喜欢对方不能马上去抱，对方会不舒服，可以轻轻地摸一摸对方的手和胳膊，告诉对方我喜欢你，想和你一起玩。"同时，日常生活中可以借助一些绘本、故事，把这些和同伴在一起玩耍时可以说的话和技巧告诉孩子，也可以在游戏的时候和孩子练习这些话。如果父母发现自己家的宝宝在和同伴玩耍过程中总是被欺负或排挤，妈妈也要多关注宝宝的状态，如果宝宝表现得很伤心难过，妈妈就要及时引导宝宝表达自己的情绪和想法，告诉他，如果别人抢他的玩具，他可以大声说："不可以，那是我的玩具。"因为只有说出来，别人才会知道自己的想法，才可能停止不好的行为。同时，在日常生活中，注意提高宝宝的表达能力和胆量，并有意识地和宝宝玩一些角色游戏，提高宝宝的应对能力。家长须注意不要给孩子贴标签，对于3~4岁的孩子来说，这时候出现的问题都是暂时的，只要家长有意识地观察和引导他，孩子的这些问题就会慢慢变得不再是问题。

游戏1：缩头乌龟

发展目标：

（1）缓解紧张和焦虑。

（2）感受动作的快乐。

游戏准备：一张毯子。

游戏玩法：

（1）大人和宝宝扮演乌龟，想象自己正在晒太阳，轻松地趴在地上，每个人都用毯子盖住自己的后背做龟壳。

（2）突然，危险来了，"乌龟"要把头缩进壳里（拉起毯子，肩膀拱起，盖住耳朵，头缩进毯子里），紧紧地抱着自己。

（3）危险过去了，"乌龟"从壳（毯子）里把头伸出来，体验危险过后放松的感觉。

（4）重复感觉危险带来的紧张和放松。

游戏建议：

（1）大人可以循序渐进地掌握节奏，尽量慢下来。

（2）放松时，可以采用长呼气等方式。

游戏价值：通过角色扮演，让孩子在紧张和放松的交替中活动肩膀和脖子，同时感受呼气后的放松，释放焦虑和紧张。

游戏2：宝宝当老师

发展目标：

（1）学习模仿老师。

（2）释放入园的焦虑。

游戏准备：小椅子、小黑板。

游戏玩法：

（1）大人扮演孩子上幼儿园，孩子扮演老师。

（2）大人向"老师"问好，请求老师帮忙，带领自己玩游戏。

（3）大人可以根据经验，向"老师"提问、申请上厕所、告状等，查看"老师"的反应。

（4）大人最后要向"老师"表达感谢，说再见。

游戏建议：

（1）大人要认真对待，模拟孩子的一些表现。

（2）细心观察孩子的语言和动作。

游戏价值：通过角色扮演，一方面可以了解孩子在园的状况，一方面为孩子示范一些表达需求的语言和做法。同时，通过游戏满足孩子模仿的需要，缓解孩子的入园焦虑。

游戏3：大胆表达想念

发展目标：

（1）大胆表达情感。

（2）感受拥抱的快乐。

游戏玩法：

（1）在宽敞点的地方，大人和孩子分别隔着六七米的距离面对面站好。

（2）大人伸开双臂，并喊出宝宝的名字，同时宝宝和大人一起奔向对方。

（3）大人和宝宝跑到对方跟前，大人蹲下用双臂抱起宝宝，转圈圈并对宝宝说"我爱你"。

（4）大人和孩子紧紧拥抱。

游戏建议：

（1）大人注意掌握速度，避免和孩子相撞，保证孩子的安全。

（2）观察宝宝是否会说"我爱你"等表达情感的词汇。

游戏价值：这个游戏可以在孩子离园的路上玩儿，也可以在任何和宝宝见面的时候进行。奔跑、撞到一起、被转圈、被拥抱，这些亲子之间的肢体接触，能够刺激宝宝的神经系统，满足宝宝的触觉需要，同时也能激发宝宝对家人的爱，双方情感的表达水到渠成，有利于宝宝大胆地说出"我爱你""我喜欢你""我想你"等语言。

四 问题与对策

问题1：孩子3岁3个月了，喜欢玩游戏，喜欢和大人比赛做一些事情，但是他总是想赢、想当第一，如果输了就会不开心，请问这种表现正常吗？大人应该让着他吗？

解答：宝宝的表现是正常的，因为这个阶段的宝宝还处在"自恋"中，认为自己是世界的中心，相信自己是"最棒的"，渴望得到父母认可和肯定的信息。所以，如果宝宝在比赛中输了，他当然会不开心，父母要做的是接受他的情绪，允许他不开心，共情他就可以了，可以和宝宝说："你输了，心里很难过吧，妈妈抱一抱就好了！"

大部分父母总想要教育孩子正确处理输赢，要输得起，输了也要表现得落落大方，接受"这件事情上自己不如别人"，这是一种过于理想的状态，大人有时候都做不到，何况3岁的孩子。孩子年龄这么小，他还没有做好这样的准备，也没有这样的认识。还有的父母会说："不就是玩个游戏，哭成这样，至于吗？"这句话说明父母不能共情到孩子。3岁多的宝宝认为游戏和现实没有区别，发生的所有体验都是真实的。父母要做的是尽量自然地让孩子有输有赢，既不能以锻炼孩子的心态为目的总让他输，也不能因为他不开心就总让他赢，可以根据孩子的状态灵活处理。对于3岁多的宝宝，日常生活中父母还是要多肯定多认可，满足他的"自恋"。

一般来说，每个孩子的个性不同，对待输赢的态度也会不同。有的宝宝没有那么在乎输赢，有的宝宝的胜负欲要强一些。父母要多观察宝宝的特点，有意识地根据他的状况来引导他，如果宝宝过分地在乎输赢，父母就要考虑是否他在日常生活中被认可、被肯定得过少，是否日常生活环境中有太多竞争因素。父母在日常生活中还是要通过多个方面肯定和认可孩子，在孩子成长过程中去帮助他分辨哪些输赢是不必在意的，哪些是需要在意的、需要继续努力的。

问题2：孩子刚开始上幼儿园，听别的家长说，他们的孩子回到家都会提起幼儿园的老师和小朋友，我女儿回到家却避而不谈幼儿园的事，我担心她不适应幼儿园的生活，女儿这种状况正常吗？

解答：孩子不愿意谈幼儿园的事情是正常的，也许她觉得没有什么有趣或值得说的事情。每个孩子的个性不同，兴趣也不同，有的孩子在幼儿园玩得很开心，见到很多让他觉得好玩的事情，他想要回到家和爸爸妈妈分享；有的孩子则觉得幼儿园很普通，还不如自己和爸爸妈妈在家里开心，也就没有什么需要和爸爸妈妈分享的；还有的孩子在幼儿园很想家，回到家就更不愿意谈起幼儿园了。但是，这些并不代表孩子不适应幼儿园。只要孩子没有明显地表达自己不愿意去幼儿园，在园里也能正常地跟着同伴游戏、玩耍，回到家情绪也很稳定，没有异常，妈妈就不必在意孩子提不提幼儿园里发生的事情。

妈妈如果实在不放心，可以多和老师沟通，了解一下孩子在园的表现，晚上接孩子回家的路上可以轻松地问问:"你今天在幼儿园里开心吗?""有没有好玩的事情想和妈妈分享?"至于孩子说不说都看孩子自己,妈妈不必勉强,因为如果妈妈问得过多,反而会让孩子感觉到妈妈的紧张,不利于她更好地适应幼儿园。

问题3:儿子3岁4个月,上幼儿园两三个月了。最近生了场病,两个星期没去,现在送他去幼儿园送不了了。虽说之前的适应状态也不算好,但还能送,现在天天嚷嚷着不去幼儿园,一出门就紧张,到幼儿园门口后会搂着我的脖子,拽着我的衣服大喊,哭得撕心裂肺,最后被老师硬抱进去,放学回来情绪也不好,晚上动不动就找借口大哭。我现在很矛盾,想暂时不让他去幼儿园了,让他在我身边再待一段时间,可以吗?

解答:如果家里条件允许,让孩子在父母身边待一段时间是没有问题的。一般来说,孩子生病之后身体和心理上的消耗很大,他们需要父母更多的呵护,都会出现特别黏人的情况,需要一段时间的恢复。孩子持续地在入园前、入园后都表现出情绪焦虑,说明孩子还没有做好上幼儿园的准备。

孩子通常在3周岁进入幼儿园,但孩子和孩子之间还是有些差异的,有的孩子3岁前个体化完成得比较好,入园就比较容易,有的孩子可能还没有和妈妈做好分离准备,没有能力独立面对一切,这个时候入园对他来说就是负担。男孩和女孩相比,男孩在社会性发展方面要比女孩晚一些。当孩子完成了和母亲的分离,具备了一定的独立和社交能力,有足够的心理能量能够掌控自己的世界的时候,他就会比较愿意去外界探索了。

所以,妈妈可以暂时把宝宝留在身边,去增加他的安全感,同时提高他的独立能力,细心地呵护他,让他感受到父母的爱和支持,当他的心理能量足够的时候,他自然而然就不愿意待在家里了,他会渴望去认识更多的朋友、更多的伙伴。

问题4:孩子3岁了,马上要上幼儿园了,我发现她平时总喜欢一个人玩儿。有时候在小区里看到别的小朋友玩成一团,她都是一个人独自待着。她是不是不合群呢?我想让孩子合群些,有什么方法吗?

解答:妈妈有些着急了,孩子刚刚3岁,她是不是不合群,还不能急于做出判断。这个年龄阶段的小朋友刚开始学习和同伴交往,平时在游戏的时候还是习惯于独自游戏,因为他们的社交能力有限,无论是语言上还是思维上,还不能自如地和他人产生联结。

妈妈如果想要推动孩子与同伴的互动,可以从自身主动示范开始,比如生活中找几个孩子差不多大的同事、朋友一起外出游玩,给孩子提供交往的机会。平时多带孩子和小区里的小伙伴玩耍,妈妈可以准备个泡泡枪,通过吹泡泡吸引小朋友们加入,让宝宝有机会和其他小伙伴一起追泡泡,体验一起玩耍的乐趣。也可以带着球,吸引其他小朋友,让自己的宝宝可以和其他小朋友合作扔球。总之,妈妈要创造一些让宝宝和其他孩子玩耍的机会。孩子合不合群和自身性格有关,更和后天的教养环境有关,妈妈也可以关注下家庭的教养环境,是否给孩子提供了足够多与外界互动的机会。

一般来说,只要是心智正常的孩子,在正常的教养环境中都会自然而然产生与人交往的需要。只不过因性格差异,有的孩子很容易和外界打成一片,有的孩子要慢一些、谨慎一些,但是只要交往的时间足够长,孩子觉得安全了,就会慢慢地融入进去。

问题5:儿子进入幼儿园有几个月了,刚上幼儿园的时候很高兴,表现也很好,可最近老师反映他在幼儿园里很少说话,也不爱跟小朋友一起玩儿,午睡还总尿裤子。宝宝这是怎么了?我应该怎样帮助他?

解答:根据妈妈提供的情况,如果要帮助到宝宝,建议妈妈还是要多了解下宝宝到底遭遇了什么样的事情。宝宝刚入幼儿园的时候很高兴,表现也很好,是什么原因让他的状况发生了这么大的变化呢?这中间一定发生了什么,所以妈妈需要多和幼儿园老师沟通一下,了解宝宝发生变化的事件和时间节点。同时,妈妈也要多关心宝宝,日常放学回家、散步或逛公园比较放松的时候,可以和宝宝聊一聊,比如问问宝宝"最近在幼儿园怎么样""跟小朋友之间有什么事情发生吗?""中午尿床是不是感觉很不好?"妈妈在和宝宝聊的时候,一定不要表现得很紧张,也不要勉强孩子,因为如果妈妈紧张地逼问,宝宝就会不愿意说。妈妈要像闲聊一样,如果孩子还是不肯说,妈妈可以试着说说自己小时候的糗事,比如:"你知道吗?妈妈小时候在幼儿园的时候也尿裤子……"听到这样的话,孩子就比较容易说出自己的心事。妈妈只有真正弄明白孩子身上发生的事情,才能找到解决问题的方法。

关于孩子午睡尿裤子这个事情,妈妈也要注意,这种现象是原来有的还是最近才有的。孩子在这个阶段尿裤子也很常见，但是如果孩子以前从不这样，忽然开始尿裤子，那这件事的发生本身就是一个信号。另外，孩子对尿裤子这件事情是否在意？孩子尿裤子之后是否被老师教导或是被别的小朋友嘲笑过？如果孩子脸皮薄，这些事情也许会导致孩子不爱和人说话。妈妈要和老师沟通，减轻孩子对尿裤子这件事的心理负担，如果可以，让老师对宝宝尿裤子这件事作为隐私处理。

问题6：3岁多的女儿常常会突然生起气来，并说："我生气了！"但我问她为什么生气，她又说不出来，我应该怎样帮助她找出情绪的源头，并让她学会处理情绪呢？

解答：3~4岁的宝宝因为语言能力的发展，开始能够用语言表达自己的情绪了。宝宝能够说："我生气了！"，但却说不出为什么，可能存在两种可能性：一种是她能够觉察到自己的情绪，也能给自己的情绪命名，并且知道自己的情绪状态是生气，但是让她生气的原因是她的年龄和经验不足以表达的。比如，家庭中存在的不和谐问题，让她情绪焦虑，她感知到却无法言说。另一种是孩子对于情绪的理解和调节能力还非常有限。比如，当她的愿望和需求没有得到满足的时候就常常习惯用"我生气了""我不高兴"等语言来表达自己的不满，或期望得到关注，但对于到底什么是生气并不理解，所以也就无法解释。

妈妈如果想要帮助宝宝理解情绪，首先要了解宝宝的情绪状况，经常和宝宝谈论情绪，使自己成为宝宝谈论情绪的榜样。比如："宝宝今天上幼儿园回来很开心，妈妈看了也很高兴""宝宝哭了，心里一定很难过，妈妈有些心疼"。其次，有意识地在生活中结合情境教给孩子一些谈论情绪的词汇。比如："刚才你想帮爸爸的忙，爸爸却不让你帮，所以现在你心里很不舒服，有点难过""你拿了妹妹的东西，爸爸说你，你有些不好意思，很内疚"。这些谈论都是有意识地把情绪和产生情绪的情境结合起来，有利于孩子慢慢理解这些词汇的意思，并懂得情绪的产生。

关于处理情绪，在孩子情绪发生时，妈妈需要保持平和，可以说："妈妈知道你生气了！来，妈妈抱抱""你很难过，可以哭一会儿，妈妈会陪在你身边"。另外，如果孩子需要发泄情绪，可以打打滚、打打沙包或枕头，底线是不可以打人，也不可以摔容易坏的东西，更不能伤害自己。

第二节 4~5岁

4岁以后的宝宝真正成为一个社会性的个体了，他们更加活泼、健谈、独立和自信，富有创造性，喜欢寻根问底地问为什么，并开始建构自己的概念和逻辑解释，他们很擅长"找借口"，喜欢乱用词语；可以对自己的行为进行判断和评价，且能在大人的帮助下调整自己；能够关心同伴，开始有共情的能力，人际关系也会因此发生改变，但他们依然很容易产生不理性的害怕和恐惧。

一、特点概述

1. 说谎问题

有研究表明，2岁多的孩子有30%的说谎概率；3岁的孩子有50%的说谎概率；4岁以后，基本所有孩子都会说谎。可见，说谎是孩子成长过程中很正常的一部分。但是很多父母不能容忍孩子"说谎"，盲目地把它上升到"道德品质"问题，动辄责罚打骂，反而给孩子的自尊心造成极大的伤害，影响孩子的自我发展。实际上对于5岁以下的孩子来说，"说谎"和道德品质无关，反而和其身心发展特点关系密切，父母没必要上纲上线，只需要多多观察，耐心引导。

一般来说，孩子的"说谎"可以分为有意和无意两种，其中无意说谎与儿童的想象、联想和记忆发展有关。2岁以后儿童的想象力开始发展，4~5岁无意想象达到高峰，同时由于认知水平和记忆容量有限，对时间、空间、人物关系等概念比较模糊，容易把想象和真实混淆。比如，儿童非常想要得到老师的表扬，并且做了老师表扬他的梦，他就会对父母说自己在幼儿园得到老师的表扬了，并且能详细描述老师是如何表扬他的，仿佛真的一般。这种"说谎"，其实儿童是无意识的，在他们看来自己并没有说谎，但成人看到的却是他在"空口说瞎话"。

儿童有意说谎的原因有很多种，最主要的一种是因为害怕，出于自我保护而说谎。比如：孩子闯了祸，弄坏了家里的物品，害怕被父母责罚，会撒谎或把责任推到别人身上。还有的是为了特别想要得到某件东西或避免做某件事，比如为了马上吃到好吃的食物说自己洗手了，实际上没有洗；为了不吃自己讨厌的食物，说自己"吃饱了"等。

2. 对出生的追问

儿童对出生的好奇，是从提出问题："妈妈，我是从哪里来的"开始的。2~3岁的时候，有宝宝问这个问题，妈妈只需要回答："你是从妈妈肚子里生出来的"，宝宝就不会再问了。但是4岁多的宝宝更加好问，开始构建自己的逻辑世界，喜欢打破砂锅问到底，这个时候，妈妈就要做好被追问的准备了。

例如，牛牛妈妈就经历了这样的考验。4岁多的牛牛问妈妈："妈妈，我是你肚子里生出来的吗？"妈妈说："是呀！"牛牛开始提问："妈妈，我这么大，你的肚子这么小，你是怎么把我生出来的呀？""你刚出生的时候很小，不像现在这么大。""哦，明白了"。妈妈以为牛牛的问题结束了，松了口气。可是过了一段时间，牛牛又问妈妈："妈妈，我是怎么从你的肚子里出来的，是从你的肚脐眼里出来的吗？"妈妈很想将错就错，可又怕给宝宝造成错误认识，索性坦白说："哦，不是从肚脐眼里出来的，有一个你看不见的特殊通道，小宝宝是通过那个通道生出来的。"牛牛听了很好奇，继续问："哦，可是那个通道在哪里啊？"妈妈这下真不知道该怎么回答了，只得硬着头皮说："哦，你看不见，就在女孩尿尿的地方附近，有个叫作阴道的地方，妈妈改天给你买本人体知识的绘本给你看吧。"最后，牛牛妈妈决定给宝宝买本绘本来解决自己被追问的窘境。

通过牛牛妈妈的这段经历，爸爸妈妈肯定会发现，要回答好宝宝关于出生的问题并不是那么简单，尤其是要满足宝宝的好奇心，同时又能提供相对科学又能让宝宝听得懂的答案，这其实就是一个科学性教育的过程了。宝宝对自己出生的探知也是儿童自我意识形成中的一个重要组成部分。儿童良好的自我意识、积极的自我形象主要通过两个途径来发展：一个是生理自我，能够积极正确地认识自己的身体，找到自己立足于这个世界的"根"；另一个是心理自我，这既有赖于生理自我打下的基础，也有赖于周围人的积极反馈和提供适宜的教育环境。所以，在儿童自我意识形成的过程中，要得到自我身份的认同——我是爸爸妈妈生的宝宝，他们都爱我。这对于他们了解自己、认识到自己在家庭中的地位、了解自己的未来发展起到了关键性作用，也直接影响到他们的自我评价，对待性和生命的态度，影响着他们成年后对待择偶、爱情、婚姻、生育等问题的态度。

3. 婚姻敏感期

4~5岁的儿童，随着对性别角色有了初步认识，慢慢开始对异性产生一种朦胧的好感，尤其是随着对人际关系的认知，他们关注到一种组合形式——婚姻，人们是以婚姻为单位而生活在一起的。当孩子们发现"结婚"的两个人可以名正言顺地生活在一起，组成一段美好的关系时，他们就会想要了解"婚姻"，并期待"结婚"。当孩子想要对异性的父母表达爱时，就会喊出："我要和你结婚，我要永远和你在一起。"当孩子喜欢某个异性小伙伴的时候，会喜欢和对方玩儿，给对方送礼物，期盼着和对方结婚。儿童教育家孙瑞雪把儿童这个阶段的表现解读为"婚姻敏感期"。从精神分析的视角来看，都属于俄狄浦斯情结的体现和延伸。

这个阶段是培养儿童早期家庭模式和情感认知的重要时期。父母应该趁机向孩子传达正确的家庭和婚姻观念，让他们明白结婚是以爱为前提的。男孩和女孩彼此相爱，组成家庭，才孕育了可爱的宝宝。孩子是父母爱的延续和结晶。每个孩子都是基于父母的相爱才来到这个世界上的，以此让孩子懂得家庭的意蕴和本质，为其奠定未来家庭生活最初的参照模型。

4. 害怕和恐惧

这个阶段的宝宝在日常生活中依然会体会到一系列的害怕和恐惧，只不过和3岁前相比，伴随着其体力、认知和生活经验的发展，让他感到恐惧和害怕的事物变得越来越丰富和个性化，比如4岁以后孩子依然会对怪物、黑暗、噩梦、分离感到恐惧，但同时也多了对生病、死亡、独处等的恐惧，这与儿童的日常生活经验和外在环境信息有很大关系。

例如，对于死亡的恐惧，4岁以后的孩子开始对死亡有了一些认知，但比较模糊，他还不能真正理解死亡，但会对死亡感到难过，会询问有关死亡的问题。这往往与其身边有亲人、朋友或宠物的失去或是观看了与死亡有关的故事、绘本有关，父母要在孩子遭遇这些事件时关注孩子的情绪，及时用他能够听得懂的语言积极地解释死亡，让孩子了解死亡是一种自然的现象，并在情感上给予支持，允许他悲伤、难过，积极给予安抚和拥抱。

5. 同理心

4～5岁这个年龄段是同理心发展的重要转折期。这个阶段的宝宝能够理解不同的人有不同的立场和想法，能够将自己置身于他人的处境和立场，设身处地地感知他人，接受他人的情感，并倾向于将自己被唤起的情感转化为对他人的关心。例如，4岁的儿童看到同伴摔倒了，他会想到，如果自己是同伴，摔倒了会很疼、很难过，即自己站到同伴的处境里感受和体验到对方的感受和想法，会因为对方的悲伤而悲伤，并愿意主动地帮助和安慰同伴。

同理心，也称具备共情的能力，是一种理解与感受他人想法与情感的能力，是人与人情感链接的纽带，是亲社会行为的根基，也是高情商发展的必备能力。当一个孩子具备了同理心，就可以明白同伴的想法与心情，知道说什么、做什么，和同伴怎样相处会更加融洽、轻松。有研究表明，4～7岁是儿童发展同理心的关键时期。

6. 自控力的逐渐形成

4岁是儿童自控力获得质的飞跃的关键年龄，这个阶段儿童大脑皮质的抑制机能逐渐完善，能够有意识地控制自己的行为，4岁前儿童处于"被动控制"阶段，能够听父母的话，但冲动性强；4岁后开始由他控向自控转化，这也是培养儿童自控力的关键时期。在很多4～5岁的儿童身上也能看到他们自控力的表现，比如他们会控制自身想要得到某物的欲望，会遵守和父母的约定（去超市一次只买一个）。他们还会有意识地调控自己的情绪，在幼儿园里受了委屈不哭不闹，坚持回到家后把委屈告诉父母。他们还会适当地运用一些策略，在遇到困难的时候给自己加油打气，让自己坚持。很多研究表明，4～5岁的儿童的自控水平与其成年后的自我控制能力息息相关。例如，糖果实验证明：幼儿时期的自控能力水平较高的孩子在以后的学业成绩、社会交往、家庭和谐等方面表现出优势。所以，父母要有意识地支持和引导孩子的自控行为，侧重从发展孩子的自律、自觉、内化规则、增强意志力等方面培养孩子。

糖果实验

斯坦福大学心理学家沃尔特·米歇尔博士在1966年到1970年间做了一项实验，受试者是斯坦福大学附属幼儿园的小朋友，他们每个人面前都会有一块棉花糖，他们可以选择马上吃掉。但是，如果可以再等待15分钟的小朋友，他们就可以得到两块糖。有的孩子忍不住，在15分钟内吃掉了棉花糖；有些孩子则用唱歌、蒙眼睛等方法转移自己的注意力，抵抗住了诱惑，成功得到了两块棉花糖。后来沃尔特·米歇尔博士做了跟踪调查，发现那些能等待拿到第二块糖的孩子，学业方面的成绩明显超过在等待时间吃掉棉花糖的孩子：他们的SAT成绩（美国大学入学考试）平均高出210分。其他方面也显示出优势：社交能力更强、事业成功、家庭和谐、体质指数更胜一筹。

二、日常养育

1. 正确对待孩子的"说谎"行为

面对这个年龄段孩子的"说谎"，父母要了解其心理状态，观察其说谎的原因，不可盲目打压。如果孩子是无意说谎，父母需要耐心地倾听孩子的故事，了解其内在的需求和想法。比如，孩子因为太想得到老师的表扬而混淆了事实和想象，妈妈没必要当面戳穿孩子的"谎言"，而是要和老师沟通，依据孩子的表现，找到孩子身上的闪光点，给予他真实的认可和肯定。让他真实地感受到来自老师和家长的关注，满足他的自尊心和自恋需求。在日常生活中，不断提供正向的引导，随着年龄和认知的发展，孩子就能够慢慢地区分想象和真实了。

如果孩子是有意说谎，比如，他打翻了家里的物品却说不是自己弄的，把责任推到其他人身上，父母要保持冷静，不要因此责骂孩子，而是要告诉孩子，弄坏东西不要紧，只要承认错误就行了，但是说谎是不好的表现，是会受到惩罚的。同时，父母在家里要有意识地引导孩子：要诚实，学会对自己的行为负责。父母可以通过讲故事的方式，让孩子知道说谎的危害。父母也要以身作则，不欺骗孩子，不说谎，承诺了孩子的事情尽量办到。同时，父母要注意满足孩子合理的愿望，在力所能及的范围内适时地给孩子添置玩具、图书、文具等，让孩子知道自己需要的东西，只要是合理的，都会得到满足，这样可以避免孩子因为需要得不到满足而把别人的东西拿回家的情况。

另外，父母不要轻易将孩子说谎的行为与孩子的品质画等号，不能因为孩子一次的谎言就给孩子贴标签，不相信孩子。要认真倾听孩子的语言，对于认错的孩子，要选择信任，不能再惩罚孩子。有些孩子之所以不敢说真话选择撒谎，是因为说真话会受到惩罚。所以，面对孩子的真话，家长要无条件信任，理解他们的感受，避免他们受到更多伤害。如果父母错怪了孩子，应该向孩子认错，让孩子建立正确的是非观念，孩子有意说谎的行为就会逐渐减少甚至消失。

2. 科学进行性教育

回答孩子关于出生的问题，父母一定不要欺骗和敷衍孩子，比如在谈"性"色变的年代，涌现出很多敷衍又让人啼笑皆非的答案："垃圾堆里捡来的""医院里抱来的""送子观音送来的""充话费送的"，这些答案曾让无数敏感又想象力丰富的孩子内心受到煎熬和伤害，因为爸爸妈妈不靠谱的答案，4～5岁的孩子却极容易信以为真，进而对自己的出生感到自卑，认为自己是被抛弃的，父母和自己的关系是不可靠的，严重影响孩子的安全感和信任感。另外，父母也不要回避或表现得尴尬，因为这样反而容易引起孩子的好奇心，并认为性是羞耻的，不可谈的，以后不会再和父母交谈这个话题，却通过其他不正当途径获取。

父母应该从人体科学的角度出发，让孩子意识到性器官和自己的头发、眼睛、手等其他器官一样，是每个人都有的，是人体重要的组成部分。所以，对于阴道、阴茎、精子、卵子、子宫等名词，只要孩子问到了，就可以大大方方地介绍给孩子。父母对于这一问题的认真对待，有利于孩子确认自己和父母的血缘关系，了解自己的由来，巩固其安全感和信任感。

关于科学进行性教育，父母要学会用孩子理解的语言简单、直接地回答孩子的问题，做到有问必答，帮助孩子解决困惑。最为关键的是要让孩子知道，他是爸爸妈妈相爱的结晶，与爸爸妈妈有着血缘的联结，这种关系会让宝宝产生强烈的安全感。当然，也要注意不要过度教育，即孩子没有问的问题不要过早地告知,因为孩子认知和理解能力有限,过早地告知一些他没有思考过的问题反而会适得其反。总之,性教育是一个需要循序渐进、持续性的过程。父母也可以借助于一些出生主题的绘本来帮助孩子理解人体的知识,如《小威向前冲》《宝宝的诞生》等,都是从儿童视角解读出生的一些经典之作。

当然,在孩子了解了一些性别器官后,家长也要引导孩子自我保护,比如告诉孩子哪些部位属于私密部位,需要内衣保护,男孩子、女孩子要穿内裤,自己屁股的前后位置不允许外人触摸,也不要去摸其他人的屁股。如果有人故意触摸自己的私密位置,要第一时间拒绝,并且要告诉父母等。

3. 发挥父母的性别榜样作用

和谐的夫妻关系是家庭良好情绪氛围的基础,也是孩子安全感的重要来源。爸爸妈妈良好的婚姻关系、和谐的相处之道,都会成为孩子模仿的对象,这为他们将来建立自己的家庭提供了参照的典范。

作为父母,要正确对待孩子"恋父""恋母""结婚"的表现,不要大惊小怪,让孩子因为有这些想法而感到不安;也不要因此过分炫耀、夸大和孩子的亲密关系,向孩子表示妈妈爱儿子胜过爱爸爸,爸爸爱女儿胜过爱妻子。因为对于处在婚姻敏感期的儿童来说,最好的示范就是爸爸爱妈妈,妈妈爱爸爸,他们两个都爱我。

无论对于男孩还是女孩来说,3岁前,孩子虽然也爱爸爸,但是从根本上来说,孩子心中最重要的是妈妈和"我"的关系,3～5岁左右,孩子心中的关系模式扩展到三者关系,爸爸的作用日益突出。如果男孩表现出想要和母亲结婚,对父亲表现出敌意,父亲一定要保持宽容,并积极地承担家庭责任,参与到抚育男孩的家庭事务中,和男孩一起玩耍、游戏、运动,体贴自己的妻子,让男孩感受到来自父亲榜样的力量,为他日后成长为一个有担当和力量的男性角色奠定基础。如果女孩完成了和母亲的分离,将爱投注到父亲身上,表现出对父亲的偏爱,母亲要保持足够的宽容和耐心,对女孩的表现给予理解,父亲则要在宠爱女儿的同时,关爱自己的妻子,让女孩从父亲身上感受到担当和山一样厚重的爱,从母亲身上感受到女性的魅力和海一样的包容,这样有利于女孩的性别认同。

4. 认可并谈论孩子的恐惧

当孩子明确表示他的恐惧和害怕时，父母首先要做的就是"共情"孩子的感受，并要明确表示自己愿意和他站在一起，帮助他面对恐惧。父母只有"共情"到孩子，孩子才愿意把自己的心里话说出来，父母才有可能找到让孩子恐惧的事物是什么，进而找到应对恐惧的方法。比如，有的孩子害怕黑暗，父母要做的就是认同和理解，并和孩子一起讨论要怎样驱赶黑暗。例如，在孩子的房间里安装一个小夜灯，或睡觉前先打开台灯，等孩子睡着后爸爸妈妈再帮他关上。对于这个年龄段的宝宝来说，黑暗意味着无限的未知，可能潜藏着无名的怪物，但随着他们年龄的增长，他们就会慢慢明白，黑暗是没有什么可怕的，但是在这个年龄段，他们需要的不是讲道理，而是来自父母给予的力量和安全感，来自对黑暗现象的驱赶。父母也可以通过一些和孩子的互动的幻想游戏、角色扮演等，来和孩子谈论黑暗、谈论怪兽、谈论孩子恐惧的死亡。很多研究表明，幻想游戏能够帮助孩子疏解压抑的情绪，减轻恐惧，消除压力。所以，父母有时候可以用"魔法"的形式，帮助孩子战胜"怪物"，比如可以设定一个孩子认可的"英雄"角色，能够施展魔法，帮助孩子打败怪兽，让这个英雄角色附着在一个玩偶上，让"他"陪伴孩子，战胜困难。

5. 培养孩子"共情"的能力

孩子同理心的发展与其共情能力有关，共情是人与人情感链接的纽带。培养孩子的"共情"能力，有利于孩子降低自我中心的倾向，学习站在他人立场思考问题，感受他人的喜怒哀乐，学会体谅和关心他人，有利于其良好人际关系的构建。

首先，父母要培养孩子的共情能力，要学会"共情"孩子，做孩子的榜样。比如，孩子害怕打雷，父母说"打雷而已，有什么好怕的"，这就不是共情的态度。孩子和大人不同，他没有丰富的生活经验，也没有足够的知识去理解打雷，他就会对这个现象感到恐惧和担心。共情就是能够站到孩子的视角，看到孩子的恐惧和难过，理解他，接纳他的害怕，并通过语言、动作等方式安抚他，这样才能让孩子慢慢学会理解和接纳自己的情绪，从而有力量面对这些恐惧。一个经常被父母"共情"到的孩子，他的情绪稳定平和，也更有可能去共情他人。

其次，父母要有意识地帮助孩子理解不同的情绪，并经常谈论情绪。可以利用日常生活中的谈话和互动帮助孩子感知和理解别人的情绪，如看到一个孩子摔倒哭了，父母可以引导孩子说："他摔着了，很疼，你摔倒的时候疼不疼？你要不要去安慰他啊？"看到动画片中某个人物不开心了或很开心，可以和他一起讨论："他为什么不开心？发生了什么事情？"父母平时陪孩子读绘本的时候，发现绘本中的"情绪"，也要及时指出来告诉孩子，和他讨论为什么会有这种情绪，怎么调整等。

最后，在孩子和同伴交往过程中，如果孩子和其他孩子闹矛盾了，在共情他的同时，也要开导他去体谅和宽容别人。当孩子表现出共情他人或帮助他人的举动时要及时给予肯定和强化，这也有利于推动孩子共情能力的发展。总之，孩子情感的丰富性和共情能力是在日常的受挫和问题解决中发展起来的。

6. 培养和鼓励孩子的自控行为

4～5岁的儿童大脑额叶皮质抑制机能开始发展，理智脑开始扮演重要角色，能够懂得浅显的道理，所以父母要培养宝宝的自控行为，可以适当采用讲道理的方式，让孩子明白什么样的事情可以做，什么样的事情不能做，这样的讲道理虽然不能立刻见到效果，但是有利于发展孩子的思考能力，促进额叶的发展，毕竟真正的自控源自孩子内在的自我抑制，家长只要坚持下去，孩子就会逐渐学会控制自己。

日常生活中，家长要注重孩子良好生活习惯和一日常规的培养，自控能力不是一蹴而就的，而是一个日渐发展完善的过程。从小开始，父母有意识地要求孩子作息规律，按时睡觉，按时起床，自己的事情自己做，用完的东西要放回原处等，这些行为会转化成孩子的良好习惯，并渗透到其他方面，比如对规则的遵守等，有利于孩子控制自己的行为，养成自律的习惯。

同时，父母也要以身作则，为孩子营造良好的自控环境，比如坚持运动，坚持规则的执行。父母要给孩子一定的选择权，相信孩子自己能够控制自己，及时肯定孩子的自控行为。当孩子遇到困难想要放弃的时候，父母要给予支持和鼓励，增强孩子的意志力。

三 情商游戏

游戏1：情绪小屋

发展目标：

（1）构建宁静的氛围。

（2）疏解低落的情绪。

游戏准备： 准备一个大大的、结实的纸箱，能容得下一个五六岁的孩子。

游戏玩法：

（1）妈妈和宝宝一起用纸箱做一个情绪小屋，挖上门窗。

（2）装饰纸箱，和宝宝一起给纸箱进行画画装饰，里面铺上软软的垫子，放上一件玩偶。

（3）告诉宝宝这是一个情绪小屋，不开心的时候就可以到里面坐一坐，静一静，心情就会变好。

（4）请宝宝进入小屋，体验并感受。

游戏建议：

（1）告诉宝宝：在纸箱里可以做自己想做的任何事情。

（2）当进入纸箱的时候，外面的人不会打扰他。

游戏价值： 通过在家里设置一个情绪小屋，给情绪低落时的宝宝一个空间，让宝宝可以在这个属于他的角落里处理和调整自己的情绪。

游戏2：口香糖黏一黏

发展目标：

（1）增进亲子互动。

（2）培养良好的性格。

游戏玩法：

（1）爸爸发出指令，宝宝和妈妈做动作。

（2）爸爸说，"口香糖，黏一黏，黏一黏手"，宝宝就和妈妈一起拍拍手，"黏一黏脚，妈妈和宝宝就一起碰碰脚"。

（3）爸爸可以任意发出指令，宝宝和妈妈配合做动作。

（4）三个人可以交换角色，重复进行。

游戏建议：

发出指令的人可以控制节奏，喊出碰的部位可快可慢。

游戏价值： 通过三个人的互动，增强亲子之间的肢体接触，提高孩子的反应能力，感受游戏的快乐，有利于孩子良好情绪的发展。

游戏3：情绪表演

发展目标：

（1）认知和体验不同情绪。

（2）学习调节情绪。

游戏玩法：

（1）爸爸妈妈和宝宝一起面对面。

（2）一个人发出指令，其他人来表演情绪，比如"哈哈大笑""不高兴""难过""生气"等。

（3）大家相互点评，看看谁做得最像。

（4）一起模仿情绪并说说自己什么时候是这个表情。

游戏建议：

（1）大人选择的表情遵循由易到难的顺序。

（2）大人要投入，做好表率作用。

游戏价值： 这个游戏在于不知不觉让孩子了解各类情绪的名称和表达，并在讨论和玩耍中了解情绪的调节。

四 问题与对策

问题1： 我家儿子4岁多了，最近突然变得很黏我，晚上回家还要我抱着，幼儿园接送也必须是我亲自去，爷爷奶奶都不行。4岁之前都没有像现在这样。我问幼儿园老师，也没什么特别的事情发生，感觉孩子的适应能力一下子倒退了，我很担心，一个男孩子这样，将来会不会很没有男子汉气概，我应该怎么办？

解答： 一般来说，儿童的成长是一个不断分离，从依赖走向独立的过程，在这个过程中，他需要不断汲取力量，才能更勇敢地独自面对外面的世界。3~6岁儿童的心理发展进入了一个新的阶段，自主、独立是其最重要的成长任务，在这股力量的推动下，他离开家庭，进入幼儿园，努力尝试作为一个独立的个体面对世界。同时，他内心中也有另一股力量变得非常强烈，那就是和家庭分离所带来的不安。这种来自内心力量的矛盾，使他需要通过黏人、提要求等方式确认家人对他的爱，以此来获取力量，巩固自己的安全感。所以，父母只有不断地满足他的需要，他才会觉得自己是重要的，家庭是他永远的港湾，是随时可以回来的地方，才会更有安全感，才会更有力量去独立。

对于妈妈担心的男子汉气概的问题，和这个阶段孩子黏人的表现之间没有什么关联，不需要过于担心。一个男孩子能不能有男子汉的样子，一是取决于他对自己性别的认同。比如，他被允许和鼓励做自己，可以自由地表达自己的情绪和想法，他逐渐认知自己的性别，并为自己是个男孩感到高兴。二是他在童年期有一个男性榜样，比如父亲，这个榜样能够认可他、肯定他，带给他作为男人的力量和安全。如果没有父亲，有一个和他亲近的长辈，能够担当父亲的责任也可以。现在很多男孩子之所以缺乏男子汉气概，很大一部分原因是父亲的缺失，父亲不参与男孩的生活，父亲和男孩没有联结，而他和妈妈的关系又过于紧密，妈妈对孩子过于保护，导致男孩找不到男性作为榜样，从而缺乏男子汉气概。

问题2：孩子4岁多，经常问我："妈妈，这样行吗？""妈妈，我做得好吗？""妈妈，你帮我看看"，遇事经常打退堂鼓，说自己不行。很多没做过的事情都会拒绝，不敢尝试。针对这种情况应该如何引导孩子变得自信？

解答：一般来说，如果一个孩子整天问父母自己某个事情做得怎么样，自己可不可以怎么样，可能有两个方面的原因：一是在孩子的成长过程中，较少有独立做决定的机会，父母对孩子的控制和管束较多；二是孩子可能很少得到父母的关注，很少得到正面的肯定和认可。爸爸妈妈可以回顾自己的育儿过程，看看是否有这两个方面的原因。

如果是这两个方面的原因，父母就要及时修正自己的育儿模式。当孩子征询意见的时候父母及时给予孩子认可和肯定，并鼓励孩子自己做决定。如果孩子表示不会，也不要勉强，而是和孩子一起做，从一点一滴的努力开始。值得注意的是不要在孩子打退堂鼓的时候数落和指责他，而是要理解他的担忧，在共情的基础上和他在一起克服困难，孩子有一点进步和成绩都要及时地认可和肯定他。日常生活中也要多关注孩子，多表扬和肯定孩子，鼓励孩子自己的事情自己做，可以让孩子承担一些力所能及的家务。当孩子做错了事情，一定不要指责，而是让他明白正确的做法，孩子就能慢慢积蓄起力量，变得独立和自信了。

如果不是以上两个方面的原因，那可能和年龄段也有一定的关系，4岁多的小朋友进入了新的成长期，和3岁相比，他们开始走出自我中心，了解别人和自己的想法会有不同，了解和关心外在的规则和评价。他们需要父母的肯定、认同和赞美来正确地发现和评估自己，探索自己可以做什么，不可以做什么，怎样做才能成为一个好孩子。

问题3：孩子4岁半了，也有一些要好的小伙伴了，其中经常和他一起玩的一个男孩有点暴力倾向，动不动就打人，下手还比较重。我现在很犹豫，要不要让孩子少和他来往？

解答：妈妈可以问问孩子和这个动不动就动手的小伙伴在一起是什么样的感受，如果孩子自己不愿意和这样的伙伴来往，妈妈就不用过多担心了。如果孩子表示不讨厌这个小伙伴，妈妈就不要强行干涉孩子的交往。但可以考虑教给孩子一些和这样的孩子打交道的方法和技巧，让孩子学会保护自己。比如，妈妈可以和孩子一起玩角色游戏。妈妈和孩子分别扮演两个小伙伴，孩子可以扮演一个很凶的男孩，动不动就打人，然后妈妈扮演被欺负的小孩，让孩子在游戏中学习怎样面对这样的场景。妈妈可以示范说："我们是好朋友，但我不喜欢你这样抓我，否则我以后不和你玩儿了"或者"我和你玩儿，你老是打我，你能不能不动手，否则我受伤了，妈妈就不让我和你玩了"。

父母教给孩子一些这样的沟通方式，告诉孩子如果对方不改正，就可以选择不和他玩了，一定不要让自己受伤。

有些孩子之所以出现"暴力行为"，不一定是故意的，只是还没有很好地控制自己的力量，他需要被提醒，否则他不会克制自己。所以，如果孩子很珍惜这个朋友，妈妈也可以跟小伙伴的家长和老师多沟通，帮助爱动手的孩子去更好地控制自己的力量。

问题4：4岁多的女儿最近动不动就抱着我的脖子说："妈妈，我不要你老，我也不要你死。"有时候还会问："妈妈，奶奶会死吗？我也不想奶奶死！"我不明白她为什么突然开始对"老""死"这类话题敏感起来？

解答：这种现象是正常的，孩子从四五岁开始，由于生活经验和认知的发展，开始有了对"死亡"的恐惧。孩子会担心"老"，并把"老"和"死亡"联系起来，可能与她听过的故事或经历的生活事件有关。有些家长日常生活中会跟孩子开玩笑，说："妈妈也会老去，也会死掉的，不要老是让妈妈陪着你，你得独立！"还有的老人会说："我已经老了，很快就死了，以后就看不见你长大了！"这些话语就容易让孩子把"老"和"死亡"联系在一起，进而经常担心父母老了就会死掉。

孩子害怕"老"和"死亡"是正常的情绪反应，关键是父母要及时了解孩子害怕的前因后果，从认知和情感上给予及时的引导，帮助孩子疏解内心的恐惧，以免这种负面情绪影响孩子的正常生活，发展成恐惧症。如果孩子担心亲人老了会死，实际上是害怕和亲人的分离，妈妈可以告诉宝宝：每个人都会变老，最后都会死亡，这是一个自然规律，但是那需要一个很长很长的过程，妈妈爱宝宝，会陪着宝宝长大，看着宝宝成为一个大人。宝宝和妈妈一起锻炼身体，吃健康的食物就不会变老，可以在一起很久很久。这个年龄段的宝宝也许并不懂得死亡的规律，但他得到妈妈的保证和安慰，看到妈妈稳定的情绪，知道妈妈会陪伴在自己身边，就会很安心。

儿童对于死亡的认识是一个循序渐进的过程，父母没必要过多地延展，但一定要有问必答，解决孩子的困惑，在必要的时候，用孩子能够接受的方式解释死亡和离开。比如，孩子身边亲近的长辈去世，不要瞒着四五岁的孩子，不要认为孩子小不懂事就不加解释，而是要让孩子知道亲人虽然离开了，也一直会牵挂他，孩子应该参与必要的哀悼，因为孩子也有情绪需要宣泄。日常也可以介绍一些和死亡有关的绘本，让孩子可以从新的视角了解生命的规律，帮助孩子更好地面对死亡。千万不要逃避和忌讳对"死亡"的探讨，如果大人不能和孩子去讨论这些话题，孩子可能会被错误的想法和认识所主宰，被自己的想象所控制，甚至会因为大人的态度更加恐惧死亡。

问题5：女儿4岁多了，二宝也快1岁了，刚有弟弟的时候，女儿很开心，会围绕在弟弟身边给他唱歌、和他说话，我也很欣慰。可是，最近一段时间女儿性情大变，一个劲儿地说"不喜欢弟弟了，让弟弟离开自己家"。甚至经常会大声地呵斥弟弟，还说"自己的玩具都被弟弟抢走了，妈妈爸爸都不喜欢自己了，爷爷奶奶也不喜欢自己了"，这段时间直接发展到每天晚上都要缠着我给她讲故事，哄她睡觉，甚至还要我给她穿脱衣服，原来自己能独立去做的事情也不做了。我应该这么办？

解答：姐姐是在争夺自己在家里的位置，她感觉到弟弟的存在夺走了家人的关注和爱，她本能地对弟弟产生了嫉妒，她表现出不配合，甚至退步的行为都是为了验证爸爸妈妈是否在乎她、爱她。

爸爸妈妈要自省，家里有了弟弟之后，是否忽略了姐姐太多的需要和感受，是否在很多事情上没有考虑到姐姐也才是个4岁多的孩子。4岁多的宝宝正处在情感的敏感期，他们渴望来自父母的关注和爱。如果妈妈没有及时关注到姐姐的状态，就容易让姐姐受委屈，让她感觉被抛弃，不被爱了。因此，在这段时间里，妈妈要及时地满足姐姐的要求，多安排出一些和姐姐单独相处的时间。比如，周末单独带姐姐外出玩儿，也可以和姐姐一起翻一翻她小时候的照片，告诉她小时候妈妈照顾她的事情。因为孩子对自己3岁前的事情是没有多少记忆的，妈妈可以趁机告诉姐姐："你像弟弟这么小，什么都不会的时候，妈妈也是这样照顾你的。后来你长大了，可以自己吃饭，走路，还能上幼儿园……妈妈就觉得很轻松，不像照顾小宝宝那么累。所以，你长大了，帮了妈妈很多的忙。但弟弟现在还不行，他什么都不会，什么都要妈妈帮他。妈妈也很累，你能帮帮妈妈吗？"总之，要让姐姐了解到，即使弟弟出生了，妈妈还是很爱她的，妈妈也很需要她的帮助，让她体会到作为一个大孩子的成就感。

父母在处理姐弟交往中的问题时，也要注意维护姐姐的权利，如果是姐姐的玩具，弟弟要玩的时候要告诉姐姐一声，征得姐姐的同意，而不能理所当然地对姐姐说："姐姐就应该让着弟弟"，要让姐姐感觉到自己在家里是有自己的地位和权利的。对于姐姐帮助弟弟的行为，妈妈要及时地认可并给予夸奖，帮助姐姐树立"了不起的大姐姐"的榜样形象。这样姐姐就会放松下来，慢慢地变得独立和自信，甚至会成为帮助妈妈照顾弟弟的小帮手。因为对于内心有足够的安全感、自我感觉良好的孩子来说，不会轻易引发其嫉妒心。

问题6：我家儿子4岁了，最近入睡前都会触摸自己的阴茎，我应该怎么办？

解答：很多男孩都会存在这样的问题，因为男孩子的阴茎很容易被碰到，引发快感，致使孩子对这一部位产生好奇心，会不断探索这个部位。这种摸索自己隐私部位的行为是孩子自我探索的一部分。妈妈要先接纳孩子的行为，只有这样，孩子的这个行为才可能慢慢过去。

妈妈也要注意观察，孩子的这个行为是只有睡觉前有还是经常出现，一般睡觉前出现这个行为和孩子的情绪和安全感不足有关，孩子睡前频繁出现自慰行为是为了驱散不安全感和焦虑，给自己一些安慰。妈妈可以有意识地多陪伴孩子，睡前通过给孩子讲故事等方式缓解孩子的焦虑。如果孩子经常有这样的动作出现，妈妈要告诉孩子，这个器官需要好好保护，保持清洁，不要弄伤自己。另外，告诉孩子这样的行为要注意场合，小内裤里面的部位是自己的隐私，不能在大庭广众下触摸，更不能让别人触摸。总之，妈妈要注意引导，切不可强行去禁止或吓唬孩子。只要孩子能够控制好自己的行为，偶尔的自慰并不会影响到孩子的健康。等孩子的情绪过去了，孩子的自慰行为就会慢慢消失。

第三节　5～6岁

5岁以后，儿童开始迈入了自主控制阶段，能够更加自我满足和自立，主动性增强，能运用更多的自我控制策略，对世界和自己的身份有了更好的理解。在家庭生活中更加可靠和顺从，能够做很多家务，能够有责任感地完成大人指派的任务。5～6岁的孩子喜欢和同伴一起合作，遇到问题会相互协商，体现出社会顺从性，但也有争强好胜的一面，比较在乎输赢。

一　特点概述

1. 自我评价能力的提高

自我评价是儿童对自己的个性特征及外部行为表现的判断与评估，是自我意识的重要组成部分，也是一种需要学习的能力。这种能力是在人际交往中逐渐形成的。自我评价的高低会影响到儿童自我和个性的发展。过高的自我评价会使孩子盲目自信、自尊，甚至产生自大的心理，不能客观地认知自己，影响到孩子的人际交往和自我完善。过低的自我评价则会使孩子在生活中产生自卑感，丧失参与活动的主动性和积极性，造成自信心匮乏。

儿童自我评价的能力在3岁儿童中还不明显，他们会不加考虑地轻信和运用别人对自己的评价，到5岁时才开始出现独立的评价，但这时的自我评价相对比较简单，一般是两分法的评价方式，如"好"与"不好"，"喜欢"与"不喜欢"，"漂亮"与"丑"，很难全面、细致。当成人的评价与儿童自己的评价不一致时，他们会提出申辩反抗。总之，5～6岁儿童开始逐渐客观整体地评价自己，比如："我画画很好，但是我唱歌不好""我喜欢玩乐高，不喜欢搭积木"。爸爸妈妈可以通过和孩子的沟通，引导和帮助孩子正确地评价自己。

2. 儿童自理和劳动能力提高

5～6岁的儿童生活自理方面更加独立，由于动作更加精细化，能更好地使用工具，他们已经能够不依赖成年人的指导，自己洗脸、刷牙、上厕所、穿脱衣服等，这与他们能够很好地控制自己的身体动作，自身动作更加协调有关。

他们能区分劳动和游戏，关心劳动的结果，能初步理解一些劳动的社会意义。他们喜欢参与成人的劳动，对于打扫卫生、洗刷餐具、张贴通知等劳动特别感兴趣。他们也能整理自己的用品，保护和照顾更加年幼的玩伴和兄弟姐妹，在幼儿园里也能承担一些值日生、喂养、种植的劳动，表现出一定的责任感。父母应有意识地培养孩子的劳动意识，提高孩子自我服务和照顾环境的能力。

3. 规则意识逐渐形成

5～6岁的儿童规则意识逐渐形成，他们已经能够理解规则的意义，并能够遵守集体的共同规则，包括对社会行为规则的遵守，如过马路要等红绿灯，走人行横道；对幼儿园班级和活动规则的遵守，如游戏结束了要把玩具放回原处，上课发言要举手等；对道德规范的遵守，不乱扔垃圾，不在公共场所大喊大叫。5岁以后孩子慢慢地能够区分真实和假想，更加注重现实，开始对有规则的游戏（如体育类、棋类游戏）感兴趣，在和小伙伴玩游戏的过程中还能相互协商制定游戏和活动的规则。

5～6岁的儿童会对规则表现出尊重和顺从，在集体活动中，对于同伴违反规则的情况他们会"群起而攻之"，认为违反规则的人应该受到惩罚。但这个阶段儿童对规则的认识还没有达到自律的阶段，规则对孩子来说还是外在的，在具体的规则实践中还是会出现自我中心的倾向，比如对别人违反规则的行为比较严苛，对自己违反规则的行为相对宽容。

4．合作意识增强

合作行为是社会性行为的重要组成部分，是儿童情商发展中很重要的要素，合作是互相配合，共同完成某项任务。儿童的合作能力是孩子在日常游戏和生活中为了完成共同目标相互分工、相互配合、彼此协商、遵从约定的能力。

5~6岁的儿童通常有自己的好朋友，有了合作的意识，能与三五个小朋友一起开展合作性游戏，他们在游戏中有明确的目的性和计划性，活动时能与同伴分工合作，遇到困难的时候能一起克服，他们能够遵守集体的约定，讲究公平的原则，与同伴发生冲突时能自己协商解决。当别人的想法和自己不一样时，能够倾听和接受别人的意见，即使不同意对方的想法也会说明理由。父母和老师要重视儿童合作能力的发展，给孩子提供更多和同伴交往活动的机会，让儿童在活动中增强合作能力，体验合作的乐趣。

5．责任心的表现

责任心是指儿童对自己、他人和集体负责任的态度。责任心是一种重要的人格品质，是儿童个性和社会性发展的重要组成部分，也是儿童未来自我发展和事业成功的必备品质。

5~6岁的孩子随着认知水平的提高，开始在一定程度上理解责任，知道要对答应的事情负责，小朋友之间要互相帮助，并开始能够预估不负责任的后果，表现出初步的责任心。比如，他们能够自己的事情自己做，自己管理好自己，会自觉做好自己认为该做的事情，做错了事情会内疚，会担心这样带来的不好影响，也能够坚持完成老师和家长交代的任务。

例如，5岁多的萱萱已经知道照顾2岁多的弟弟了，妈妈不在的时候，她会照顾弟弟喝奶、上厕所，也会带弟弟到小区里玩耍。弟弟不高兴时，萱萱会抱抱弟弟，安慰弟弟。别的小朋友叫萱萱一起玩耍，萱萱会因为弟弟在旁边，而拒绝说："我要先照顾好弟弟，妈妈回来我再玩儿。"萱萱的这些表现，表明她对照顾弟弟这件事情有了初步的责任心。

6. 感恩的能力

感恩是一种与人谦让，对人关爱的亲社会行为。只有当儿童能够意识到他人对自己的关爱和付出时，才能产生一种意欲对他人予以适当回馈的心理感受和体验，所以感恩是一种能力，是建立在感受他人的爱和给予的基础上的。因此，有感恩能力和感恩行为的人常常会衍生出愉悦、满足、幸福等积极的情绪。

5~6岁的儿童开始试图站在他人立场理解对方的观点，对社会角色有了更为全面和客观的认识，对自己的社会情感体验更加深刻，这使他们更能够感受到父母、老师和周围人们所付出的情感和劳动。他们能够有礼貌地与他人交往，对别人表达感恩和谢意，也会表现出对他人劳动的尊重，愿意力所能及地去帮助别人。他们会爱护和珍惜自己的班级集体，会爱护环境，不乱扔垃圾，也会产生对集体、社会、国家的责任感和荣誉感。

感恩并不是人与生俱来的能力，需要来自成人的引导和培育。对于这个年龄段的儿童，只要得到正确的引导，就能够感知自然、社会带给他们的恩惠和照顾，做到知恩、感恩并且付之于报恩的行动。

二、日常养育

1. 帮助孩子提高自我评价水平

自我评价能力作为儿童自我系统发展的重要组成部分，其发展关乎孩子的自信和独立性，父母在日常养育中可以从以下三个方面入手，帮助和提升孩子的自我评价水平。

一是多关注孩子自身的成长，忌横向比较。很多家长激励自家孩子要努力的方式是："你看×××真懂事（聪明）（有礼貌），都会……，你看你……"家长这种用羡慕别人家的孩子横向比较的做法，本意是激起孩子不服输、努力争口气的斗志，但实际上这种语言的效果并不能给孩子带来力量感，反而容易让孩子感受到："我不如他（她），我不行，父母也认为我不行"，导致孩子形成较低的自我评价，变得自卑，想要破罐子破摔。因此，要让孩子积极地认可和肯定自己，家长应该多给孩子一些积极的暗示，多进行纵向的比较，看到孩子的变化。比如，对孩子说："你长大了，都能帮我做事情了。""你这幅画画得比上一次更好！"。家长这种评价的引导，也会让孩子更关注自己的进步，增加内在不断发展的力量感。

二是多关注孩子的闪光点，切忌抓着不足不放。每个孩子都有自己的优点和不足，比如有的孩子很专注，但是反应慢；有的孩子擅长运动，但唱歌跑调。家长在与孩子的互动过程中，切忌总盯着孩子的某个不足不放，总想着把短板补齐。这样的做法，不仅不能激发孩子内在的力量，反而容易让他产生无力感，觉得自己不行，不如别人。正确的做法是多关注孩子的优势和闪光点，让孩子看到自己的"能"，提升他的自信，再以这种自信的方式慢慢去带动和发展他的不足，即"长善救失"。

三是多让孩子体验"成功"，知道"我能行"。每个孩子都有自己的"最近发展区"，父母要在孩子的最近发展区内和孩子互动、游戏、劳动，让孩子感到"我能做""我能行"。日常为孩子创设他可以主动尝试、大胆探索的机会，让孩子的主动性、独立性拥有施展的舞台，这样的孩子才能够发现自己的能力，并拥有独立评价自己的机会。比如，孩子要帮忙父母做一些简单的拆装工作，父母要放手让孩子做，不要担心孩子做不了，也不要担心孩子会夹到手，给孩子一个可以主动做事的空间，哪怕孩子做得不成功，但结果不重要，重要的是在主动做事的过程中孩子会有自己的思考，发现自己的价值。

2. 用与孩子协商的方式解决问题

如果5~6岁的宝宝很多行为让父母和幼儿园老师头疼，他还在不断地破坏一些幼儿园和家庭的规则，爸爸妈妈就要考虑目前孩子的心理状态是什么，关于规则教育，前期做了哪些工作。在孩子成长过程中，教育孩子的事情没有重新来过的机会，复盘只是帮助父母去了解当下孩子出现问题的原因和未满足的需求是什么，孩子不能够或不肯遵守规则的背后一定有其不能被安放和不被接纳的情绪存在。父母应放下对孩子不切实际的期待，从他的情绪和需要出发，了解他的需要，并给予信任。当父母和老师给予孩子他需要的信任和尊重，那么外在规则的遵守就是孩子和父母一起合作去慢慢养成的过程。

召开家庭会议，一起制定家庭规则，遇到问题一起协商解决，是让这个年龄段的孩子作为家庭的一分子，被尊重和信任的一种有效方式。在家庭会议上，家庭成员可以提出需要解决的问题，每个人都可以从自己的立场发表对这个问题的看法和解决方法，孩子的意见应该和大人的意见一样被重视。大家一起讨论所有列出的方法的可行性和导致的结果。经过大家的讨论，一起从这些方案中选出多方认同的最佳方案。如果在实施中，孩子依然不能做到，那父母可以继续和孩子坐下来协商，针对实施中的问题和孩子遇到的困难，考虑调整还是继续遵守解决方案。总之，在解决问题的过程中，父母要把孩子看作可以合作、有自制能力但需要一定帮助的个体，和他一起来完成解决问题的过程，切记不可指责、控制。因为外在的约束只有真正慢慢内化成孩子内在认同的约定，才能培养孩子的自律，所以协商会让孩子从心里认同："我应该……""我必须……"，他才能真正成为规则的遵守者。

3. 培养孩子的合作能力

良好的合作能力离不开孩子对人与人之间的关系的洞察力和遇到事情妥善协商的能力。因此，合作能力是儿童高情商的表现，父母要有意识地培养孩子这方面的能力。

首先，要引导孩子礼貌待人，尊重他人。日常言行中，家长应多引导孩子说"请""谢谢""对不起"等礼貌用语。让孩子见了亲朋好友能主动地问好，别人到自己家里来，能热情地招待，拿出茶点、玩具与他人分享；让孩明白，作为主人，要有谦让和宽容之心，客人离开时要说"再见"，并欢迎对方再来等。这些礼仪之道，看似简单，却深藏体恤之心。父母一方面要做出表率，让孩子知道怎么做，另一方面也要把道理讲给孩子听，让孩子体验待客之道背后对他人忐忑不安之心的安抚和关照。父母可以引导孩子换位思考：如果你去别人家里，希望别人怎么对待你呢？如果你伤心难过的时候，希望你的朋友做什么呢？让孩子能够站在他人的角度去思考，从而确定自己做事的方式，懂得交往就要让别人感受到关怀，这样才有利于双方的相知和相交。

其次，引导孩子要善待朋友，朋友有困难要积极帮助。家长应多鼓励孩子和朋友一起游戏和玩耍，当孩子与朋友发生冲突的时候，注意把这些冲突看成孩子学习解决问题的机会，让孩子从中学会思考和朋友之间交往中的问题，从而学会尊重别人，也学会维护自己的权利，敢于说真话，敢于表达自己的想法，做错事或误会了别人能够道歉，能够承担责任。

最后，父母在家庭里可以和孩子配合玩一些亲子游戏，比如一起下棋、一起搭建积木，一起把孩子日常交往中的一些问题变成游戏的形式表演出来，让孩子懂得遇到一些棘手的情况可以怎样去处理，当遇到分歧的时候，如何去表达自己的观点。

4. 培养孩子的责任心

对孩子责任心的培养不是一蹴而就的，是一个漫长而反复的过程。家长要从小事做起，从儿童独立做事开始对孩子进行培养。比如，当父母要求孩子用完的东西要放回原处，玩具玩完要收拾好，自己答应别人的事情要努力做到，不能说话不算数的时候，就是在慢慢培养孩子要对自己的事情负责。如果父母总是包办代替，不给孩子做事情的机会，实际上是在替孩子承担责任，那么孩子的责任心很难建构起来。

首先，父母要抓住时机强化孩子承担责任的行为，提高孩子的自我效能感。比如，当孩子犯了错误并主动承认的时候，当孩子做事情遇到困难却反复尝试的时候，父母要及时反馈，肯定和认可孩子的行为，让孩子明白做错事不可怕，勇于承担责任才是最了不起的。遇到困难不要紧，能够迎难而上，勇敢地承担责任才是最可贵的。

其次，适当运用自然后果法，让孩子为自己的不负责任承担后果。比如，当孩子记不住幼儿园老师布置的任务时，就会受到老师的批评；答应给小朋友带的东西忘记了，就会失信于小朋友等，父母有时候可以当作旁观者，让孩子自己体验行为的后果，进而体会到自己的事情自己要负责。

最后，父母要有意识地培养孩子对集体和社会的责任意识，鼓励孩子的利他行为。在班级群体中，鼓励孩子多帮助小朋友，懂得为班级做事情，日常生活中多带孩子外出参与一些公益和志愿者活动，给他讲解其中的道理，让他逐渐懂得作为一个社会公民的职责。

5. 在日常言行中渗透感恩教育

家庭中的感恩要从父母的言传身教开始。作为父母是不是一个知恩、惜恩、感恩的人，会影响到家庭的氛围。家庭是孩子力量和情感的来源，父母对孩子的爱、父母知恩图报的良好品质、家庭中和谐温暖的关系是塑造孩子良好性格、学会感恩的重要前提。父母是孩子的一面镜子，父母懂得感恩，必然在日常生活中会有感恩的行为和言语。比如，父母对长辈的感恩和孝顺，对街坊亲友的友好感谢，常常体现在日常的一言一行中。妈妈对公婆的付出有所感恩，还是经常在孩子面前抱怨公婆的不是？家里有了好物，是否会主动地给父母送去？父母带孩子外出遇到别人的帮忙是否会主动表达感谢？日常与街坊亲友相处中是否常怀感恩之情。所谓上行下效，如果父母的行事作风中常有感恩，孩子自然懂得要感恩、知恩。

另外，家庭中的感恩离不开礼仪的教育。"德诚于中，礼形于外"。通过家庭礼仪的养成教育可以培养孩子宽容、谦让、诚实的待人态度和庄重大方、礼貌待人、知恩图报、明礼诚信的意识。家长可以利用春节、中秋、清明这些传统节日，带着孩子走亲访友，搭建家庭和友人之间的桥梁，表达感恩感念之情；日常家里人的生日、重要的纪念日，注重仪式感带来的影响力，让孩子懂得每个纪念日背后都有他人的付出和生活的馈赠，感知生活和岁月赐予的美好和祥和。

培养孩子的感恩之心，要让孩子从日常生活出发，珍惜和爱护家里的物品和食物，哪怕日常一株花的盛放，一顿午餐的美味，都可以让孩子看到背后养花者的日日浇灌，厨房里做饭人的辛苦劳作，农田里农民伯伯的汗水付出。让孩子在生活的每一件事里看到他人劳作的辛劳和付出，孩子就更能更加理解没有所谓的"岁月静好"，背后是无数人的"负重前行"。感恩之心要时时有、事事有，孩子才会慢慢把它融入自己的一日生活中，成为一个常知足、不抱怨、懂感恩的人。

6. 形成必要的家庭惯例

良好的家庭氛围是儿童成长的能量加油站，想要培养一个高情商的宝宝，家庭中需形成以下几个惯例，可以让家庭成员关系融洽，让家庭冲突得到缓解。

首先，定期举行家庭会议。家庭会议可以看作是家庭中的议事机构，家庭中的冲突和问题都可以在家庭会议上摊开来讲，孩子认为父母不公平不公正的行为也有权利申请召开家庭会议，在会议上得到解决。家庭会议中的所有成员是平等的，每个人享有表达和表决的权利，每个人都可以提出自己的意见。家庭会议每一次可以由家庭成员轮流主持，着力于做出家庭规划或解决家庭问题，一些重大事件的决策可以让孩子参与，并让他感知自己是家庭重要的一分子。

其次，固定的亲子游戏或阅读时间。每天的亲子游戏时间保持在20~30分钟，只要父母在家里，应抽出这样的时间专门和孩子在一起，可以是和孩子玩游戏，也可以是和孩子读书，哪怕只是陪着孩子闹一闹，但是要保证这是一段高质量的陪伴时间，要让孩子感受到快乐，即使五六岁的孩子可以自己玩得很好，父母也要坚持陪伴孩子。

再次，每逢周末全家一起共同做一件事。比如，一起做一顿可口的晚餐，一起做一次大扫除，一起逛一次公园，一起拜访长辈等。无论做什么，都是全家人一起行动，一起合作，一起参与一件事情，在这件事情里，大家需有一个共同的目标，相互合作。

最后，有庆祝节日的习惯。借助于春节、中秋、清明、重阳节、各种节气、纪念日等，家庭中可以开展相应主题的庆祝活动，把许多生活经验、人生哲理、亲情友情放到节日活动里，让孩子通过这些活动懂得感恩、懂得责任、懂得关怀、懂得分享。

三 情商游戏

游戏1：情绪测量仪

发展目标：

（1）认知自己的情绪强度。

（2）学习调节自己的情绪。

游戏玩法：

（1）妈妈和孩子一起设计一个情绪测量仪，标上0~10的刻度，然后让孩子给自己的情绪强度计分。最低分是0，代表没有情绪；最高值是10，代表情绪已经爆炸了。5分代表刚刚好，还可以控制；9分代表马上就要崩溃了。

（2）当孩子生气的时候，妈妈就可以问问宝宝：你现在的情绪是几分啊？如果孩子说8分，妈妈就说：你现在好像很生气啊，哦，妈妈抱抱，跟妈妈说一说，你为什么生气吧。等孩子说完了，妈妈可以站在宝宝的视角安抚他。

（3）再问问孩子：你现在的生气有几分啊，如果孩子说5分，妈妈就可以说：哦，你的生气变少了，当我们有情绪的时候，说出来是一个不错的办法。

游戏建议：

（1）妈妈可以采用和宝宝深呼吸、转移注意力等方法帮助宝宝调节情绪。

（2）当宝宝的情绪分值下降，妈妈就可以引导宝宝意识到这样的方法可以帮助调节情绪。

游戏价值： 通过给情绪具象化，赋分的方式，让孩子抽象的、内隐的情绪外化，引导孩子看到自己的情绪，并学习到一些情绪调节的方法。

游戏2：两个情绪小人

发展目标：

（1）认知自己的情绪。

（2）学习调节自己的情绪。

游戏玩法：

（1）妈妈给孩子讲故事：我们的大脑里有一个国王，还有两个情绪小人，一个是好小人，掌管着快乐、开心、幸福等情绪，还有一个是坏小人，掌管着愤怒、生气、嫉妒等情绪。坏小人喜欢打架，经常欺负好小人，如果好小人打败了坏小人，高兴、快乐这些情绪就会霸占我们的身体，我们就会很开心。如果坏小人打败了好小人，那么愤怒、伤心、难过等情绪就会霸占我们，让我们觉得难过。但是国王有至高无上的权利，他可以主持公道，并帮助其中的一方。

（2）妈妈可以问问孩子：今天你的大脑里是好小人还是坏小人啊？如果孩子说是好小人，妈妈就知道孩子很开心，如果孩子说是坏小人，妈妈就可以问一问：哦，坏小人是怎么把好小人打败的呢？孩子可能就会说一些和情绪有关的事情。

（3）妈妈可以根据孩子的表述，考虑一起召唤出国王，让国王帮助好小人，把坏小人赶走。

游戏建议：

妈妈可以和孩子一起设计一些方法或者好玩的动作，驱赶坏小人。

游戏价值： 通过妈妈和孩子的故事互动，让孩子了解情绪是可以调节的，孩子就是自己的国王，可以决定自己的情绪，最终学会更好地察觉和调控自己的情绪。

游戏3：枕头大战

发展目标：

（1）宣泄情绪，体验快乐。

（2）锻炼反应的灵敏性。

游戏玩法：

（1）爸爸和孩子一起面对面，一人拿一个枕头，做好攻击准备。

（2）双方约定好只能攻击四肢、后背和屁股，不能攻击脸部。

（3）一声令下，两人相互攻击，相互拍打，开心地扭打在一起。

游戏建议：

（1）大人和孩子可以相互协商攻打的位置。

（2）爸爸要注意保护孩子的安全。

游戏价值： 这个游戏中有攻击，有躲闪，有速度，有力度，同时借助枕头的缓冲，不会造成疼痛感，这样的拍打还有利于皮肤的血液循环。这个游戏有利于宣泄孩子的剩余精力，缓解不良情绪，让双方都感觉痛快和舒爽。

四 问题与对策

问题1： 儿子很顽皮，以前我批评他，他会生气地扔东西，惹得我很上火，批评得更厉害。最近他不扔东西了，却会用手砸墙，或咬自己的手来发泄情绪，手上常常青一块紫一块，我觉得很心疼，也很苦恼。孩子犯错误总要批评的吧，我应该怎么帮助孩子？

解答： 妈妈是否可以想一想，当孩子顽皮的时候，是否只有"批评"一种解决问题的方法呢？从妈妈所反馈的信息来看，孩子内在的情绪显然已经超过了他的承受范围，现在他只能通过攻击自己、伤害自己的方式勉强维持。在这种情况下，妈妈依然一味地认为"犯了错误应该批评""我批评他是为了他好"，那对孩子来说就太不公平了。

妈妈现在要做的事情，不是想办法帮助孩子承受住批评，被批评的时候不要伤害自己，而是要反思自己在批评孩子的时候，说了些什么，做了些什么，孩子的顽皮真的只能用批评的方式来解决吗？能不能试着去改变对孩子说话的方式呢？比如，试一试温和地蹲在孩子面前看着他的眼睛，告诉他妈妈希望他怎么做。或者当父母要教育孩子的时候，先保证自己没有情绪，把孩子抱在怀里，或者，父母拍着他的肩膀、拉着他的手说，这样孩子比较容易把话听进去。正如本书一直强调的，父母面对孩子的态度应该是温柔而坚定。父母要相信所有的孩子都渴望被父母关注和爱护，父母在面对孩子的时候，态度要温和，而该坚持的原则也要坚持。

一味地批评指责，可能发泄的是妈妈自己的情绪，孩子感受的却是恐惧、害怕，认为自己不够好。所以，妈妈应该尽量调整自己的教育方式，采用正面鼓励的方式，关注孩子的行为，看到孩子做得好的行为，及时鼓励、肯定，看到孩子不好的行为，采用温柔而坚定的态度，告诉孩子："你这样做会造成……，妈妈建议你……，妈妈和你一起做。""妈妈相信你能够做好，妈妈看着你做。"等。当看到孩子伤害自己的行为时，妈妈要抱住孩子，并告诉孩子："妈妈看到你在伤害自己，妈妈很心疼，妈妈也会犯错误，如果妈妈错怪你了，你就说出来，但不要伤害自己。妈妈是爱你的。如果你觉得委屈，可以哭出来。妈妈陪着你！"

问题2：孩子画画或者做事做不好的时候，就会发脾气，还会把东西狠狠地砸到地上，我应该怎么帮助他？

解答：孩子做事情做不好的时候发脾气，可能有这样一些原因：一是孩子本身内心积压了很多情绪，一直没有找到合适的出口，当孩子做不好自己想做的事情时，失败、沮丧的体验触发了他内在压抑的愤怒情绪，导致他失控，通过砸东西宣泄内心早已快溢出的愤怒和不满。二是孩子成就动机过强，过于自恋，不能接受自己的失败。当不能按照自己的设想做好事情时，愿望不能达成的沮丧感让他感到自己的无能，因此情绪爆发。

不管是哪个原因，当父母遇到孩子因此发脾气的时候，首先应该同理和接纳孩子，允许孩子可以通过这样的方式去表达自己。因为从同理孩子的视角来看，只有把情绪宣泄出来，孩子的问题才有可能得到解决。很多父母的反应却常常与之相反，不仅不能同理孩子，还要训孩子一顿，或者冷嘲热讽一番，导致孩子的问题一直不能解决，甚至变本加厉。父母正确的态度应该是："宝贝，我感觉到你现在很生气、很难过，如果你需要，我可以抱抱你。""宝贝，你看起来很生气，如果你需要，我随时都在，我想我能够帮到你。"这样的语言，孩子会接收到父母对他的同理，也能够感觉到爸爸妈妈一直都在，他们会愿意帮助自己。

当孩子每发一次脾气，爸爸妈妈都能给孩子一份理解和支持时，这些情绪也就慢慢地消散了，孩子也就越来越懂得遇到一些事情可以怎样更理性地去处理。

问题3：我家女儿有个小伙伴，俩人经常一起玩耍，但是那个小女孩特别自私，跟我女儿玩的时候，几乎都是我女儿让着她，她想要的东西我女儿都分享给她，但她喜欢的却从不分享。俩人一起看到玩具，她看到我女儿想玩儿，会马上过去抢过去先玩儿，但我女儿还是把她当成最好的朋友。我要不要提醒下我女儿？

解答：妈妈最好不要过多干涉孩子和孩子之间的交往，也不要用大人的眼光去评判小朋友之间发生的事情。孩子有自己的好朋友，在和小朋友的交往和相处中可以获得最大程度的学习和成长。而且3～6岁的孩子身上有股特别的力量，他们不会因为同伴对待他的态度和方式不令他们满意就自暴自弃，也不会因为同伴的拒绝就认定自己不可爱，就受到伤害，远离对方。他们会不断地观察和探索与别人产生联结的方式，不断修正自己的互动模式去亲近对方。在这个过程中他们能够学会面对拒绝，学会等待，学会察言观色，学会为了满足别人而不断调整自己。

妈妈可能觉得自己的孩子在这段交往中有些"吃亏"，但是只要孩子没有觉得在这个过程中不舒服，妈妈就没有必要干涉太多。事实上，孩子在成长的过程中她需要不断学习和不同的人交往，如果孩子在这个过程中不舒服了，妈妈可以教给孩子一些东西，比如，对方想要她的东西而她不愿意给的时候，妈妈可以告诉孩子，她有权利拒绝别人，对对方的要求说"不"。如果妈妈担心自己家的孩子和这样的小朋友待久了，变得"软弱"，其实大可不必，一个孩子以什么样的姿态出现在群体中，和他交什么朋友无关，更多取决于他的自信心，他内在的底气。所以，如果孩子一直很自卑，没有底气，那么需要做功课的是父母，可能是父母在家庭的教育中肯定孩子的方面做得不够，孩子的主动性和自主性没有发展起来。

问题4：儿子才5岁多，对手机游戏非常着迷，看见手机就抢，经常躲在一旁玩游戏，不给他看还哭，甚至着迷到影响吃饭、睡觉，这该怎么办？

解答：爸爸妈妈要重视这件事，不能让孩子继续这样下去。孩子才5岁多，自律能力有限，爸爸妈妈不能指望孩子自己有能力抗衡这些来自外界的诱惑。最好的办法就是陪伴孩子，帮助孩子一起慢慢地放下手机，在现实生活中寻找乐趣。

现实生活中很多上网成瘾、游戏成瘾的孩子，大都在真实的生活中感到无聊，找不到乐趣，被家长和同伴忽略，没有什么东西可以给他们带去成就感，而手机所带来的感官刺激，让他们体会到乐趣，所以会对这些东西容易上瘾，没有抵抗力。因此，才5岁多的孩子，如此迷恋手机游戏，肯定与大人对他的陪伴和约束不足有关。

在这件事情上，父母一定要抽出时间和孩子说明道理，商量并制定好玩手机的规则，严格执行，比如规定孩子什么时候可以玩手机，一次可以玩多久。一开始执行起来可能会有困难，爸爸妈妈要考虑陪伴孩子，转移孩子的注意力，比如增加亲子游戏时间，一起读绘本、一起户外踢球，培养孩子在现实生活里的乐趣，休息日爸爸妈妈多带孩子到户外接触大自然，花香鸟语、泥土的气息会让孩子得到丰富的感官刺激，这也有助于缓解他对电子产品的迷恋。

当孩子因得不到手机而哭泣时，爸爸妈妈要保持温和的态度，不能指责训斥，应同理孩子的不开心，和孩子一起尝试做手工，甚至可以养个小动物。父母也要以身作则，坚决不在孩子面前玩手机游戏，这样孩子新的兴趣才能发展起来，才能对手机游戏的迷恋慢慢变淡。

问题5：我家孩子从小是奶奶带得多，被宠坏了，现在5岁多了还用哭来威胁大人，大人说他，他就变本加厉地哭闹。该怎么改掉他的这个坏毛病呢？

解答：面对孩子这样的行为，父母一定要做到"温和而坚定"。也就是说，父母面对他的闹和哭，不要大声骂他，也不要指责他，但不管他怎么闹，不行的事情就是"不行"。当然，如果是可以同意的事情，立刻答应就行了。爸爸妈妈不用跟孩子讲道理，他这样的做法，并不是因为不懂道理，而是一种习惯性的伎俩。在他的成长过程中，他发现了这种方法的有效性，当大人耐不住他变本加厉的哭闹时，大人就屈服了，所以他才会将这种方法屡用不止。在孩子这样做的时候，他也在观察成人的态度，父母一定要坚持原则。如果孩子试了很多次后发现,"不管我怎么闹,爸爸妈妈始终很坚持,得不到的东西就是得不到",孩子就会认识到,在父母这里哭闹是没用的,以后自然就不会这样做了。

问题6:我知道自私是孩子的本能,可我的女儿也太自私了,都大班了,从来不让别人来自己家,也不让别人碰自己的东西,否则就大哭,情绪激动。她这是怎么了?

解答:如果五六岁的孩子还有这样激烈的表现,妈妈就要反思在孩子成长的过程中是否经常有"被迫分享""被迫谦让"的习惯,让她一直对自己的东西没有拥有感和安全感,担心随时会被别人抢走。根据妈妈的描述,孩子的安全感是不足的,她还没有做好分享的准备。

一般来说,孩子有了自我意识以后,开始通过"我的东西""我的地盘""我的权利"来努力建构自我,寻找拥有感和存在感。从1岁半到三四岁的孩子都会"很小气"地藏起自己的东西,不让别人碰。从一两岁时的"我喜欢的都是我的"到两三岁时的"我的东西你不能碰",三四岁以后的孩子开始探索和他人的交往,通过与他人交换物品建立联结,孩子不再一味要求独占,出现了"我的东西可以和你分享"。这样到他五六岁的时候,一般就会尝试把自己喜欢的、认为好的东西分享给小伙伴,体会到分享的快乐。一般来说,自我得到充分尊重,安全感特别足的孩子更容易"分享",会特别"大方"。但是绝大部分孩子在没有确定拥有感之前是没有办法分享的。

妈妈注意不要在女儿面前说孩子"自私",孩子的事情不能用这样的字眼。妈妈要学习尊重孩子的物权,承认并保证属于她的东西她拥有绝对的支配权。不要当面指责孩子,也不要觉得孩子大了就理所应当地要分享,孩子还有一段属于她的心理路程要走,而这段路是她前期被耽误的。

爸爸妈妈要用实际行动让她感受到自己真的拥有自己的东西。比如,当别的孩子想要她的东西时,妈妈可以对她说:"这是你的,你有权决定要不要给别人。不过,如果你给了他,他会感激你的。"如果她真的不愿意,或者她在试探这样东西是不是真的属于自己时,就会拒绝把东西给出去,这时候父母要尊重她,允许她行使她的权利。慢慢地,她有了足够的拥有感后,自然会愿意尝试分享。

总之,让孩子学会分享不是一朝一夕的事情,爸爸妈妈不要太着急,允许孩子从体验拥有到体验分享的快乐,这个过程需要耐心。

情商提升篇

无数事实表明，孩子情商的高低可以通过后天的养育训练来提升。父母有意识地在语言沟通、自我价值体验、情绪管理等方面关注孩子的能力提升，将更有助于培养宝宝的情商。

第五章 0~6岁儿童情商提升技巧

第一节 锻炼儿童的沟通能力

沟通能力是现代社会交往中必不可少的一项能力，孩子的沟通能力是指他们能够通过别人的表情、语言、动作来了解别人的感受和愿望，并通过自己的表情、动作和语言向别人表达自己的想法和愿望，使双方能够达成一致性，进行交往合作的能力。所以，沟通能力的培养包含儿童语言和非语言的表达能力、倾听能力、理解能力、冲突解决能力的提升。

一 提高儿童的语言表达能力

语言是人们表达思想、沟通和交流想法的工具，语言能力强的孩子能够更好地表达自己，获得外界认同，更容易融入社会，获得社会适应力。同时，语言的表达也使儿童多了一种宣泄情绪、表达自己感受的方式。研究发现，许多存在情绪行为问题的儿童往往语言能力发展迟缓，不能有效地运用语言来表达自己的情绪和感受。

0~6岁是儿童语言发展的敏感期，这一时期语言的发展状况会影响到儿童的语言自信心和独立性，所以父母要重视对宝宝的语言能力的培养。

1. 创设良好的语言环境

从孩子出生开始就要保证足够的语言输入。虽然宝宝听不懂父母在说什么，但是爸爸妈妈亲切的声调和温和的表情，有利于宝宝记住并熟悉这些日常的场景，把这些场景和相应的语言声调联系起来，有利于孩子理解外面发生了什么，为其后续的语言理解和表达打下基础。无论是喂奶、换尿布、玩玩具，父母都有必要在进行相应的动作时，用语言告诉孩子他正在做的事情。出门散步的时候父母要学会跟随孩子的视线，给孩子讲讲他感兴趣并感知到的天气、动植物、景色等，例如：宝宝看着旁边的花儿，父母就可以对孩子说："你看到的是花，好美丽哦，这个叫红梅"，宝宝盯着狗狗看，父母就可以说："哦，你看到一只狗狗，毛茸茸的好可爱，叫起来汪汪汪"，让孩子有机会把看到的事物和它的名称对应起来。

慢慢地，随着孩子理解能力的提高，父母也要保证输入词汇的质量，除了日常和孩子的语言交流之外，还可以和孩子一起唱歌、一起读绘本、一起讲故事等。这些互动性的、生动的、词汇丰富的语言交流是孩子最好的语言示范，有利于孩子的语言表达。

2. 鼓励和引导孩子的语言表达

当孩子能够开口说话时，父母要注意耐心地倾听和鼓励。很多家长在和孩子交流时，缺乏耐心，孩子还没把话说完，父母就抢先把孩子想说的话表达了，或者孩子用手势表达意思，家长没有鼓励孩子用语言说出来就做了回应，这些情况在儿童早期就会造成孩子不自信和不善于表达，因为他们觉得自己没有机会也不需要去表达，父母不知不觉剥夺了孩子很多练习语言表达的机会。笔者曾经接触过一个4岁的小男孩，他的语言发展要比同龄孩子落后，在观察到他的妈妈和他相处的片段后笔者明白了其中的原因。他和妈妈在一起的时候，根本不需要说话，他一指水杯，妈妈就把水杯送到嘴边了；他喝完水，一指嘴巴，妈妈就拿出纸巾给他擦嘴。他和妈妈之间的默契，几乎不需要语言就可以完成。这样的环境下这个孩子就缺乏了很多语言表达的机会。

父母在儿童语言发展的关键期内，要有意识地让孩子多说、敢说。当孩子说话的时候，父母不要急于做出反馈或抢答，多等待孩子一会儿，让他组织好自己的思路和语言，把想说的话说完。当孩子说错时，不要嘲笑，也不要纠正，父母只要帮助孩子进行重述，把正确的表达出来就行了。每个孩子在语言表达能力还没有特别好的时候，都会将主谓宾的顺序弄错，也会将词汇乱用，经常会出现前言不搭后语的情况，比如"猫咪，妈妈喂，它吃饭了香香"，妈妈理解了，就可以说："哦，妈妈喂了猫咪，猫咪吃饭吃得香香的。"这样的重述性示范，有利于孩子感受到自己的话被理解，也更容易吸收正确的表达方式。父母若总是挑剔孩子的错误，则会让孩子不知所措，不愿意去表达。

另外，父母也可以通过玩语言游戏、提开放性问题、看图说话、扮演角色等方式，让孩子就某个故事、某个图画说一说看法，说一说故事的结尾，鼓励孩子尽量把事情说清楚，培养孩子的语言组织能力。

3. 熟悉情绪词汇，练习用语言描述情绪

当孩子在日常生活中表现出生气、哭闹等情绪时，家长就要有意识地共情孩子，帮助孩子认识到情绪，并命名这些情绪。比如："哦，你摔倒了，有些疼，你现在有些伤心。""奶奶不让你碰她的茶杯你很生气，可是茶杯里的茶很热，会伤到你。""丽丽抢走了你的玩具，你很生气，也很伤心。"这样有利于孩子感受到自己被理解、被接纳，从而情绪变得缓和。同时，在被理解的状态下孩子会了解自己当下是怎么回事，并且认识到自己的情绪。

一个经常有机会和父母谈论情绪的孩子，可以比较好地辨别和调控自己的情绪，给自己的情绪命名，情绪所带来的危害和不知所措会大打折扣。比如，3岁的莉莉已经会用语言来表达自己的感受了："妈妈，天黑，我害怕，抱抱我"，这句简单的话语里，莉莉既说出了自己的情绪（害怕），又说明了怕什么（天黑），还表达了自己的要求（抱抱），这样莉莉的妈妈就可以清楚孩子的需求，果断地给予满足。这样就要比那些只知道抱着妈妈的腿不撒手，哭哭啼啼的孩子更容易得到大人的安抚。

家长除了日常生活中帮助孩子识别情绪，也可以借助于绘画、表演、讲故事等方式加深孩子对各种情绪和情感的理解。比如，指着图画中的小动物问孩子："这个小动物是什么表情啊？哦，它哭了，它为什么哭了呢？哦，没有人和他做好朋友，他哭了。那为什么没有人和他做朋友啊？你愿意和他做好朋友吗？"通过和孩子讨论，让孩子理解情绪和行为、事件之间的关系。同时，家长也要鼓励孩子能够用语言或是行动表达自己的喜怒哀

乐，让孩子明白只有表达出来才可以起到沟通的作用。妈妈可以在安抚刚刚哭闹完的孩子时告诉他："你刚才很难过，妈妈也不理你不安慰你，你就哭了。那下次当你难过的时候，你可以试着对妈妈说：'我很难过，你抱抱我可以吗？'妈妈一定会马上来抱抱你。"妈妈也要经常对宝宝用语言表达情感说："宝宝帮妈妈做事情，妈妈太开心了！""宝宝哭得这么伤心，妈妈看了很心疼。""虽然这件事情宝宝做错了，可是宝宝能勇敢地说出来，妈妈很为宝宝骄傲，妈妈爱你！"这些来自父母的示范和引导，有利于宝宝学会谈论情绪，并关注到情绪对自己行为的影响，从而表达出自己的需要，形成有效的沟通。

二 重视培养孩子倾听理解能力

倾听对方的语言，理解对方的感受和想法是进行合理表达、和谐共处的前提。倾听的能力是指儿童能够专注地聆听对方的语言，并能够透过对方的语气、表情领会到对方的想法，进而理解对方的处境和需求。因此，倾听是保持关注，坦诚和对方在一起，产生共情的过程。

1. 重视与孩子的"双向沟通"

沟通从来都不是单方面的，而是双方共同的关注和投入。从宝宝出生开始，爸爸妈妈在和宝宝互动的过程中就要有这样的意识：无论是喂奶、做事情还是谈话，都需要和宝宝共同来完成。父母不仅要通过语言告知孩子他正在做的事情，比如："你饿了，我要喂你吃饭了""我要给你念绘本了"。同时，也要关注宝宝的非语言信号，他是否知道并看着你，准备和你一起做事情（吃饭或读绘本）。如果宝宝把脸转到一边，注意力不集中，那么父母就要停一停，等到孩子看向自己，表示准备好了再开始。许多时候孩子不会用语言来拒绝父母，会下意识地用行动来表示自己不想做或没有准备好，如果父母不了解这一点，孩子就会渐渐养成"父母说父母的，我做我的"的习惯，这样就容易使孩子"不专心"，也容易使孩子把自己应该做的事情认为是父母想做的事情，和自己无关，比如：吃饭，我不饿，父母非让我吃；我不想读绘本，父母非给我读。

沟通是一个双向奔赴的过程。父母只有在沟通中全身心地倾听和理解孩子，孩子才能懂得："我的感受和需要，被爸爸妈妈理解了，他们一直努力地倾听我、理解我。""我也要认真听他们说了什么，我愿意做他们的好孩子，我喜欢他们高兴，喜欢他们夸奖我。"同时，家长也要让孩子懂得，倾听是平等的。家长在倾听孩子的时候，要放下挑剔和评判，把自己和孩子放到平等的地位上，而不是居高临下地指导和评判孩子，这样在家长说话的时候，孩子才愿意倾听，在伙伴说话的时候，孩子才更容易理解和共情。

2. 重视孩子倾听习惯的培养

良好的倾听习惯是发展孩子倾听能力的前提和基础。很多孩子的倾听习惯不好往往源于父母的"不作为"或"多度唠叨"。比如，当大人说话的时候，孩子时常插嘴或打断大人的话，大人却没有纠正孩子。或者父母在孩子面前说话总是喋喋不休，明明看到孩子已经很厌烦了，家长还是视若无睹，导致孩子对于家长的话统统屏蔽，养成了倾听中的不良习惯。所以，家长在培养孩子的倾听习惯时，一是要自己以身作则，当家里人或孩子在讲话时，能够认真倾听，不打断别人，不插话，尊重孩子发表意见的权利。另一方面，要求孩子能够认真对待别人的谈话，在听故事或听大人说话时，能够保持关注，或坐着或站着，不随便插嘴，安静地听别人把话说完。同时，家长在与孩子沟通时，多关注孩子的非语言表情和状态，保持语言的精练，及时结束话题。对于重要的话，可以郑重地蹲到孩子身边，让孩子看着自己的眼睛告诉他。对于不重要的话，如果看到孩子不想听了，就说："你好像不想听了，那我们改天再聊吧"。

3. 利用游戏发展孩子倾听的能力

父母可以利用日常的养育，有意识地培养孩子倾听的能力，当孩子能够理解大人说的一些话之后，父母可以锻炼孩子"按指令做事情"。比如，"把这本书拿给爸爸""先帮妈妈拿拖鞋过来，然后把家里的钥匙拿给奶奶"，根据孩子的年龄，指派一些任务，让孩子去完成，既能锻炼孩子对语言的理解能力，也能培养孩子做事情的能力，增强孩子的成就感。

同时，也可以和孩子一起玩"传话游戏"，增强孩子倾听的能力和记忆力。爸爸说一句话给宝宝，让宝宝说给妈妈听，看宝宝能不能把话传明白。妈妈也可以说一句话给宝宝，让宝宝传话给爸爸，这种悄悄话的游戏可以让宝宝在不知不觉中提高记忆和倾听的能力。

另外，还可以利用宝宝经常听的故事，锻炼宝宝的"听音辨错"能力。妈妈在给宝宝读熟悉的故事书时，可以故意说错故事中的人名或小动物的话，看看宝宝能不能听出来，以此培养宝宝注意倾听的好习惯。

二 培养孩子协商和解决问题的能力

孩子之间相处避免不了要产生冲突，对玩具的使用，对材料的占有，对谁最厉害的口角之争，对"谁碰倒了我的城堡"的报复攻击，都是可能随时引发冲突的事件。而孩童期每一次事件的处理都将是孩子学会协商、学会处理问题的机会。父母要注意抓住这样的契机，帮助孩子学会思考、学会化解冲突。

1. 教会孩子说出感受，礼貌表达要求

> 毛毛正在玩积木，一旁的丁丁拿着玩具枪走过来，他端着枪口对准了毛毛，毛毛感受到威胁，站起来对丁丁说："我不喜欢你拿枪对着我，请放下！"丁丁愣了两秒钟，似乎是没想到毛毛会这样说话，接着他挪开了对着毛毛的玩具枪，不声不响地走开了。

在这个案例中，毛毛成功地表达了自己的要求，维护了自己的权益。"我不喜欢你拿枪对着我"，这是毛毛在表达自己的感受，"请放下"是对丁丁的请求。因为"请"这个字，让"放下"少了一丝命令，多了一份礼貌，即使是喜欢惹事的丁丁也感受到了毛毛这样一份客气的自信和力量。当一个孩子可以明确地说出自己的感受，礼貌地表达自己的请求时，往往传递了一份对自我世界的掌控感，那就代表他可以有效处理别人对他的威胁和挑衅了。

很多事实表明，幼儿园里一些会通过身体威胁和抢夺玩具来控制别人的孩子，往往具有恃强凌弱的特性，他们会选择一些特定的人群下手，而这些人群的

共同特点是爱哭泣、逃避、胆怯，以一个受害者的状态自居，所以除了特定的保护和有效的监督之外，大人有必要教给孩子一些解决问题的方法。当一个孩子遭到另一个孩子的威胁时，他可以大声向大人求救，也可以大声地说："你弄疼我了，我生气了""住手，你不能打我"。那些攻击的孩子大部分都会停止动作，因为有些带有攻击性的孩子并不知道自己的做法会给别人带去什么，他们也是在进行人际交往的探索和实验。

因此，大人有意识地教会孩子表达感受，清楚地说出请求，有利于孩子更好地处理自我和他人的关系，学会维护自己的合法权益，解决可能发生的冲突。

2. 学习通过协商解决问题

> 丽丽和瑞瑞是一对好朋友，两个人经常一起玩耍。有一天，丽丽搭积木，瑞瑞玩小汽车，忽然，瑞瑞的小汽车冲进了丽丽用积木搭好的房子里，把丽丽的房子撞塌了一大截。丽丽很生气，指责瑞瑞："你把我的房子撞倒了！"瑞瑞却说："是你的房子挡了小汽车的路！"丽丽很愤怒，一把拿起瑞瑞的小汽车。瑞瑞见状伸手去抢，并大声喊："给我，给我！"丽丽把小汽车攥得紧紧的，说："不给，就不给。"……

面对这样的冲突，大多数家长想到的办法都是强迫把两个人分开，或是让瑞瑞给丽丽道歉，丽丽把小汽车还给瑞瑞，但是类似的事件还会继续出现，因为孩子没有学会解决这些问题的技巧。所以，把问题交给孩子，让他们学习协商的方式，找到解决问题的方法，才能够提高他们的情商，锻炼他们的能力。

大人要试着让孩子冷静下来，然后提醒孩子："争吵解决不了问题，你们两个是好朋友，能不能静下来想一想，还有什么方法可以既不争吵又能把问题解决呢？""你们两个人以后还愿意做好朋友吗？如果下次遇到这样的事情，有没有什么办法能够不争吵而是一起解决问题呢？"大人可以和孩子一起，梳理各种能够解决问题的方法。同时，有意识地教给孩子一些协商的规则，比如猜拳轮流的方式，输的一方要先让一步。

3. 鼓励孩子理性思考，找到自己解决问题的方法

有一天，明明妈妈接到幼儿园老师的电话，原来，明明在幼儿园把森森给打了。起因是明明和森森抢一本图画书，谁也不肯妥协，两个人就打了起来。最终明明把森森给打了，抢到了图画书。放学回家的路上，明明妈妈为了引导明明学习解决问题，有了这样的一段对话：

妈妈：老师告诉我你和森森抢图画书了，能告诉我是怎么回事吗？

明明：森森拿了我的图画书，不给我。

妈妈：你为什么一定要看那本图画书？

明明：因为那本书是我让给他看的，他已经看了很长时间了。

妈妈：你那样硬抢，你觉得森森会有什么感觉？

明明：很生气，但我不在乎，因为图画书本来是我先拿到的。

妈妈：那你抢图画书的时候森森做什么了？

明明：他打我。

妈妈：那你有什么感觉？

明明：很生气！所以我也打他。

妈妈：你生气，你的朋友也生气，并且他打了你，你也打了他。你能不能想到一个你们俩都不生气，也不会打架的方法拿回图画书呢？

明明：我可以和他讲道理，他看了很长时间了，他应该还给我了。

妈妈：那样的话，可能会发生什么呢？

明明：他还是会说不。

妈妈：嗯，他可能会说不，但也可能会还给你是吗？

明明：也许吧。

妈妈：你还能想到什么别的办法拿回图画书呢？

明明：我可以让他玩我的小汽车。

妈妈：好主意，你想到了两种不同的方法。

在这个案例中，明明妈妈采用理性思考的方式，引导孩子认识问题，理解自己和他人的感受，鼓励明明提出多种解决问题的方法。在这段对话中，明明妈

妈引导孩子思考的重点是放在孩子自己可以"解决问题"上。

明明妈妈没有从自身视角出发告诉儿子"要分享",也没有去解释他为什么不能去抢图画书,而是通过提问,帮助明明理性思考问题,在考虑自己和他人的感受的基础上,思考自己可以做些什么来解决问题。这种引导孩子"我能解决问题"的思考方式,能够让孩子学会对自己的行为负责,并成为一个能够独立解决问题的孩子,即"我的事情我负责""遇到事情总会有两种或两种以上的解决方法"。

第二节　提升儿童的自信心

自信心是儿童对自我价值的肯定,是情商发展的基石。一个自信的孩子内心深处有一种力量,能支撑他去实现自己的想法。正如西奥多·罗斯福所言:"相信自己能做到,你就已经成功了一半。"无论一个人的先天素质如何,所有的孩子都有能力拥有自信,他们只是需要环境和条件去体验和感知。为此,父母要为孩子自信的发展和提升提供重要的支持。

一　给予孩子充分的信任

孩子的自信程度如何,很大程度上会受到父母的影响。西班牙神经心理学家阿尔瓦罗·毕尔巴鄂在《孩子的大脑》一书中说过:孩子的自信等于父母对孩子信心的平方。也就是说,父母对孩子越有信心,越相信孩子,孩子就越有自信。反之,如果父母对孩子没有信心,甚至充满担忧,那么孩子的自信心也会大打折扣。

1. 不信任,导致孩子不自信

如果说当下有很多父母对孩子不够信任,父母们可能会觉得委屈,会信誓旦旦地说:"我没有不信任他(宝宝),我一直都告诉他,他是最棒的。"但是真正的信任与否并不只是停留在父母的语言中,而是蕴藏在日常养育和照料中。

当孩子第一天上幼儿园的时候,大部分母亲都会基于保护孩子的本能对孩子的生活起居无比忧虑,这里透露出的是对孩子离开父母独立生活能力的不信任。当孩子第一次尝试站到厨房板凳上,要帮助父母清洗沾满汤汁的瓷碗瓷勺时，很多家长会出于财物安全和孩子安全的考虑，拒绝孩子的帮忙，这里透露的是对孩子做事能力的不信任。

父母的不信任之所以会影响孩子的自信，原因在于：一是父母会因为不信任而过度保护孩子。父母会帮助孩子做很多他们认为孩子做不到的事情，即包办代替，导致孩子的自主能力和主动做事的能力得不到发展，每次面对自己想要做的事情，家长的举动无形中告诉了孩子："你不行，你做不了"。这大大影响了孩子感受做事情的快乐，减少了孩子体验成就感的机会。二是当孩子面临一个有挑战的情境或尝试一件新任务的时候，他们的大脑会进入紧张的应激状态。情感脑的"杏仁核"会被激活，孩子会产生担忧、害怕的情绪，理智脑也会投入工作，帮助孩子控制恐惧，这个时候父母的信任具有重要的镇定、安抚作用，父母信任孩子能够做到，不介入孩子的探索和挑战，孩子尽管会焦虑，但是理智脑会保持警觉的状态，让孩子可以控制恐惧，冷静面对当下的挑战。相反，如果父母不能信任孩子，不能保持冷静，甚至做出干预，孩子看到父母脸上惊慌的表情，自我意志就会丧失主导地位，"杏仁核"释放的恐惧就会占据优势，孩子会因为害怕而放弃眼前的任务，导致挑战失败。这样的事情多次反复会导致孩子面临新任务时产生恐惧，觉得自己无法独立面对新的挑战和新奇事物，宁可愿意躲在家长的背后，逃避可能的风险和恐惧。

2. 信任孩子，学会放手

一百多年前，意大利儿童教育家蒙台梭利说："如果孩子觉得这是他自己能完成的事情，就千万不要帮他做。"20世纪三四十年代，我国著名幼儿教育家陈鹤琴先生说："凡是孩子自己能够做的，要让他自己做。"毫无疑问，这些话都在告诉父母，要放手让孩子做他能做的事情，父母要信任孩子的力量，相信孩子的潜能，不要成为孩子正常成长的阻力。

每个孩子内在都有主动发展、主动做事情的动力，蒙台梭利认为儿童是自我教育者，福禄贝尔认为儿童是自主发展的个体，也就是每个儿童内在生命有其独特的发展特点和规律，教育者应该顺应孩子的自然发展规律，尊重他们自由活动探索的需要。无数事实证明，当父母能够信任孩子，学会放手，孩子真的能够创造一个又一个父母眼里的"不可思议"。

> **育儿笔记**
>
> 平心而论，孩子许多事多做几次真的可以掌握得很好。比如，给金鱼换水，我曾经强烈反对，怕孩子把鱼缸打碎，但后来发现，只要好好看护，做好外围工作，教给孩子需要注意的问题，孩子可以很好地完成任务。比如使用筷子，1岁半的时候明明就尝试和大人一样拿筷子，每次饭桌上他都要模仿大人来表演一段，不知不觉中，他竟然可以用得很好，如今才23个月的明明饭前会帮忙摆好碗筷，会自己倒水，会帮妈妈洗衣服。所以，我现在很少说"你不会，不可以"，我会说："你这么小就这么棒，以后会越做越好"，只要不是很危险的事情，孩子想做的事情应该尽量让他做，因为我看到了做事过程中孩子的变化。

这是来自一个23个月妈妈的育儿笔记。笔记中的妈妈由于信任孩子，大胆放手，使孩子有了足够的自信去面对这个世界并表现优秀。所以，父母不要过度保护孩子，让孩子享有自主做事情的自由，他才能有机会体验做事情成功后的快乐，获得对自我价值的肯定。

二、肯定和认可孩子

父母的认可和肯定会让孩子产生积极的心态，有利于孩子自信心的提升。反之，如果父母一味地否定和打击孩子，或不肯正面认可孩子，则容易造成孩子认为自己"不行"的错觉，从而产生自卑心理。

1. 发现孩子的成长点

近几年，随着科学家庭教育理念的推广和儿童心理学的发展，大多数父母已经意识到指责、打骂儿童对孩子的健康成长是不利的，但仍有些父母受根深蒂固的代际遗传影响，在面对孩子一些值得肯定的探索和尝试时，还是会不由自主地指责和打骂儿童，对儿童的优点熟视无睹，对偶尔出现的小问题抓住不放，嘲讽、忽视、贬低孩子的行为屡见不鲜，这些举动会极大地挫伤孩子的自尊心和自主性，造成孩子产生自我的低价值感。

笔者曾倾听过许多两三岁孩子的家长的苦恼："真的让孩子气死了，什么事情都想干，又都干不好，天天把家里搞得乱七八糟，说他还不听，打也没用，打完哭一阵，事后也不改。""孩子太倔了，不知道随谁？这几天就认准了自己洗脸，自己穿衣服，早上为了等他连饭都吃不上，帮他穿上他还脱下来，揍一顿也不改，把玩具摆在沙发上，不让收拾，一收拾就哭。"……从这些诉苦中，笔者看到了符合孩子年龄特点的秩序敏感期和自主探索行为，但在父母眼里孩子的行为全是缺点，需要制止、矫正和打压。

父母意识不到的是孩子的这些所谓"淘气"的行为，恰恰是孩子人生中重要的"成长点"，父母如果能把这些行为换个角度来看，就会发现这是一个重要的教育契机，比如处于秩序敏感期的孩子，会对物品的摆放和位置有着近乎固执的坚持，这是培养孩子有序性、把物品放回原处的最佳时期，由此让孩子得到发展，给予孩子肯定和认可，更有利于让孩子感受到自我价值和力量。

2. 及时肯定和认可孩子的努力

所有的孩子来到这个世界都渴望得到爸爸妈妈的喜欢和爱护，他们每时每刻都在想着向爸爸妈妈证明"我很棒，我是一个好孩子"。儿童最初的价值感来源就是父母的肯定和认可。"我能自己穿衣服""我能帮爸爸妈妈做家务""我能当值日生""我会自己收拾书包"，孩子努力地尝试学习每一件事情，来发现自己的力量和能力，证明自己的价值，而这份喜悦他们需要来自父母的"镜映"和反馈。父母就像孩子的一面镜子，孩子可以通过父母看到自己。父母给孩子提供积极的信息，孩子才能对自己有更好的体验。所以，两三岁的孩子常常挂在嘴边的话是"妈妈，我棒不棒？""妈妈，看我，我能自己吃饭"等，他们希望得到来自父母的认可和肯定，他们通过父母的肯定和表扬，建构着自己的自信和自尊。

所以，父母必须放下不必要的挑剔和比较，努力让孩子感受到自己的价值。父母可以在一天即将结束的时候尝试自查：今天给予孩子的正面评价数量是否远远超过给孩子指示、命令和批评的数量呢？如果没有，建议换一种育儿的方法，每天都去尝试肯定和认可自己的孩子，先从认可他的努力和认真开始。

例如，孩子今天自己穿好了衣服，可以对他说："你很努力，学会了自己穿衣服。"孩子今天自己独立看书5分钟,可以对他说:"你很认真地看书看了5分钟,很棒。"他今天没有把书包整理好,可是他努力了很长时间,依然可以说:"宝贝今天尝试自己整理书包了,你很努力。"与表扬孩子成功做成了某件事相比,认可孩子的态度更有价值,这样孩子不会过分担心尝试的结果,也不会因为担心失败而避免有难度的任务。

当父母能够及时地关注到孩子的努力和认真时,父母会惊喜地发现,孩子身上有那么多值得被肯定的地方、值得被看到的地方。因为努力,孩子今天完成了昨天还做不到的事情,因为努力和认真,孩子的能力不断地得到提高。这些会激励孩子主动地去寻找更有挑战性的事情,继续超越自己,享受集中精力、努力挑战自己的过程。

三 让孩子承担责任

让孩子承担责任是培养其自信的有效方法。因为承担责任,意味着孩子对将要面临的事情是有把握的,是可以去掌控的。对0~6岁的宝宝而言,给他机会自己做一些决定,自己尝试做一些力所能及的事情,能增强他对自己、周围事务的掌控感,能够让他不再害怕承担责任,不再害怕失败。

1. 让孩子从小参与家务劳动

孩子从1岁半左右,自我意识萌发,自主性开始发展,什么事情都想要自己来做,这个时候他会非常喜欢参与家务劳动,也没有害怕失败的畏惧感,这是培养孩子大胆、主动做事,学会承担责任的好机会。例如,牛牛1岁两个月时走路还是摇摇晃晃的,就会主动帮助大人把垃圾扔到垃圾桶里了;1岁半的时候,看见奶奶扫地,他就抢着要笤帚,然后模仿奶奶的样子扫地;2岁的时候,他吃饭前就抢着帮忙摆放碗筷,大人夸他几句,他就更加积极;3岁的时候,牛牛俨然是个家务小达人了,摆碗筷、擦桌子,做得周到又熟练,甚至还能帮妈妈洗毛巾。无论是家里人还是客人,都觉得牛牛自立又勤快。他自己也常会夸自己说:"妈妈,你看牛牛真能干呢"。后来妈妈发现牛牛把这种能力也带到了幼儿园,幼儿园老师常常给对牛牛妈妈说:"牛牛动手能力好棒,还很有眼力见儿,老师忙着做教具时,他就知道递上剪刀;保育老师有时候忙不过来,他也会主动帮忙，每次轮到他当值日生，该做的事他总是做得井井有条。"如今牛牛已经是个小学生了，班主任老师给牛牛妈妈的反馈是："牛牛很有责任感，乐于助人，班里的事情交给他很放心，这个孩子好像很能懂得别人的需要，每个科目的老师都很喜欢他。"可见，对牛牛来说，因为对自己能做的事情有掌控感，所以他能够有担当，表现出对外部事务的责任感。这也是他自信的表现。

许多事实证明，从孩子小的时候就让他参与力所能及的家庭劳动，不仅能够满足孩子的好奇心，还有利于发展孩子的动手能力和观察能力，在做事的过程中可以学会负责任，学会统筹安排，并发展综合能力。这些都有利于孩子自信心的发展。

2. 给孩子自己做决定的机会

家长可以通过提供选择的方式，让孩子学习做决定。比如，"今天你要穿这个绿衬衫还是白衬衫？""你是先洗澡再看动画片，还是先看动画片再洗澡？"让孩子感觉到自己是有机会做决定的。慢慢地，妈妈可以让孩子对自己的事情做决定："今天我们出去玩，你可以选择带一个你喜欢的玩具""超市买东西，一次只能买一个，买什么你来选"等。但是父母要记住的是，一旦把权力放出去，一定要兑现，不要表面放权，实际上对孩子做种种限制。比如，有的父母明明说让孩子自己选择购买的东西，孩子选择了自己心仪的糖果，父母却说："这个糖果太甜了，吃多了会牙疼，你选个别的。"或者孩子明明选好了自己要带出去玩的玩具，家长却说："这个玩具太大了，不方便外出携带，你换个小的。"这样的结果并不能提升孩子的自信，反而让孩子对自己的决定产生否定，认为自己做出的决定总是不被认可的，时间久了，反而会放弃自己拿主意，依赖父母为自己做决定。

因此，父母要有意识地尊重孩子的决定，在可控的范围内让他有机会为自己的决定负责。比如：在家里的游戏时间，他可以决定玩什么，怎么玩儿；在幼儿园的分享会，他可以自己决定带什么玩具去分享。当孩子做出了自己的决定，父母要给予支持和帮助，让孩子体验到自己可以做决定的成就感，增强其自信心。如果孩子的决定确实不妥，父母可以说明理由，提出建议，但一定是在尊重孩子的基础上。如果孩子不打算改变，那只要不存在危险，可以让孩子承担做决定的后果。没有人做决定会不犯错误，但是每个人都会从错误中学习，孩子也是一样。孩子在自己做决定的过程中能够学会吸取经验教训，从而不断进步，学会做正确的决定。

第三节　提高儿童的情绪管理能力

0～6岁的儿童大脑发育较快，情绪易受到外界因素的影响，"理智脑"的控制能力有限，一天中情绪波动比较大，常常喜怒无常。但这一时期也是情感能力学习的关键时期。情商大师丹尼尔·戈尔曼曾做过一项实验，得出这样的结论："如果孩子在5岁左右能够学会管理自己的情绪，那么他们在小学阶段便会学习成绩优异和人际关系良好。"所以，父母在帮助孩子稳定情绪的同时，要引导孩子管理自己的情绪，学习自我安抚的技巧，让孩子正确宣泄情绪，掌握消除不良情绪的方法。

一、正确宣泄情绪

情绪有正负之分，但无好坏之分。无论是正面情绪还是负面情绪，对儿童来说都是真实正当的，有其存在的价值。家长和老师要充分支持孩子去感受和体验不同的情绪，无论是正面的还是负面的，孩子只有充分体会和感知不同的情绪，才能认知和了解它，进而学会有效地宣泄和管理情绪，感受生活的多彩。

1. 允许孩子宣泄负面情绪

生活中，大部分家长和老师并不希望看到孩子表达自己的负面情绪，把负面情绪看成洪水猛兽，看到孩子哭闹、发脾气，就忍不住想要呵斥、指责，好像孩子一哭闹，就会让他们觉得颜面尽失，威严扫地。很多家长不惜用拒绝、禁止、斥责、羞辱、嘲笑、威胁、妥协、贿赂等方式，让孩子避开负面情绪，但是这样的做法并不能有效地让孩子的负面情绪得以消减，反而会导致一些负面情绪积压在孩子的心里，造成某段时间的集中爆发，或导致孩子心理出现问题。比如，有的孩子虽然在被禁止或呵斥的时候一言不发，但转身就会去打别的小朋友，或态度恶劣地说脏话骂人，欺负弱小，甚至虐待小动物。所以，让孩子把负面情绪宣泄出来，才是正确的做法。

所有的情绪都需要表达、面对和疏导，家长要时常站在孩子的视角，思考孩子的情绪，尤其是帮助他去宣泄和面对一些负面情绪。一般来说，哭闹是孩子最为直接的表达情绪的方式，也是孩子进行情绪管理的第一步，孩子希望通过哭闹来得到家长的关注、安抚，让自己感觉好一些。尤其是2岁左右的孩子，有了自我的主张，认知能力逐渐发展，但语言表达能力却相对有限，要表达出内心的情绪有一定的困难，所以哭闹成为孩子主要的表达情绪的途径。这个时候家长要允许和接纳孩子的宣泄，支持孩子把伤心、难过、焦虑、绝望、急躁等负面情绪宣泄出来，让孩子躺在妈妈的怀抱里大哭一场或者在家人的安全保护下哭闹一番之后，孩子的情绪会归于平静，心情也会好很多。这个时候妈妈再去引导他说出感受，告诉他遇到这样的情况还可以怎么说怎么做，孩子就会比较容易接受。

2. 学习正确宣泄情绪

要想让儿童学会自我情绪管理，家长一方面要接纳孩子的情绪，另一方面也要帮助孩子在表达情绪的同时，寻找一种更能让他接受自己的方式。父母在孩子宣泄负面情绪的时候千万不要丢下孩子不管，任其发泄，因为这个时候的孩子是无助的，最需要陪伴和安慰，家长要随时守护在孩子旁边，准备好拥抱他、安抚他，当他能够接受的时候，把他抱在怀里，告诉他爸爸妈妈永远都会在身边准备帮助他。

当孩子能够安静下来，才有可能会说出感受，说出产生情绪的缘由。这个时候父母可以引导孩子下次遇到类似的情况可以怎么做，学习正确的宣泄方式。父母要告诉孩子，宣泄情绪是正常的现象，爸爸妈妈能够理解和包容，但是宣泄情绪不要逾越三个底线，即不伤害自己、不伤害别人、不能毁坏物品。比如，可以引导孩子用语言表达情绪，告诉旁边的人："你这样说话，我很生气""妈妈不理我，我不开心了""他拿走我的材料，我很难过"等。也可以在家里设置必要的宣泄区，引导孩子当难过的时候可以通过画画把自己生气的事情画出来；或者准备一个充气的气球，通过拍打气球宣泄情绪，也可以通过撕纸、跳舞等不伤害自己也不影响别人的方式把不好的情绪宣泄出来。

二 自我安抚能力

婴幼儿的情感世界相对比较脆弱，对父母有着强烈的依赖，经常需要父母的安抚和照料，但父母无法时时刻刻都围绕在孩子身边，察觉孩子的情绪，所以孩子必须学会自我安抚，积极主动地营造一个充满安全感的环境。父母要注意根据孩子的年龄特点采取相应的引导，帮助孩子学习自我安抚的能力。

1. 父母安抚的重要性

对于婴幼儿来说，父母的安抚是他们安全感、信任感的重要来源，特别是1岁之前，父母一定要在孩子哭闹、遇到困难的时候及时出现，给予孩子鼓励、帮助和情感支持。无论是从感知觉的发展理论还是从依恋发展的角度上来看，父母对孩子的拥抱、亲吻、注视、微笑等，都是孩子健康成长的必备品，他们需要获得感知觉和社交刺激的满足。

> 牛牛睡觉前，牛牛妈妈都会轻轻地拍拍他的后背，牛牛就会变得安静下来，牛牛妈妈再边哼着儿歌边轻轻拍打牛牛的后背、屁股，牛牛在妈妈的安抚下会很快就蜷着身子睡着。有一天中午，牛牛困了，喊妈妈来拍拍他，牛牛妈妈拍了几下后去接电话，等扭过头看牛牛的时候，发现牛牛竟然自己用小手拍自己的小屁股，自己安抚自己睡觉，牛牛妈妈觉得好玩极了。

这个案例说明孩子的自我安抚在很大程度上会受到父母的引导和对父母安抚行为的模仿。孩子睡觉之前的安全感最弱，这也是大多数孩子抗拒入睡的重要原因。睡前安抚能够帮助孩子更快入睡，很多孩子在入睡前也会做出一些特殊的动作，比如啃手指、吮吸嘴唇、抚摸妈妈的耳朵、头发、衣服等，很多家长以为这是孩子的小毛病，其实这是孩子在睡前的自我安抚行为，通过重复一些无意义动作，获得安全感，让自己快速入睡。

所以，父母的安抚对孩子非常重要，缺乏父母安抚的孩子在成长的过程中，容易对周围的人或环境存在疑虑或不信任，不仅会遇到人际交往障碍，其性格塑造也会受到消极的影响。

2. 环境和物品安抚

儿童情绪极易受到外部环境和事件的打扰，相对稳定的环境和有规律的生活对儿童的安全感的形成和情绪的稳定具有重要的安抚作用。父母可以利用环境中的要素和物品来帮助孩子进行自我安抚。比如，音乐的使用，孩子出生前后，父母可以选择一些舒缓的音乐，在孩子休息和睡觉的时候，营造一个放松、愉悦的氛围，时间久了之后，当播放这个音乐的时候，孩子就会得到暗示——休息的时间到了，孩子就会自我安抚，让自己静下来进行睡眠。而在早上起床或游戏的时候，妈妈可以选择不同的音乐，让孩子听到音乐就知道该起床了，该玩游戏了。这种利用音乐调节情绪的方式，可以帮助孩子做好心理预期，做好情绪安抚。

环境中的"要素和物品"与前文讲过的"依恋物"类似，在孩子处于陌生环境或感到情绪受挫的时候，他心爱的玩具、他喜欢的动画片、他熟悉的人都能够让他得到安抚。所以，陌生场景下孩子会躲在大人的身后探出小脸看向陌生人，刚入园的孩子会攥着妈妈给他的手帕偷偷抹眼泪，想妈妈的孩子会拽着妈妈的睡衣入睡等，这些行为都是孩子在利用"物品"进行自我安抚，让自己度过忐忑焦虑的时刻。

> 牛牛妈妈要出差了，牛牛很舍不得妈妈，可是牛牛妈妈告诉牛牛，他已经4岁了，是大孩子了，妈妈还答应牛牛出差回来会送给他一个喜欢的礼物，牛牛很开心，但还是有点舍不得，于是对妈妈说："可是妈妈，我想你怎么办呢？你给我一张你的照片吧，我想你的时候就看看照片。"牛牛的妈妈简直不敢相信，这么小的孩子就会说这样煽情的话。

牛牛的自我安抚能力是与妈妈平时养育过程中对孩子的鼓励、肯定，以及教给孩子的方法分不开的。当父母善于运用身边的物品去影响孩子的时候，孩子自然而然会主动运用物品来安慰自己。

3. 语言和游戏安抚

两三岁以后，孩子的语言能力逐渐提高，这个时候，孩子会模仿和学习大人安抚自己的话来安抚自己。比如，孩子要打预防针，可是心里很害怕，面对恐惧，会对自己说："打针不疼，我不怕！"这就是典型的语言上的自我安抚。语言是行动的一种替代，作为第二信号系统，是一种高级的表达方式，通常能够使孩子的情绪得到疏解，冲动得以缓和。所以，父母有必要引导孩子用一些积极的语言来安抚自己，进行积极的自我暗示，比如："我不紧张，我没问题""我可以自己解决问题，我是最棒的"等。

此外，游戏也可以成为孩子安抚自己的重要方法。当孩子遭遇不良的情绪或恐惧时，妈妈可以和孩子通过玩角色扮演、情绪游戏、做动作等方式帮助孩子安抚不良情绪。时间久了之后，当孩子面对情绪时也会自发地采用游戏的方式来自我安抚。

> 2岁多的牛牛对吸尘器、电吹风、豆浆机发出的"嗡嗡"的声音有些恐惧，每当这些声音出现的时候，牛牛都会跑到大人怀里，紧紧抱着大人的脖子，然后说："牛牛害怕，妈妈保护我。"为了安抚牛牛，妈妈没少想办法，每次打豆浆都要提前告知，还专门把吹风机、吸尘器拿给牛牛，让他摸摸，告诉他这些东西都很乖，一点也不吓人。但每次这些东西一通电，牛牛还是很害怕。最近一段时间，妈妈发现牛牛会拿着一根管子假装吸尘器，模仿大人操作吸尘器的动作，嘴里还嘟囔着："牛牛要打开吸尘器了，宝宝不怕，你快把耳朵捂起来。"有一天，牛牛竟然还拿着一个装豆瓣酱的大瓶子，对妈妈说："牛牛要打豆浆了，妈妈你不用怕，妈妈你快把耳朵捂起来。"

牛牛的这种行为表现，就是在用模拟游戏、模拟动作的方式安抚自己，克服自己的恐惧。

三 负面情绪管理

生气、愤怒是0～6岁儿童经常出现的负面情绪，很多家长常常被孩子的哭

闹、愤怒情绪感染，然后"以暴制暴"，通过吼叫的方式迫使孩子屈服，这样的结果不仅使个体的身心健康受到损害，还易使孩子形成暴躁、小心眼、爱钻牛角尖等性格特征，所以帮助孩子控制负面情绪，学会情绪管理是非常重要的。

1. 了解负面情绪产生的原因

0～6岁的儿童情绪不稳定，易受外部环境因素的影响，父母要帮助其做好情绪管理，首先需要了解其负面情绪产生的原因，根据其年龄特点，进行恰当的引导。一般来说，引发儿童负面情绪主要有以下几个原因。

（1）自主探索受阻

一两岁的孩子对外部世界有着强烈的好奇心和求知欲，他们会积极探索身边的一切。只要能拿到的，能碰到的，都要研究一番，同时由于认知的局限，他们不了解外部存在的危险和禁忌，常常会不自觉地做出"破坏性"事件或"冒险行为"，然后遭遇大人的阻止。这就容易引发孩子的愤怒，他不能理解成人的行为，也无法容忍兴趣被打断，自己又不能有效控制和弄清楚自己的情绪，就会通过大声哭闹来宣泄自己的愤怒。

（2）自主行为受挫

两三岁以后，孩子的自主意识和自主能力增强，会尝试独立完成一些事情。他们会积极主动地参与到照顾自己、照顾环境的事务中，但是由于社会经验不足、能力有限或者方法不得当，常常弄巧成拙，这时孩子就会被这种挫败感冲昏头脑，莫名其妙地大发雷霆。比如，一个尝试自己穿衬衫的孩子，会因为自己总是套不上其中的一只袖子而大发脾气，把衣服扔在地上，委屈得大哭。

（3）与经验和想象有关的恐惧

整个学前阶段，儿童会面临持续性的、无法控制的、让他觉得恐惧和害怕的事物，有的孩子害怕打雷，有的孩子害怕老鼠，有的孩子害怕黑暗，有的孩子害怕噩梦，尽管害怕的东西不同，但突然而来的恐惧情绪都会让孩子失去安全感，情绪崩溃。

2. 意愿没有得到满足

随着孩子年龄的增长，他们会有很多自己的想法和需求渴望得到大人的满足和支持，这个时候如果大人没有满足他，给他需要的安抚，他就会无法控制自己的情绪。比如：在商场看到了自己喜欢的小汽车，想要得到，而父母拒绝了，他会不依不饶，大哭大闹；或者和父母比赛，因为好胜心强，父母没有让着他，也会引发他的大哭。

总之，当父母能够了解孩子负面情绪产生的原因，再去面对孩子的情绪时，就会多一分看到，少一分指责，就能更加理智地面对了。

3. 理性面对孩子的负面情绪

当孩子被情绪冲昏头脑，产生过激的情绪行为时，家长切忌被孩子的坏情绪感染而产生打骂或指责行为，因为一旦家长的情绪失控，非但不会帮助孩子解决问题，反而容易因为自己的情绪失控，导致孩子承受一场本不属于他的委屈，无异于雪上加霜。所以，父母一定要保持理智，告诫自己，不要让自己的情绪伤害到孩子，把自己置身于孩子的立场，去共情孩子。

如果父母因为自己的情绪被刺激到，没有办法共情到孩子，可以先采用冷处理的方法，告诉孩子："你这样哭闹，妈妈也很烦躁、很难过，妈妈暂时需要冷静一下。"家长可以先给自己一段平复情绪的时间，通过深呼吸的方式，让自己保持冷静，先不把注意力全部放在孩子的哭闹上。事实上，当孩子被坏情绪包围而哭闹时，他的情感也非常脆弱而矛盾，他一方面不想让人打扰，一方面又希望有人能陪伴他。所以，父母即使要冷静也不要离开孩子的视线，可以在孩子的视线内保持一定距离，这样孩子会因为有父母的陪伴而平静下来，家长也可以有时间缓冲自己的情绪。

还有一些家长，看不得孩子的哭闹和发脾气，习惯于孩子一有负面情绪就毫无原则地妥协、同情、哄劝、安慰，满足孩子的所有要求。这样的处理方式不仅不能改善孩子的脾气和情绪状态，反而会助长孩子爱发脾气的"气焰"，让孩子习惯利用发脾气去要挟父母，达成目的。所以，父母在处理孩子的情绪问题时，要坚持自己的原则，如果孩子的要求不合理，要温柔而坚定地对孩子说"不"，让孩子知道，爸爸妈妈是有原则的，不会因为他发脾气而改变，但他有权利因为没有得到自己想要的宣泄情绪，比如哭一会儿。

4. 共情和倾听孩子

共情和倾听孩子，就是父母能够放下自己作为教育者的角色，站在孩子的立场去体会和感受他所处于的情形，去倾听孩子。这个过程看似简单，却要求父母暂时放下"我要教育他"的目标，用心陪伴，全然地和孩子在一起。父母要保持眼睛的视线和孩子持平，深呼吸，放松，专注地面对孩子，让孩子感觉到父母很愿意为他花时间，很关注他的想法。也就是说，父母要能够理解孩子的情绪，并随时准备安慰孩子，不带任何批评地去回应孩子，帮助孩子了解自己的情绪状态。

当孩子能够向父母讲述他的感受时，父母一定要做到不评判，不讲道理。可以通过重复孩子说的话，描述自己看到的情况，这样孩子就能够感觉到父母在认真倾听他，认可他的情绪。比如，妈妈倾听和共情因为要小汽车被拒的孩子时，可以说："你很想要那个小汽车，爸爸不给你买，你很生气，因为明明和成成都有这样的小汽车，只有你没有。所以爸爸不给买你很难过，忍不住发脾气了。嗯，是的，这的确让人难过。要是妈妈经历这样的事情也会难过的。"当家长能够认同孩子的情绪，并和孩子共情的时候，孩子就会觉得自己被理解了，这个时候父母再去和孩子重新复盘事情的过程，讨论遇到这样的事情该怎么去解决时，孩子就比较容易接受了。

5. 分析并寻找消除负面情绪的解决方法

当父母花时间去倾听了孩子的感受，并帮助孩子定义和理解了自己的情绪，接下来就可以和孩子一起复盘整个事件，告诉孩子这样的情况可以怎么做，或者和孩子一起讨论还可以怎么做能够消除负面情绪，解决当下的问题了。

例如，针对孩子自我控制能力差，总因为一些小事想发脾气的情况，妈妈可以告诉宝宝：身体里的负面情绪就像"小怪兽"一样，会伤害到他和别人，需要想办法把"小怪兽"赶跑。妈妈可以置一个宣泄空间，准备一些布娃娃、沙袋、气球等，告诉孩子当他想要发脾气的时候，可以通过捶打布娃娃、沙袋、气球的方式把"小怪兽"赶跑。此外，通过运动、到大自然里跑一跑的方式也能帮助他赶跑"小怪兽"，因为小怪兽最害怕这些。这样的方法，孩子比较容易接受，在产生负面情绪时能够主动调控。

再如，孩子想要玩具小汽车的事情，妈妈就可以和宝宝讨论："刚才你告诉爸爸为什么一定要买那个小汽车了吗？如果你都没有好好和爸爸说明理由，爸爸怎么会知道你的想法呢，下次遇到这样的事情，我们一定要好好说，告诉爸爸你的想法好不好？"引导孩子意识到只有好好说话才能解决问题。

总之，随着孩子年龄的增长，在和孩子复盘和分析事情时要注意多倾听和尊重孩子的想法，鼓励孩子多动脑筋想办法，家长要做的就是和孩子一起去找到问题解决的多种方法。

致　谢

感谢您选择并阅读了这本书，虽然受本人学识和能力的局限，本书不可避免地存在一些不完善和值得商榷的地方，但我依然执着地相信"开卷有益"，相信无数新手父母和想要从事家庭教育指导的同行朋友，可以从书中获得一些启发和裨益，哪怕只有一点点，但"星星之火，可以燎原"，父母的一点点转变，运用在孩子身上，可能是跨越式的一大步。孩子是世间最有学习力的个体，父母与孩子的沟通方式，决定了孩子与世界的沟通方式。在人的一生中，父母最具影响力和价值感的时期就是在孩子6岁前。对于6岁前的孩子而言，每个父母都是他们心中的"超级英雄""宇宙楷模"，作为如此有影响力的超级偶像，父母怎么敢去懈怠，让孩子失望呢？

感谢为本书的付梓出版，给我无数提携和帮助的人们。感谢艾文特早教机构的张晓莉校长以及杜高俊、张文杰、宋晓晓等各位幼儿园园长朋友们的支持，感谢潍坊学院教师教育学院（特教幼教师范学院）的领导和同仁，感谢魏晨明院长、王淑荣教授、王波教授在学术和业务上给予我的指导和帮助。

感谢曾经培育过、帮助过我的老师们，桃李不言，下自成蹊，他们对教育事业的热爱和忠诚，让我从心底里认同自己所从事的这份工作，让我懂得自己的使命和责任。尤其感谢华东师范大学访学期间的导师周念丽教授，是她的精神感召和学术指引让我有信心去完成本书的写作。

感谢我的父母和家人们，没有他们的默默支持和无私奉献，就没有这本书的顺利面世。春晖寸草，山高海深。我的父亲和母亲都是胶东地区老实巴交的农民，年逾七十，他们抱着自己能做事就不给儿女添麻烦的心理，总是告诉我安心工作，不要操心他们，他们的朴实和坚韧教导我要勤奋自立，感恩向善；我的先生和儿子，在我写作期间，无限包容我陷入写作状态时的失魂落魄、茶饭不思，常常因为思虑，忘记自己作为妻子、母亲的职责。后来先生索性承担了大部分的家务和一日三餐的烹煮。刚上初一的儿子更是以自己的自律、自理，打理好自己的所有生活和学习，不让我分心。每每思及这些点滴，内心总生愧疚，更不敢忘记自己的责任和使命。

最后要感谢中国轻工业出版社的崔丽娜编辑，与她相识相交若干年，有过多次合作，崔编辑总是不厌其烦，耐心地解答我的所有疑问，给予我诸多有裨益的建议。

以梦为马，不负韶华，转瞬间，我已过不惑，跻身中年，感谢我自己，一路上磕磕绊绊，但一直努力不放弃走到今天。我告诉自己要做那个看清了生活的真相依然保持热爱的勇者，因为我真诚地祈愿世间每一个孩子都能被温柔以待，被百分百的安全依恋感包围，这是一个梦想，也是我终身努力的方向。

参考文献

[1] 丽丝·艾略特. 小脑袋里的秘密：探索0—5岁大脑发展的黄金期［M］. 薛绚，译. 汕头：汕头大学出版社，2003.

[2] 阿尔瓦罗·毕尔巴鄂. 孩子的大脑［M］. 张冉星，译. 北京：北京科学技术出版社，2018.

[3] 莉丝·埃利奥特. 大脑与心智的最初5年［M］. 章薇，译. 海口：南海出版公司，2017.

[4] 段云波. 蒙台梭利早期教育之道［M］. 北京：科学技术文献出版社，2019.

[5] 郭本禹. 精神分析发展心理学［M］. 福州：福建教育出版社，2009.

[6] 约翰·梅迪纳. 让孩子的大脑自由［M］. 王佳艺，译. 杭州：浙江人民出版社，2012.

[7] 丹尼尔·西格尔，蒂娜·佩妮·布赖森. 去情绪化管教［M］. 北京：机械工业出版社，2015.

[8] 李武石. 寻找弗洛伊德：精神分析理论与经典案例［M］. 李光哲，李东根，杨华瑜，译. 北京：科学出版社，2014.

[9] 张明红. 学前儿童社会学习与发展核心经验［M］，南京：南京师范大学出版社，2018.

[10] 小巫. 和孩子划清界限：成功训育儿童自律的法宝［M］，北京：民主与建设出版社，2008.

[11] 马克·布雷克特. 陪孩子学会情绪管理［M］. 王岑卉，译. 北京：科学技术文献出版社，2022.

[12] 七田真. 情商教育法［M］. 思可教育，译. 北京：化学工业出版社，2016.

[13] 蓝国良，桑丽虹. 教育是一种生命的关怀［J］. 中小学德育，2015（10）.

[14] 罗小娥. 浅论大班幼儿的心理和行为特点［J］. 艺术科技，2013（08）.

[15] 陆秋雨. 游戏教学培养大班幼儿生活自理能力的有效策略［J］. 新智慧，2020（12）.

[16] 张明丽. 浅谈幼儿劳动能力培养［J］. 新农村，2012（07）.

[17] 王潇. 日本劳动教育的主要特点及其启示 [J]. 山西青年职业学院学报, 2021（06）.

[18] 李俊伟."熊孩子"频出, 教育该如何施策 [J]. 湖南教育（B版）, 2018（07）.

[19] 徐勤玲, 韩健. 如何帮助孩子克服恐惧心理 [J]. 中小学心理健康教育, 2011（02）.

[20] 马志秋. 离不开的依恋物 [J]. 父母必读, 2009（12）.

[21] 黄小莲, 徐婷婷, 夏琴. 儿童的"九十九种想象"：表征及滋养 [J]. 教育导刊, 2021（06）.

[22] 波顿·怀特. 从出生到3岁：婴幼儿能力发展与早期教育权威指南 [M]. 宋喆, 译. 北京：联合出版公司, 2020.

[23] 林静, 乔易. 初为人母的风起云涌 [J]. 心理与健康, 2012（09）.

[24] 范诚, 邵秋硕. 幼儿视角下师幼沟通的理想姿态研究 [J]. 早期教育, 2021（10）.

[25] 李丹. 评述发展心理学中的习性学观点 [J]. 心理科学, 1998（06）.

[26] 刘卫卫. 不必强迫孩子说"对不起" [J]. 今日教育, 2020（12）.

[27] 田静. 温尼科特客体关系理论中的儿童发展观及其早期教育启示 [J]. 教育理论与实践, 2021（09）.

[28] 方梅. 关注幼儿情绪发展, 营造健康的家庭心理环境 [J]. 教育实践与研究, 2014.（07）.

[29] 刘丽. 0~6岁儿童情商发展特点及其培养策略探究 [J]. 大连教育学院学报, 2019（12）.